邁向柏林之路

Roads to Berlin

Detours and Riddles in the Lands and History of Germany

德國土地與歷史的迂迴與謎團

賽斯・諾特博姆 著　李佳純 譯　西蒙娜・薩森 攝影

Cees Nooteboom

Berliner Mauer

Bernauer Str. 111,

13355 Berlin

獻給威廉．李歐納．布魯格斯瑪（Willem Leonard Brugsma）

CONTENTS ／目次

推薦序　記者、外來者、抒情者（文／陳思宏）　7

第一部　13

前言：穿越邊界　15

1—1989/3/18　30

2—1989/5/27　50

3—1989/6/10　68

4—1989/7/15　83

5—1989/10/18　100

6—1989/11/18　104

7—1989/12/9　121

8—1990/2/17　136

第三人稱的插曲：足跡　151

第二插曲：古代 171
9—1990/January 195
10—1990/3/24 209
11—1990/4/21 231
12—1990/5/5 246
13—1990/5/12 263
14—1990/6/2 276
15—1990/6/30 291

第二部 307
柏林套房 309
到處都是死掉的飛機和老鷹 327
柏林圍牆裡的鄉村 341

萊茵斯貝格：插曲 344
回到柏林 357

第三部 383

第四部 447
拜會總理 449

後記 463
第一部之後記 473
詞彙表（含傳記及註解） 475

推薦序

記者、外來者、抒情者

文／陳思宏（《叛逆柏林》作者）

收到《邁向柏林之路》完整譯稿，見荷蘭作者賽斯．諾特博姆書寫二次大戰後的親身德國體驗，二十一萬字絮絮叨叨，自稱愛書者的我也稍微卻步。作者的主題明明就是我居住的柏林，寫作方向、生活軌跡與我有許多重疊，我理應貪婪閱讀，但他不斷在文字裡丟擲名字、地名、史實、物件，編年體日記文字萬里跋涉，記錄他戰後親訪共產東德、一九八九年柏林圍牆倒塌的第一手歷史凝望、兩德統一之後的政治課題，我嫌他囉嗦，文中的人事物讓譯者必須辛苦做註釋，我怕自己沒耐性完成閱讀，寫出一篇佳言推薦序。

帶著苦閱讀前二十頁，我發現我停不下來。賽斯．諾特博姆以文字抵抗記憶消蝕，以綿密、充滿細節的書寫，有時密集，有時閒散，記錄他身為外來者的德國身體實踐。細節充滿光影聲響，日期清晰，分秒詳錄，引經據典，建立作者的博學觀察者位置。「掉書袋」一本為譏笑之語，但咬文嚼字需要一定的深厚人文基礎，作者多聞，寫歷史場景旁徵博引，卻不引人反感，只因文字裡充滿抒情、關懷、省思，《邁向柏林之路》是一本人文學者寫給近代德國歷史的一本厚重情書。

閱讀《邁向柏林之路》，讓我更加確定，兵馬倥傯時代，我們更需要記者、外來者、與抒情者。

駐紮記者，以其可貴的現場性、親臨性，以文字、攝影，記錄歷史場景，留下珍貴的時間切片。柏林圍牆倒塌前後，賽斯．諾特博姆人在柏林，他以日記體寫下那動盪的革命分秒，成為珍貴的報導文學。柏林圍牆被人民的力量推倒，轟然改變近代歷史航道，作者捲入了歷史重大時刻：「當我終於到選帝侯大街，柏林已經是一個大城市。車輛已無法通行，城市陷入瘋狂。人民變成一個迴旋的個體，一個有數千顆頭的生物，呈波狀的漣漪流經這個城市，再也不知道自己在移動或是被推動，我隨波逐流，化身為群眾、新聞圖片、無名小卒。」作者把自己的位置放到萬千人民之中，渺小卻不卑微，冷戰的高牆倒下，激情熱烈或哀愁，作者的柏林圍牆編年日記充滿現場性，面對重大歷史分水嶺，我們需要記者的眼，記者的筆。

我們需要外來者，所謂的局外人。賽斯．諾特博姆是荷蘭人，不斷越過疆界，四處旅行，途中書寫，戰後出入東西德，柏林圍牆倒塌時刻人在柏林，新世紀依然心繫德國，筆下二十一萬字都繞著德國。外來者不一定客觀，但提供了另外的視角，《邁向柏林之路》作者並非德國人，所以似乎更無羈絆，剖開近代德國動盪，其轉型正義、地景變遷、人事刷洗，都有深入思考。英國小說家克里斯多福·伊薛伍德（Christopher Isherwood）在二次大戰前看盡柏林的風月，寫成《柏林故事集》，把納粹掌權、一步步走向國族狂熱的柏林寫得立體誘人，外來者不在局內，不見得熟稔當地風俗語言，不一定有最完整的歷史脈絡，卻往往寫下最值得局內人省思的文字。

我們需要詩人，關懷的抒情者。《邁向柏林之路》文字基調是抒情，作者寫景寫人，常有動人的情感流洩。他寫柏林的尋常風景：「躺在附近的人不去注意，抽他們的大麻菸，讀磚頭厚的巨著，啤酒順著鬍鬚滴落，跟他們的狗講話。」住過柏林的人看到這段文字，心裡一定有清晰畫面，夏天空氣中飄散的大麻味，在公園喝啤酒，實在是太寂寞了，只能把秘密都跟狗說。他寫布萊希特長眠地：「在死亡的附近，夏日總是感覺起來更濃郁，更精力充沛，彷彿它在這裡的活力更勝於在生者的世界。」我總覺得我們身處的世界，極度缺乏抒情，人們急著直接說理，了解一件事需要懶人包，急需要重點整理，而抒情的可貴在迂迴，繞個路，轉個彎，懷想灑了詩意金粉，故事更動人。在台灣，「文青抒情」時常是被嘲諷的對象，《邁向柏林之路》博學且深情，提醒了我們文青知識分子的可貴，他們的喟嘆可千年，感慨可傳世。

《邁向柏林之路》一書裡作者所鋪展的旅途、行道，都跟我個人的德國旅程有許多重疊。作者寫到，他常去柏林近郊的小村落呂壩斯（Lübars），我夏天時常去呂壩斯，這裡的小村風情非常閑適，人們見到我熱情問好，湖水多情適合游泳。他常去劇場裡看戲，我也是劇場痴，曾經是舞台上的演員，如今沒戲可唱，當個觀眾也熱烈，他筆下的馬克西姆．高爾基劇院還在，只是成為多元種族的現代叛逆劇場。他去呂根島尋找浪漫派畫家卡斯巴．大衛．弗里德里希（Caspar David Friedrich）的名畫《呂根島的白堊懸崖》真實場景，我也曾和朋友驅車在島上迷路，只為了尋找畫家的白堊懸崖。他寫自己去波茨坦的無憂宮散步思考，我書寫若有窒礙，就會獨自一人在那皇宮花園裡漫步。我們都不是德國人，卻在德國度過生命中的許多黃金時刻，以局外人的身分書寫德國，青春在此熾熱，故事在這啟程。

德國歷經戰爭、屠殺、冷戰、和解、統一，《邁向柏林之路》再度檢驗這傷痕履歷，德國多次轉型、分裂、變形，如今成為歐盟中心國家，賽斯．諾特博姆的書寫非常深廣，每個提到的人名都有其重要意義，這不是一本輕盈讀物，值得讀者深入探索。

此刻的柏林，正因大批的敘利亞、北非難民湧入，國內政治情勢詭譎。極右派「德國另類選擇黨」（AfD）反同志、反移民、反難民、反歐盟，主張開放人民擁槍，利用這個脆弱德國時刻崛起，在各地大選取得勝利。英國脫歐，歐洲各國極右派積極尋找舞台發聲，歐盟來到關鍵歷史時刻。此刻閱讀《邁向柏林之路》，更有鑑戒之用，德國如今的和平，沾有戰爭血跡，幾度轉型正義的落實，才讓這一代的德國人昂首，如果右派繼續壯大，民族主義沸騰，只怕狂熱重來，築起另一道更難摧毀的圍牆。賽斯．諾特博姆的抒情筆調裡，對德國有一定的信心。我也相信，抒情的力道，能抵擋偏見的狂潮。詩裡，我們記住血腥，我們談論歷史，我們邁向和平。

第一部

出版註記

本書的第一部分，最初以《柏林筆記》（*Berlijnse notities*）由工人出版社（Uitgeverij De Arbeiderspers）在阿姆斯特丹出版。收錄的前言〈穿越邊境〉，先前出現在《隨遇而安》（*Waar je gevallen bent, blijf je*）（工人出版社，一九八三）。插曲的〈足跡〉和〈古代〉之前發表在《世界一旅人》（*De wereld een reiziger*）（工人出版社，一九八九），是後來的荷文版才收錄。

前言：穿越邊界

一九六三年一月二十三日。高速公路的兩邊，白色風景開展到德國的其他部分。我們在這條路已經開了一整天，歐洲最不真實的一條路，一條不通過任何國家的公路。沿路沒有城市，沒有鄉鎮，只有交通號誌、Tankstellen（加油站）和 Rasthäuser（公路餐廳）。這是開車經過地表，而不是經過一個國家。一直開到黑爾姆斯特（Helmstedt），過去和政治才終於出現，以符號作為偽裝：哨兵和哨兵站、旗幟、柵欄、標示。慢慢地，它們離我們越來越近：小建物、美、英、法的旗飄揚在結凍的空氣裡。三十年前，誰能對德國人解釋這就是未來？

檢查哨的程序直截了當。又有一個標示清楚指示了（以避免誤解）我們正離開西德，進入東德。同樣的德國制服，但又有所不同。我們必須下車，然後被打發到一間小屋裡。一個孩子氣的想法：原來是這樣——我熱切環顧四周，但有什麼可看的？我排在一個矮櫃檯前人不多的隊伍，一男一女坐在櫃檯後面。男人穿靴子，著制服，吐出霧氣。他看起來很冷。裡頭冷颼颼的。離暖爐比較近的女人翻著我的護照。她看看我的照片，抬頭看我，再低頭。沒錯，是我。我帶了多少錢？她在灰色的小紙張記下金額，下面墊複寫紙做複本。我身上有沒有照相機？收音機？外幣？有沒有硬幣？一切都記在那張紙上，我必須簽名。護照和那張紙消失在另一個部門。複本收在抽屜裡。我永遠被歸檔了，還有我的四百五十馬克、十八荷蘭盾、二十比利時法郎。透過起霧的窗戶，我看見白雪覆蓋的樹，一道柵欄，也覆蓋在白雪下，一個用大樹幹建造的瞭望台。上面無人在瞭望。他們交給我一張粉紅色表格去另一個房間填寫。裡頭有幾張金屬椅子，但是冰冷到無法坐下。之後他們發還我的護照，我得繳錢。我注意到小木桌下女人的大號黑色靴子；她在桌下用鞋底來回摩擦地板。這個地方還有什麼值得看的？不多，就是離奇徹底的檢查，費去雙方一樣多的時間——是很長一段時間。

我從紙堆拿起一份報紙。它的版面設計是在嘲諷花俏而聳動的西德《畫報》（*Bild-Zeitung*），名字就取為《新畫報》（*Neue Bild-Zeitung*）。東德（D. D. R.）[1]在迦納北部塔馬列（Tamale）的農業展，每天都吸引許多非洲訪客。坦干依喀（Tanganyika）副總統在達累斯薩拉姆（*Dar es Salaam*）聲明，關於德國統一的問題，必透過和平方式來解決。報紙內頁，一座現代西德雕像與東德雕像並置。問題：哪一個國家更能有效地保存德國

Nationalkultur（國家文化）的傳承？我想著穿制服的這些人，好奇他們對Nationalkultur有多感興趣。牆上掛著烏布里希特（Ulbricht）[2]等人的名言，關於和平、生產力、民主。刺骨寒風吹在門的另一邊；邊境地區就在門外，赤裸，毫無遮蔽。車輛受檢；人們亮出證件；一個俄國士兵在雪中經過；這裡飄揚的是不一樣的旗子，顏色比較紅；哨兵室裡一名軍官在講電話；柵欄高低起伏。我讀標示：Laßt euch nicht zur Provokation gegen die D.D.R. mißbrauchen. Die D.D.R. hat den Frieden in Deutschland gerettet（勿對東德反動。東德保衛了德國和平）。工人站在鋼鐵熔爐旁的大幅照片。工人在汽車工廠的大幅照片。烏布里希特的大幅照片。這裡看起來就是這樣：死氣沈沈、結凍、極度德國。

我們獲准繼續前進。亮出護照，柵欄升起，再亮出護照，另一道柵欄升起。忽然間我們就到了另一邊。同樣的雪白大地綿延至遠方的霧裡。右方的樹林裡有更多柵欄和瞭望台。接著，開過一座橋時我們看見驚人的景象，兩個穿白色套頭裝、雪人一樣的男人牽著一隻黑狗，狗喘氣、拉扯地前進，舌頭垂在嘴巴外。他們肩背長長的來福槍，消失在樹林裡，要獵捕的是人類。我們還是開在同一條公路上。有時，遠方可見村莊的陰影，一些農舍和一間教堂。那些人此刻在做什麼？我們只看過一次動靜：一群喊叫的孩童，讓景象添上一抹畫筆的筆觸。歡迎代表來參加黨代表大會的標示，以固定間距出現：Wir begrüßen die Delegierten des VI. Parteitages der S.E.D.![3]（歡迎代表們前來參加德國統一社會黨第六次黨大會！）這裡真能感覺到這條路還是舊公路，希特勒的公路。每過一個水泥路段就來一次顛簸：是一長條柏油。或者，這就是歷史課本地圖上那些細線條，一條條象徵了佔領、沒落和轉變？曾經神聖的羅馬帝國、公國、共和國、第三帝國[4]的區域？我們對抗狂亂的陣陣風雪，奮勇前進，執著地覺得自己縮小了，如甲蟲倉促飛過這個充滿歷史痕跡、卻沒有東西可看的空間。

一九六三年一月十五日。西柏林。你沿著高掛白色裝飾燈泡的選帝侯大街（Kurfürstendamm）開車，過了斑駁、殘破不全的威廉皇帝紀念教堂（Gedächtniskirche）再往前繼續開。你意外發現，西德也有自己的廢墟：宏偉、鏤空了的歷史遺跡；背後並無房間、空蕩蕩的窗戶；陳年戰爭的碎塊；被磚頭封住的門，再也不會有微笑的父親走出來、帶小狗韋納出去散步。非德裔、非軍事人員唯一能過的關口在腓特烈大街（Friedrichstraße），但我們誤走到布蘭登堡大門（Brandenburger Tor）。白雪和月光。大門前結凍的廣場上什麼都沒有：沒有人，沒有車。在廣場周邊，黑色欄柱上有一輛雙輪戰車，勝利馬車。四匹馬急行向前，馬車上生著翅膀的人物高舉一個花圈，面對東方。下方，欄杆四分之一高度之處，就是柏林圍牆的鈍齒。一名西德警察指示我們不可再往前開。於是我們留在原地，看著面前的無動靜。兩輛俄國坦克停駐在偌大的高台上，令人想起一九四五年。我們看見兩名俄國哨兵，大理石之間的影子。

腓特烈大街離這裡不遠。跟黑爾姆斯特一樣的檢查哨：文件、幾張紙、數錢、柵欄，我們在傳統銅板印刷的機器裡移動，盡可能維持人的身份。兩道矮牆在路中央矗立，駕駛若要快速經過，必得戲劇性地急轉彎才過得去。所有的德語框框都打勾之後，我們被放行，城市延伸下去，城牆之後的慣例：相同，但又有所不同。也許是我太敏感，但這裡聞起來不一樣，一切看起來更褐色一點。我們開車逛了一會：威廉大街（Wilhelmstraße）、菩提樹下大街（Unter den Linden），這些街名與我從沒有私人連結，但光是別人說的方式，就讓它們聽起來有點味道，往往是頗為悲傷的味道。我一聽到街名就想像非常淡的綠色，也不無道理：Unter den Linden，在椴樹下（under the lime trees）[5]。沒道理的，是認為現在不見綠色不只因為冬天。建築物，更多廢墟，街道，被路邊大廈包夾的卡爾・馬克思大道（Karl-Marx-Allee）。沒多少車。許多霓虹招牌。是失望嗎？我是不是期待它更戲劇化一點？

我憑什麼認為自己有期待的權利？兩個動也不動的士兵守在一座紀念碑前。亞歷山大廣場（Alexanderplatz），一列蒸汽火車從高架鐵路經過，但除此之外沒什麼值得報導——偶爾可見一些標誌，上面的字看起來無人讀過，自言自語的標誌。

我們去夜總會。這裡的大型夜總會和餐廳都以華沙公約組織（Warsaw Pact）[6]國家的首都命名。這一間叫做布達佩斯（Budapest）。擠滿了人。一個雙人樂團，不是德國團，正演奏歡樂的曲子。大家在跳扭扭舞。外省的氣氛，沈悶。許多落單的女孩。三個年輕的Volksarmee（國家人民軍）軍官坐在我們後面那桌，喝保加利亞紅酒。其中一個站起來，舉杯說「Meine Herren, zum Wohl!」（各位先生，乾杯！），一個穿空軍配色夾克的服務生……諸如此類。真的沒什麼可報導的。人們看著我們，就像在法國里摩（Limoges）或瑞典尼雪平（Nyköping）的人也會有的舉動，但你不斷自問必然的問題：這裡頭多少人在西德有親戚？多少人想離開？多少人想阻止別人離開？或許這些都只是反詰句，但半小時後我們又通過同一個檢查哨時，我得到東德給我的書面回答：一本橘色小冊子，標題聽起來像童書：《關於圍牆你需要知道的一切》。裡頭分十個章節：一、柏林在哪裡？二、圍牆是從天而降的嗎？三、圍牆有必要嗎？四、圍牆預防了什麼？五、和平真的受威脅嗎？六、圍牆另一邊住的是誰？七、真正讓親友分離的是什麼？八、圍牆是否在任何方面威脅到任何人？九、是誰讓情況更糟糕？十、圍牆是健身器材嗎？

最後一個問題的回答突兀：「讓我們再次強調：不是。這道保護圍牆是東德的國界。主權國家的邊界必須被尊重，放眼全世界皆然。忽視這點的人若遭受人身傷害，並無抗議理由。」

幾個其他的想法：一、波恩（Bonn）[7]對圍牆的接受度如何？如果每個人都離開東德——這也是近來的趨勢——空曠的內地全都會被斯拉夫人進駐。這對仍抱著統一夢想的德國人而言，不是太吸引人的事。二、莫斯科對圍牆的接受度如何？烏布里希特對他們而言，是比諸如薩拉查（Salazar）[8]對我們而言，更吸引人的同盟嗎？三、圍牆實在太德國了。套一句西柏林計程車司機說的話，這種事不可能發生在別國人身上。

一九六三年一月十七日。下午三點鐘。我們在風雪的打擊下，穿越車站前的廣場。赤裸、水泥色的廣場，聞起來像東德，現在還是空無一人。少數幾個英國、義大利和美國記者站在空曠裡發抖，撐著他們的是謠傳尼基塔・謝爾蓋耶維奇・赫魯雪夫（Nikita Sergeyevich

Khrushchev）將在三點抵達，或四點、五點、六點、也許七點……天氣冷到不可思議。

我們走來走去，無時不被出席的東德人好奇的眼光追隨（有的害羞、有的挑釁）。車站非常華麗。上了金漆的長矛掛著旗幟，有黑色、紅色、金色、血紅色，這些旗幟從西柏林、圍牆另一邊也能看到，在高樓和工廠上方飄揚，月亮的旗子，離我們遙不可及。長矛以某個角度豎立，有點中世紀的感覺，彷彿一場比武大賽即將開始。一名男子忙著拿小花盆裝飾舞台。赫魯雪夫一定會開心。看起來確實壯觀，像在烏特勒支（Utrecht）[9]校園話劇的佈景：牆上掛著五顏六色的布，整齊的盆栽，合板演講台在中間，待會就會有人站上去說話，說的不是一般在校園話劇會聽到的內容。

一個老人站上去在麥克風前慷慨陳詞，「Eins, zwei, drei!」（一，二，三！），聲音在空曠空間隆隆作響。在我背後的灰色高台上，戴毛帽臉色蒼白的男人們，東德電視台攝影小組正在忙。他們早上六點就到了。寒冷無孔不入。義大利人最受不住，而且不是默默忍受。我繼續繞圈子走，閱讀標語，熱烈歡迎、激勵人心的標語，張貼在車站各處和全城：「Ganz zu Ehren des VI. Parteitages. Der wissenschaftlich-technische Höchststand.」[10]字句無法詳述這裡明顯僵硬、呆板的現實。這是一個倒退、稚氣、老派的世界，但是一個確實存在的世界，而且不是沒有理由。也就是這個現實，這乾癟、狂熱、卻宣稱是未來願景的過去，製造了這麼樣的疏離感。救贖教條的碎片因為具體化而變得危險，我被包圍，站在這個未來裡，我是徹底的陌生人。彷彿我已經在這裡站了一個月，或是一年。

偶爾，我看到快要有動靜的跡象。德國警察給德國士兵下德文指令；一隊人走到階梯上站好位置，經過人群時送出陣陣漩渦。但那些人接著又消失在一個張貼了更多標語的洞口，留下我們繼續等待。一名西德記者跟一個東德人傷感地聊起來，我站在大約一公尺之外觀察他們。他們的討論毫無意義。一道牆擋在兩個愛國者之間，沒有東西能穿透，也許除了子彈。每一個想法和爭執都從圍牆彈飛，落在我們腳邊，任人撿拾：格羅布克（Globkes）與圍牆、阿登納（Adenauer）與在河裡被射死的逃犯[11]、持續在為過去贖罪。外國人站著沒事，靜靜地看。現在五點鐘，然後六點。忽然間，人群湧進廣場。電視台的燈打開，閃閃發光：白色的面孔在德國皮夾克之上。一群德國女人拿著非常鮮紅的旗子。記者們沒有分配到特定區域，被人群沖散，寡不敵眾。軍校生成一長列縱隊進入，奉命開始推動人群。首先朝一邊，接著朝另一邊。我被擠得靠在攝影機腳架上，又被一個士兵抓住推向更遠的後方。推擠結束後，我發現自己站在離舞台相當遠的地方，周圍都是彪形大漢，粗手指緊握看起來小得荒謬的旗子。高牆上的擴音器傳來軍樂，唱片一張接一張放。人群在吶喊，然後矮小且很好認的烏布里希特出現，邁出大步快速經過人群。其他人跟在後面——保加利亞人和蒙古人、捷克人和德國人——一群結實的男人緊挨著步上階梯，兩個老婦人剛剛才把樓梯掃了第十遍。一塊紅毯以阻擋寒氣，一列軍校生來保護生命，我背後一些德國人大喊要求別人脫帽：「Hut ab! Hut ab!」（帽子脫掉！帽子脫掉！）。音樂消失，瞬間的肅靜，小俄國人步下階梯，從黑爾姆斯特到上海、那個世界各地忠實的總督包圍著他。小矮子的圓臉在電視攝影機燈光的監視下特別蒼白，他揮手回應人群的吶喊：「Druzhba, druzhba, druzhba!」（友誼，友誼，友誼！）紙旗像一陣熱浪在空中波盪；一群阿爾及利亞人喊完自己的歡迎，靜默期待的氣氛再次降臨，中央委員會總書記們開始禮儀性的招呼——舊而冗長的頭銜，由新而恆久的頭銜取代，沒一個漏掉。

每個名字唸完都引來掌聲。我踮起腳看打亮的舞台上聚集的官員。小烏布里希特走向前，接受獻吻，用他拘謹的薩克森嗓音[12]開始說故事。群眾注意聽。接著赫魯雪夫說話。毫無疑問，他非常受這一大群黨的忠實信徒的愛戴。很難不對他的聲音留下深刻印象，它既有份量又有古味；流暢、爭辯、說服、揶揄、詳述、威脅。口譯員慘而尖銳的聲音接在他後面，用德文翻出演說的重點內容。我看著人群裡的自己，唯一能分辨我和其他人的是我的衣服剪裁，我想到我也可以是站在這裡吶喊、唱德國歌曲的黨中堅份子——我也屬於這群已看不見自己的人們，因為我就跟他們一樣，在這裡幫忙填滿一個大廳，然而光是看著他們、聽著情緒高昂的德語吶喊，就有種滑稽的疏離感和恐懼，這個世界如此自滿於自己的現實，沒有外人容身之處。我走回外面時還在下雪。一長排警察的身影，映在空曠廣場的白雪前。我繞路行經昏暗、寂靜、現在掛著黑色旗幟的街道，回到我的車上。半小時之後，我回到西德。就是這麼簡單。

一九六三年一月十九日。「同志們，接下來是德國統一社會黨中央委員會第一書記瓦特・烏布里希特的閉幕演說。」在西柏林豪華的媒體中心裡，記者坐在椅子上往後靠，再看一次這禮拜已看得很熟悉的場景：巨大的廳堂，來自七十國、超過四千五百名共產黨代表。瓦特・烏布里希特走過密集排列的人體，他的頭殼也經過列寧的白色大理石頭殼。他開始說話。他的額頭泛著光；他的眼鏡在反光。就他的標準而言，這是一次成功的演說。輕鬆而妙趣橫生，有時幾乎像閒話家常，他引用關於信念的家喻戶曉的文章。

氣氛極為親善，甚至有點動人。烏布里希特的俄國盟友坐在他背後，一條電線從他的耳朵垂下來，有個譯者的俄文聲音沿線傳遞。攝影機偶爾掃過黨代表。我認得幾個，但大部分陌生。中國代表沒有出現在螢幕上——雖然今早才有許多友善的中國人高喊並吹口哨，當時赫魯雪夫雖客氣地要求緩和局面，中國代表仍再度抨擊俄國，這回提的是南斯拉夫的修正主義。烏布里希特沒有介入討論。他認為事情會解決，是的，一切都會好好的——西方還不是會意見不合；看戴高樂就知道了。

烏布里希特歡樂的程度，只有他的共和國悲淒的程度可匹配。不，德國再也不是世界最西的社會主義國家。那個現在是古巴了，這是一大優勢，因為這代表德國比從前更靠近美國。為什麼？因為我們有大使在哈瓦那！笑聲。提到黨的宣言，他變得比較嚴肅。再次看出，我們不可能光靠譴責就打發掉這個世界，如同敷衍的同情也不會讓我們成為其中一份子。在那個廳堂裡，有種強烈的身為正當的一方的感覺。我們坐在座位上，看著眼前的事進行，一切都在不到幾公里之外。透過螢幕，無產階級的力量朝我們湧來，社會主義發展，轉變成共產主義，信念的教條。

介於他們和我們之間是柏林圍牆，一份石頭做成的文件。但這份文件在那邊毫無意義，或許除了強調他們有多麼正當。他們自己去看圍牆，如同西方記者去看圍牆，他們和法國觀光客握手，對人們揮手。他們肯定自己的動機。

宗教教派和它的相似之處不斷出現在我腦海。這個信念成為一個國家，然後許多國家。因此信念不得不改變。分裂與不合造成廳堂裡的對立，這也是我們在注意的：正當的實踐，馬克思、恩格斯、列寧的著作，演變成為古巴、東德、北韓，再成為這個廳堂。裡頭那位矮個子向前傾時，某些角度看起來忽然像黑人，他用他慢條斯理的德國嗓音講到工程師和工人的故事，提到勞動的純粹幸福和興建工廠的喜悅，他開始情緒激動，然後發現自己一時詞窮，宣稱這才是作家該書寫的：真實生活，工作的樂趣。

這個全新的民俗也有新的故事呈現：一位教授對年輕農學家談話；一個作家因為與現實生活脫節、沒有做好作家本分而被譴責。群眾歡笑鼓掌；偶爾，攝影機拍到單獨一張臉，或認真、或喜悅、或興高采烈或冷淡，表情與其他人不同。我邊看邊想：台上那個人來自可能是世界上最令人恐懼的國家。他就站在那兒，對西德人說話，再三邀請他們去東德拜訪，和工人農夫交談，但他到底認為從西德來到東德的人會看到什麼？

看到的是這個國家，他說，一切都是集體財產。他就這個主題闡述，不忘提及剝削者和軍事主義者。他的嗓音繼續，攝影機掃過各國代表，我們在媒體室又體驗到那熟悉的情感，一種全然的疏離；疏離現在成了時髦的詞彙，象徵了恐懼、嫌惡和全然的疑惑。世界三分之一人口由這些人統治，追隨一個僵化的思想體系，它已無法再發展，甚至看似沒有力氣來實踐自己手冊中的理想。面對柏林圍牆另一邊的危險僵化，唯一反應就是不要被更大的僵化癱瘓。參與這類會議，可以說是寶貴的經驗。

關於共產主義的書寫太多，很多人可能已經忘記它確實存在，它是一個現實。現在，這個現實正在徹底自我檢視，伴隨必要的緩和政策。

在共產主義陣營裡，每一個重要觀點都有歧見：資本主義、戰爭、革命、分裂。當赫魯雪夫說勞動階級的目標不是光榮的死，而是打造快樂的生活，毛回應說戰爭終能導致帝國主義（我們）的毀滅，和社會主義（他們）的勝利。

自鳴得意的漠然，是西方對這段原始對話（ur-dialogue）的主要反應之一。也正是如此，好多記者快速離開這個冗長無味的會議，它戲劇場面的缺乏令人掃興。

註釋

1 D.D.R. 為東德之縮寫（Deutsche Demokratische Republik）。

2 見詞彙表。

3 原註：德國統一社會黨（Sozialistische Einheitspartei Deutschlands，S.E.D.），見詞彙表。（編按：除標註「原註」者，皆為譯者註。）

4 即納粹德國的階段，從一九三三年到一九四五年。

5 椴樹也稱西洋菩提樹，而 lime 在台灣以檸檬稱之。

6 一九五五年西德加入北大西洋公約組織（North Atlantic Treaty Organization，縮寫NATO，簡稱北約組織，創立於一九四九年，目前有二十八個會員國），蘇聯促成華沙公約組織來分庭抗禮，一九五五年在波蘭華沙簽署，一九九一年廢止。

7 波恩從一九四九年到一九九〇年是西德首都，兩德統一後首都遷至柏林。

8 António de Oliveira Salazar（1889-1970），葡萄牙獨裁者、前葡萄牙總理，實行法西斯主義軍事專政，獨裁統治葡萄牙超過三十六年。

9 荷蘭烏特勒支省（位於荷蘭中心）的省會，荷蘭第四大城。

10 原註：向第六次黨大會致敬。科學與科技的巔峰。

11 以上兩個人名見詞彙表。

12 烏布里希特出身德國東部薩克森州萊比錫。

1

1989/3/18

很久很久以前，第一次。我曾與艾迪・胡尼克（Eddy Hoornik）[1]和W・L・布魯格斯瑪（W. L. Brugsma）[2]一起開車去柏林。赫魯雪夫到訪，東德共產黨代表大會。那是打從一九五六年我去布達佩斯之後，七年來第一次到東方集團國家。布達佩斯是我政治思考的分水嶺，當時，我的政治思考仍與情感密切相連。那個城市讓我憶起戰爭的氣味。我在俄軍以鉗形攻勢封閉邊境之前離開，我覺得我們（因此也包括我）背叛了人民，被我拋下的人將永遠禁錮。

現在是一九六三年。我往相反方向開，某種感覺隨之而來：恐懼。這裡是禁忌的王國，有哨兵、狗、高塔、鐵絲網、柵欄的保護。很冷，現在是冬天。地上積雪，從車上可看到喘著氣在搜尋的狗，映照在一片雪白前看起來特別凶險。

另外一個當下，一九八九年，還是有哨兵、有狗、有柵欄。但季節換成春天，邊界關卡也比從前寬敞，車流量多了點，但就是沒辦法變得正常。恐懼的感覺沒了，但冷戰和當時的回憶仍然在我的骨子裡。這裡的服務迅速。我漏了一份文件，Genehmigun（許可證）之類的，一開始我不明白小屋裡的民警代表對我嚷嚷些什麼。他叫我開車離開隊伍，停到旁邊，然後走去另一間小木屋付錢。沒什麼大不了，但一切都發生過：嚷嚷、德國人、制服。我永遠躲不掉那場戰爭。

我以時速一百公里開車經過這一塊東德，一眼看著時速表。只要超出兩公里，我朋友告訴過我，「他們」就從橋下、樹後、房屋後出現，給你開罰單。讓我困擾的不是罰單，我是想避免衝突。其他人一定也有同感，寬闊的公路上滿佈呼嘯而過的汽車，密如糖漿。

抵達新家門口，我得到一聲尖銳的提醒。還沒來得及停車，卸下未來六個月的行李和書，一扇窗猛然推開，一名老者朝下對著我大吼，說我的行為 unverschämt：無恥、無法無天。我到家了。

家是歌德大街（Goethestraße）上黑色建築物裡的公寓。巨大的房間，巨大而老式的暖爐，比我還高，像龐大的方形神像。在我之前，一位智利作家住了許多年，但他已經回遙遠的家鄉。Tempora mutantur。[3]他留了一些書在這裡。你像狗一樣，西蒙娜說。她說得對：這是似犬的活動。我在聞書。聞啊聞，聶魯達。聞啊聞，海涅（Heine）[4]，克萊斯特（Kleist）[5]。一本《西洋哲學詞典》（*Philosophisches Wörterbuch*），馬克思主義處有折角，英文版的葛拉斯（Günter Grass）[6]，《第三世界事務・一九八七年》（*Third World Affairs 1987*），許多西班牙文書，很多我沒聽過的作家，一本《智利詞語字典》，感謝老天，還有許多詩集。家具凝視著我，我也凝視回去。這些是偶然的家具：你可以把它們拉過來推過去，它們不會反抗。它們沒有選擇你，你也沒有選擇它們。這些家具是流亡生活的目擊者，正適合我。我大半生在旅館度過，這已成為我的自然狀態，我總是別人窩裡的杜鵑。一個繪畫兼雕塑的作品，主題是個頗為嚇人、紋風不動的鐵鎚；一幅杜菲（Dufy）[7]的複製畫；兩幅霍普（Hopper）[8]的畫；一幅描繪囚犯和失蹤人口的陰森畫作；一張馬蒂斯（Matisse）的海報；不在場的智利作家戲劇作品的節目單，封面是一支浸血的鵝毛筆，剛寫成「自由」二字。現在可以開始整理安頓了。中庭有一棵栗樹，不久便會轉綠。

征服一個城市。就像真正的戰爭，從地形圖開始，勘察。友人提供地下情報。房屋作為行動基地，始終是戰略性撤退的選項。溝通路徑：電車、地下鐵、巴士、雙腳。補給：市場在哪裡？漸漸地，周邊城市開始成形：認得的景象、捷徑、points de repère（參照點）、圖書館、百貨公司、博物館、公園、柏林圍牆。協商，投降協定——屋子開始像屋子，我們的行為開始像居民。大樓的大廳永遠昏暗；樓梯扶手上有個獅子頭。我每天摸牠，獅子開始和我打招呼，別的住戶還沒。郵差來探聽。一個高大蒼白的男子，穿制服戴帽，他講的方言幾乎讓人聽不懂。信箱嵌進公寓大門裡，一隻手掌的寬度，高度只有兩公分。幾乎什麼都放不進去。我現在讀《法蘭克福匯報》（*Frankfurter Allgemeine*），嚴肅的報紙。這個國家對自己一點也不輕佻。報上完全沒有家鄉熟悉的隨便與不敬；嚴峻的頭版，通常沒有照片；我在讀報時大概看起來也不是同一個人。

我在U-Bahn[9]看到卡格爾（Mauricio Kagel）的《對話演唱會》（*Gesprächskonzert*）海報，他是阿根廷音樂家，在德居住多年。我愛他的音樂，也曾經和雨果・克勞斯（Hugo Claus）[10]一起受托為荷蘭音樂節翻譯他的清唱劇《口頭背叛》（*La Trahison orale*）歌詞。音樂會在自由柏林電台（SFB）[11]的禮堂舉辦。任何來自阿姆斯特丹的人，都會對這個城市的規模留下深刻印象。大而空曠的廣場，寬闊的大道，經常讓人覺得渺小。在U-Bahn，我認出其他也要去看演唱會的人，我是對的，我只要跟著這鬆散的一小群人就好，領頭魚是日本人。當然了，管弦樂隊也有人來自日本。這是一個日本秘密協議：每一架飛機、每一間餐廳、每個管弦樂隊裡，都一定有一個日本人。他們是特別被僱來的。管弦樂隊裡的日本人是大提琴手，他拉得非常優秀（我從他的獨奏聽出），但整個樂隊也非常優秀，今晚的演出精彩。作曲家坐在舞台上，指揮的旁邊。高大、禿頭，粗框玳瑁眼鏡。彷彿哈洛·品特（Harold Pinter）[12]坐在舞台上，看人演出他的劇作。今晚的節目單上只有一曲：《幻想曲》（*Quodlibet*），但這不僅是曲目（就是「悅耳之作」的意思），也是類型的名稱。Quodlibet[13]的形式源自十六世紀和十七世紀，主要來自法國，是用對位法來諷刺和評論許多歌曲。一首歌就有許多歌聲。今晚的歌手瑪汀·維亞德（Matine Viard）能夠唱不同的歌聲，而且各有神韻。穿著藍色長禮服、戴眼鏡的她看起來嚴肅，但持續高音和她剛毅的表現，削弱了她的嚴肅。指揮是蓋爾德·阿布雷希特（Gerd Albrecht），白髮，bell'uomo（英俊男子），完全是少女夢想中指揮該有的樣子，而且，他對樂曲的解構特別地熟練：他中斷、拆解、分析、再重組。作曲家用古法文寫成歌詞。這支作品描述一段悲慘而戲劇性的戀情，從歌手的徹底困惑開始：

我的……幻想…… Ma... ma fantazie... est...
令人……憂慮 Est tant... troublée
幻想了這麼久 De quoy faictes si long séjour

但是……並不來到我身邊　Sans venir... sans venir vers moy...

回來……　De retour...

我求它改變　J’ay paour que ne soyez changée...

才唱幾個小節，指揮停下來，歌手的音量漸弱，拆解的過程開始。他一層層剝掉，讓我們看到音樂的架構。整個過程有種殘忍之處，我彷彿被迫同時覺得自己又笨、又聰明，笨是因為我之前有些東西沒聽到，聰明是因為現在我知道了我正在聽什麼。原本優美而複雜的聲音，現在躺在諮商師的沙發上。中音長笛……（「ein schwebender, irisierender Klang」，漂浮的虹彩般的聲音——長笛手吹寂寞的音符，在室內震盪）……現在再加上管樂……（「klingt unheimlich sinnlich」，無比性感的聲音）……然後是短笛……（「klingt nicht ganz so sinnlich」，聽起來不那麼性感）……接著是「刺耳」的大提琴……「und jetzt lege ich das noch einmal zusammen」——沒錯，聽的出來現在他確實把全部組合起來，「eine ganz kleine Geste」（非常微小的態勢，很快消失，如同普契尼）。卡格爾先生認可嗎？是的，卡格爾先生認可：重要的東西必須簡潔，在文學亦然。年輕時在阿根廷，他一度立志當作家。

波赫士（Jorge Luis Borges）[14]曾經是他的英國文學家教——這應該夠他終身受用了。

現在是另一個解構，四分之二拍疊著四分之三拍，極短的篇章，只持續了兩小節：銅管和鋼琴是Zweier（二），疊在管樂的Dreier（三），更上面還有Schlagzeug und die Klarinetten（鼓和黑管），反覆地告訴我我沒聽到的部分，或是更不妙的，別人都聽到了而我沒聽到。這是我教育的斷層，但對我而言已經太遲了。卡格爾提到他的教育方式：他會隨機選一齣歌劇，逼學生說出情節，儘管學生覺得情節荒謬：「荒謬是歌劇的前提，作曲家本身必須是劇作家。學生得學到這點。」他也給學生四小時的時間，把三小節的海頓樂曲延伸成八小節，教他們「發現」節奏。

回到音樂：歌手唱了一段情慾的段落，從性感的低泣到短促而瘋狂的縱慾長音符，現在從「陰道往處女」（vaginal to virginal）漸弱。同樣的段落和音符又唱了一遍，但這次以八歲小兒的方式。我認為並不成功，因為前一個版本讓童聲有種邪念，低音木管樂器和低音號的快速震動（molto vibrato）就像為處女的尖叫伴奏，純真在陽性喘息的背景下顯得刺耳。

所以卡格爾喜歡待在德國嗎？卡格爾喜歡，即便如此，他仍引述馬克斯．恩斯特（Max Ernst）[15]寫給崔斯坦．查拉（Tristan Tzara）[16]的信：「德國知識分子連拉屎和拉尿（faire caca et pipi，法文）都是意識形態。」觀眾客氣地笑，就連他補一句阿多諾說的，德國人把冗長無味和博大精深混為一談，「Schwerfälligkeit mit Tiefsinn verwechseln」，也笑——他們為何不該笑？反正那些都是其他的德國人，他們自己才不介意上廁所沒有意識形態。樂聲再起，整首曲子再演奏一次，精彩、動人、令人激動，忽然間我寧願現在是一個世紀、兩個世紀之後，我就可以用未來的耳朵聽，但這個想法實在太勉強。無數的人得生兒育女繁衍出未來的小號手，讓他們把不可思議的嘴唇貼到喇叭嘴，吹出同樣的音符，而且為什麼是這麼沒道理的兩世紀？我現在正在聽，我已聽完，正在享用，大口吞下——很久以前，在西班牙 quodlibet 是一種 ensalada（沙拉），在法國有時可稱為 fricassée（煨煮小塊肉至爛的烹調法）。這些關於烹飪的隱喻在我身上沒有被浪費掉，我滿載著音樂，漂進柏林的冬夜，出發去尋找香腸和培根。

這裡的週日從週六開始。所有的店都不營業，街上空無一人；在休息的這一天，門鈴響得像要把查理曼大帝[17]以來的死人都吵醒。沒人應門。街上一片死寂，鐘頭依照某秘密法則被延長：現在是思考時間的時候。冥想和反省的機會很多，包括從過去汲取黑色蜂蜜的三個攝影展。「革命與攝影．柏林一九一八—一九一九」是我參觀的第一個。週間我去哪都搭大眾交通工具，但現在城裡這麼空，我便開車。其他人大概跟我相反，又或許他們只是待在家中沉思。一九一九年的柏林，七十年以前；從現在起的七十年之後，一九八九年的照片也會蒙著同樣的距離、過去、後見之明的面罩。力量與無能：我們對照片中的死者握有權力，因為我們知道發生了什麼。語言不允許我們對某件事「無能為力」，但還是發生了。我們無能為力，縱使有超然的知識，我們還是無法進入這些照片。照片是封閉的，裡頭的人聽不見我們。展覽畫冊的封面是一群站著的男人。但「站著」也不完全正確。其中兩個人肯定不是站著——他們跪在一座機關槍旁。其中一個穿便服。他戴帽子，鞋子擦得發亮。他大可跪在除了機關槍之外的任何一個東西旁邊，但偏偏就是一座機關槍，黑得發亮、古老、嚇人。他們看著攝影師，用手指著他，其中一個人就要跑向攝影師。他們嚷嚷著什麼，但我聽不到。我聽到的是無人的街，光禿禿的冬樹，柏林的大房屋。我經常看見的同樣的屋子。畢竟不是所有東西都沒了。革命當然沒有指定服裝，工人也沒有，但看他們打領帶戴帽子還是覺得奇怪，槍夾在腋下，無助的人影在無人的十字路口，側影映在荒涼的光下，人行道上陰森的光澤。無可避免地，過去只能以當時可用的技術來呈現。沒有人能想像彩色的一次世界大戰，也很難想像我們無法用彩色看到的人，事實上看到的世界是彩色的。不充分的魔力：屍體旁邊那塊黑色其實是紅色。

展覽辦在新視覺藝術協會（Gesellschaft für Bildende Kunst）[18]。參觀的都是年輕人，安靜、嚴肅：他們的制式打扮是剛被剝奪繼承權的一代，奢侈西方的學生無產階級。這裡最讓我吃驚的是靜謐，與遍布在照片中的寂靜相應。沒有色彩，沒有聲音，只有過去的時間，從照片裡的當下以直線行進到這些年輕人的生活裡。假如世界上有個地方讓「過去」覺得最舒服自在，一定是柏林。參觀者在照片裡和圖說裡讀到的是一句吵吵鬧鬧的「要是……？」（What if?）

要是威廉二世（Wilhelm II）失敗的帝國更徹底崩壞呢？要是舊經濟和階級體系還維持完整呢？要是諾斯克（Noske）等社會民主黨分子沒有背叛革命，沒有讓軍隊對人民開槍，沒有放走殺害卡爾・李卜克內西（Karl Liebknecht）和羅莎・盧森堡（Rosa Luxemburg）的兇手[19]？歷史的「要是」已經關閉，密封在照片裡掛在這裡的牆壁上，但它同時也展開另一段生命：沒有發生的事，成為確實發生了的事情的原因——一次失敗的民主、一段獨裁和屠殺、一場新的戰爭、再一次和平——一直到我們現在立足之處。歷史忽然間叫做政治，而政治，不過是未來的歷史。

展示櫃裡放著沉默的目擊者：驗屍報告；被殺害的革命分子的醫院帳單；拍下這些照片的舊相機；用來沖洗相片的技術設備，中立、公正的機器，不會思考的笨重機器，同時為左翼和右翼報紙服務；然後是報紙本身，充滿希望和辭令，充滿難以想像的反猶主義（Zwei Rassenfremde: Karl Liebknecht und Rosa Luxemburg hetzen zum Brudermord——兩名種族外來者：卡爾・李卜克內西和羅莎・盧森堡挑起手足間的殘殺）以及革命煽動文（Bewaffnete Arbeiter und Soldaten hinter Barrikaden aus Zeitungspapierrollen——武裝工人和軍人站在報紙堆成的路障之後）。由叛變水兵的起義[20]和西門子（Siemens）及戴姆勒（Daimler）的罷工開始，廣大群眾，沒有麥克風的講者，這應是高度發展的工業社會的第一次革命。皇帝退位，消失無蹤。權力在街頭。社會民主黨的菲利普・謝德曼（Philipp Scheidemann）[21]宣告建立德國共和政體；兩小時之後，李卜克內西也宣告成立社會主義共和政體。一天之後（十一月十日），柏林工人和軍人協會的聯合會議，批准了結合兩個運動的臨時政府。另一位社會民主黨員，弗里德里希・艾伯特（Friedrich Ebert）[22]和軍方指揮官談條件，四天後，「das Kapital」（資方）（這是當時的用語——聽起來比「雇主」迷人一點）承認工會為談判夥伴。接著發生右翼軍方的叛亂，後來被自視為革命保護者的人民海軍擊敗。然後一切變調。諾斯克領導的德國社會民主黨（Sozialdemokratische Partei Deutschlands，見詞彙表）從此開始單獨執政，在前政府軍及新成立的準軍事組織「自由軍團」（Freikorps）協助下，佔領部分城市並發動突襲。李卜克內西和盧森堡被殺（李卜克內西屍體的照片；兇手在伊甸園飯店慶祝的照片；盧森堡命案的描述：「……die alte Sau schwimmt schon」，老母豬已經在游泳），德國社會民主黨在一月十九日贏得大選。西方劇院（Das Theater des Westens）推出弗朗茲·萊哈爾（Franz Lehár）的作品《風流寡婦》（*Die lustige Witwe*）。三月三日，發生大規模罷工。參與罷工者要求釋放政治犯，並解散自由軍團。社會主義政府宣布緊急狀態。抗爭持續了五天。諾斯克頒布戒嚴令。結果：一千兩百人死亡，其中一百一十三人屬於政府那一邊。革命結束。德國走向威瑪共和國及後續發生的事。

以及還沒發生的事。我母親常講的一句荷蘭諺語，同時出太陽和下雨，表示地獄在辦同樂會。當我轉身走到室外，離開過去，就是這種天氣。豆大的雨點打在陰鬱的施普雷河上（Spree），虛假的黃銅般的陽光，在著魔的建築物上投射奇異的光。胡說八道。什麼著魔不著魔的，我處在一座歐洲大城。我坐上我的車，經過我剛才看到的黑白影像，任由色彩和

施普雷河岸，近奧伯鮑姆橋，西柏林，一九八九年三月。

缺席的死者填滿這些地方。雨停了。我的車可以自由選擇要去的地方，它想去東柏林，到我從沒拜訪過的街坊。我開進一條小路，被一堵牆擋著的死巷。但不是柏林圍牆，因為上面有一個洞。我把車停在幾個正在洗車的土耳其人旁邊，下車走向那個洞。是錯視（Trompe l'oeil）[23]嗎？不是，因為我可以透過洞看見河，看見一艘東德巡邏船，河對岸是真正的柏林圍牆和鐵絲網，兩個守衛邊走邊閒聊。船、圍牆、守衛。沒有其他生物的跡象。我很清楚對面那邊有生物，因為我去過，但現在看不見。一座沈默的城市，空無而神秘。就像基里科（Chirico）[24]的畫：開放空間，大建築物，一座塔，影子忽然落下，被釘在地面上。他的畫有種非常靜止不動的感覺。有時候畫裡有一匹馬，像出自神話的高大白馬。或是一個像牽線木偶的無臉人，就一個橢圓的木頭，沒有嘴巴也沒有眼睛。

生活模仿藝術，不久我就在現實生活看到那個人。我從我的死巷波米大街（Brommystraße）倒車離開，走科本尼克大街（Köpenicker Straße）到奧伯鮑姆橋（Oberbaumbrücke）。德語和土耳其語的標牌告訴我河岸的危險性。雖有雙重危險，但人們還是在釣魚。我往橋走過去，走上觀景台。這裡的一切都破爛不堪。一個毀壞的世界。對面是一樣的河岸，但有人從橋走過來。一個柱拐杖的老婦人以非常慢的速度移動；她可以同時看到兩個國家。我這一邊的橋上，一輛舊賓士停下來，有名男子提著袋子下車，後面跟著一個年輕男子和一個女人。他們一邊說話一邊沿著橋的左邊走，漸漸看不到人影。女人提到Ausweis（身分證），但沒有人攔他們下來查身份證。幾分鐘後他們走回來，但少了較年長的那名男子。他們再次回頭，沒有揮手，然後驅車離開。我忽然注意到正對面無人的小屋有動靜：一個無臉人站在欄杆後面。他往我的方向看，面對所謂的西德。雖然他面對著我，但我看不見他的五官。不過我看得見他的肩章，我記得我寫過一個故事，就是以沒有身體的兩個肩章開頭，身體後來才出現。但現在的情形不一樣：我看見光透過欄杆落在兩個肩章上，而且偶爾看得到動靜。然後我看見其他人，在更遠處的高塔裡。他們的臉我也看不清，太遠了。其中一個人拿著望遠鏡在觀察。幾個非裔美國人過來站在我身邊。他們對著拿望遠鏡的人揮手；他沒有回應。遠方，還有另外兩個人站在一棟高樓的屋頂上。他們身上有獵槍。兩人在交談。談什麼？女孩子？那個拿望遠鏡的人在看什麼？他覺得無聊嗎？我應該下什麼結論？什麼都別下；我不是世界的仲裁者。人們只是走過這座橋，雖然這禮拜有一個人被槍殺。隔天西蒙娜又回到橋上，希望光會比較好。走在橋上的人多了很多，她說，而且沒看到守衛，一個都沒有。

到家以後，我再看一次書中的照片。是什麼樣的動機，讓諾斯克去鎮壓自己人民的叛亂？這對德國社會民主黨一點好處都沒有。他們慣於驅逐危險，准許看似最危險的人被謀害。對誰危險？他鎮壓的動機是擔心混亂，但混亂代表什麼？它意味著一個人再也無法從事物的秩序看清自己的位置，因為有另一個人準備要放棄自己的位置。當下掌權的人就是贏家。在這個例子，新秩序看起來如此有條理，無人想像得到它日後將帶來的混亂。結果以死亡、戰爭、戰敗、佔領、分裂、以及一道整齊的圍牆結構的形式出現，這個二元僕役是用來將可見的世界分成兩邊：前與後，對與錯。一邊從平台看，一邊從望遠鏡看。或是反過來。

我親眼見識過。蓋圍牆的人因為害怕混亂而給予圍牆合法性。而圍牆背後、那些想把它拆掉的人，他們最應該害怕的是什麼？其他人：跟他在圍牆的同一邊，對混亂或或與混亂相似的東西感到害怕的人。

《法蘭克福匯報》上有張史蒂夫·史班德（Stephen Spender）[25]年輕得不得了的照片。他已將近八十歲，但照片裡的他還不到五十。我知道的他已白頭多年，但在照片裡他還是黑髮。我第一次碰到他是一九六二年，在愛丁堡的作家研討會，傑哈德·雷夫（Gerard Reve）[26]（看他當時怎麼自稱）在那裡形容我為「N，行將就木的小猴子」。他形容得有理：為我當時的心理狀態下了最佳診斷。史班德站在樓梯平臺跟幾個人說話，我被他的領帶吸引，淡藍底色，上面有一根銀白色鵝毛。「好漂亮的領帶。」我大聲說。他不說一句話，解下領帶送我：「喜歡就拿去。」這時我才注意到鵝毛下方的兩個字母，J和C。領帶是尚·考克多（Jean Cocteau）[27]畫的。這條領帶仍在我身邊，我每次得獎都戴。所以我從不拒絕獎項。

我第二次看見史班德拿掉領帶是在巴黎，一九六八年。[28]他正在跟我說路易·阿拉貢（Louis Aragon）[29]告訴他，他方才跟法國共產黨中央委員會用餐，聽說共產黨員不會支持學生起義，因為太偏托洛茨基主義[30]。阿拉貢把消息轉給羅斯柴爾德（Rothschild），羅氏認為這點非同小可，把這件事告訴史班德，我再從他那裡得知。一天後，戴高樂飛到巴登巴登（Baden-Baden）和馬絮將軍見面（General Massu）。世界局勢就是一場陰謀——合乎我最孩子氣的想像。史班德告訴我這個故事的同時，一群舉紅旗的示威者走過奧德翁劇院（Odéon）。已滿頭白髮的詩人拿下領帶，模仿本古里昂和貝京（Ben-Gurion and Begin）[31]那樣鬆開領口，與我一同讓攝影師艾迪．波斯圖瑪德鮑爾（Eddy Posthuma de Boer）拍照。照片裡的我看起來有點矮胖愚蠢，但已比之前行將就木的我還有活力。

再下一次也是在巴黎，多年之後。那次史班德也告訴我一個故事。一次，他跟奧登（W. H. Auden）[32]及奧登友人卻斯特．考曼（Chester Kallman）[33]坐在威尼斯的弗洛里安咖啡館（Caffè Florian）露天座位，考曼忽然站起來走向聖馬可廣場（Piazza San Marco），說他要去接一個水手。[34]史班德說奧登不發一語坐著，大滴的眼淚從他滿是皺紋的臉上落下。我覺得這個故事比阿拉貢的還悲慘。

最後一次是在紐約，我們和共同友人詩人威廉．史密斯（William Jay Smith）[35]一起用餐。「詩人年近八十」，還是抽濃煙、喝大杯威士忌。大手，粗手腕。他正在美國巡迴簽書（「詩人自食其力」），跟我說他剛收到德州博蒙特大學發來的電報，上面寫著，「親愛的史班德先生：容我們提醒您，敝校學生的專注力大約是十五分鐘。」《法蘭克福匯報》稱他為「最後的倖存者」，走在約克大道的他就是這模樣，一棵白髮蒼蒼的橡樹，帶著他的詩踏上旅程。報紙也稱他是「最後的 statthalter（省督）」[36]，稱他為「一九三〇年代經典的最後省督」。有些字眼永遠不會單獨出現，總是一起行動。同一天，我在《大英百科全書》（一九一一年版）讀到：「諾瓦利斯（Novalis）[37]宣稱，歌德是『地球詩歌的 statthalter』。」詩人，省督——兩個詞聽起來都比皇帝或王子好聽。

註釋

1 Eduard (Ed) Hoornik（1910-1970），荷蘭詩人、作家。納粹集中營倖存者，晚期作品常出現死亡的主題。

2 Willem Leonard Brugsma（1922-1997），荷蘭記者，見詞彙表。

3 拉丁諺語，指「時間在變」。長版是「時間在變，我們也跟著變。」（Tempora mutantur, nos et mutamur in illis.）

4 Heinrich Heine（1797-1856），德國詩人。

5 Ewald Christian von Kleist（1715-1759），德國少校、作家。

6 Günter Grass（1927-2015），德國小說家、詩人、劇作家、平面設計師、雕塑家，一九九九年諾貝爾文學獎得主。

7 Raoul Dufy（1877-1953），法國畫家。

8 Edward Hopper（1882-1967），美國畫家。

9 柏林之捷運分成 U-Bahn（Untergrundbahn）地下鐵及 S-Bahn（Stadtschnellbahn）城市快捷鐵路。

10 見詞彙表。

11 Sender Freies Berlin（英文為 Radio Free Berlin）是德國公共廣播聯盟在西柏林經營的電台。

12 Harold Pinter（1930-2008），英國劇作家、導演、演員，二〇〇五年諾貝爾文學獎得主。

13 音樂名詞，指幻樂、雜曲、接續曲。

14 Jorge Luis Borges（1899-1986），阿根廷短篇小說作家、詩人、翻譯家，西班牙文學重量級要角。

15 Marx Ernst（1891-1976），德國畫家、雕塑家、詩人，達達主義和超現實主義先鋒。

16 Tristan Tzara（1896-1963），法國前衛詩人、表演藝術家、作家，原籍羅馬尼亞。

17 Charlemagne（742-814），法蘭克王國加洛林王朝國王，在中世紀初期統整西歐絕大部分，為今日法國和德國奠下基礎。

18 一九六九年成立於柏林十字山地區（Kreuzberg）。

19 以上人名見詞彙表。

20 指發生於一九一八年十一月三日的基爾兵變（Kiel mutiny），最終導致德國十一月革命，德意志帝國威廉二世退位，威瑪共和國成立。

21 見詞彙表。

22 見詞彙表。

23 錯視畫法，法文原意是「視覺陷阱」，立體感強而逼真的畫作。

24 Giorgio de Chirico（1888-1978），義大利超寫實畫派畫家。

25 Sir Stephen Harold Spender（1909-1995），英國詩人、小說家、論述家，作品關注社會不公及階級抗爭。

26 Gerard Kornelis van het Reve（1923-2006），荷蘭作家，曾以筆名 Simon van het Reve 寫作。他與 Willem Frederik Hermans 及 Harry Mulisch 被認為是戰後最偉大的三位荷蘭作家。荷蘭導演保羅．范赫文的電影《第四個男人》（*De Vierde man*）改編自他的同名小說。

27 Jean Cocteau（1889-1963），法國作家、劇作家、藝術家、電影導演，著名作品包括小說《可怕的孩子們》（*Les Enfants Terribles*）及電影《詩人之血》（*Blood of a Poet*）。

28 一九六八年五月法國爆發反資本主義之大規模學運，工人加入學生發動罷工要求戴高樂下台，參與人數高達法國總人口百分之二十二。戴高樂總統秘密赴德國巴登巴登法軍駐地尋求馬絮將軍支持，五月三十日戴高樂發表談話，宣布解散議會並在六月二十三日舉行重選，要求工人回工作崗位，為期兩週的運動落幕。

29 Louis Aragon（1897-1982），法國詩人、小說家，共產黨員，龔固爾學院成員。

30 Trotskyism 是馬克思主義的一個流派，名稱來自最早的理論建立者與領導者、十月革命實際指揮者、蘇聯紅軍締造者托洛茨基（Leon Trotsky，1879-1940），主張不斷革命論。

31 David Ben-Gurion（1886-1973），以色列國父，該國第一位總理。Menachem Begin（1913-1992），以色列政治家，一九七八年諾貝爾和平獎得主。

32 W. H. Auden（1907-1973），出生於英國的美國詩人，二十世紀最重要的作家之一。

33 Chester Kallman（1921-1975），美國詩人、翻譯家，經常與奧登及音樂家史特拉汶斯基合作。

34 奧登和考曼是戀人，考曼另有一個水手情人。

35 William Jay Smith（1910-），美國詩人。

36 德語，為「執政」、「代理官」或「省督」之意。

37 Novalis（1772-1801），德國浪漫主義詩人、哲學家。

1989/5/27

2

住在別的地方跟去旅行不一樣——我從我看東西的方式就知道。我的視線不需要再隨時對焦。我還有足夠的時間：我會在柏林住到夏天，秋天再回來。才上個禮拜，我發現我已經忘記看我住的大樓外觀。一定有什麼內部力量在發揮作用，自行慢慢滲透到我的意識裡。每當有荷蘭朋友問我住在什麼樣的房子，我發現荷語的 huis 無法說明，因為我的房子被包在另一棟房子裡，大的那棟才是德國人所謂的 Haus。Haus（房舍）指的是由好幾層樓的住家疊起來、圍著四方形中庭建構而成的住宅區塊。這種租屋建築從前叫做 Mietskasernen，出租營房，但這麼說感覺不太對，也許是我幾乎從沒聽過鄰居的聲音。這裡沒有管理員，但面對馬路的牆上有一塊板子，上頭有我們雜七雜八的奇怪姓氏。公共區域維持得不算乾淨。扶手上薄薄那層灰塵，大概從大戰之前留存到現在，因為一位高齡鄰居告訴我們大樓的年代就是那麼久遠。大家各自把垃圾拿到中庭丟，幾個大型塑膠垃圾桶靜靜站成一排：一個丟瓶罐，一個丟紙類，其他的就丟一般垃圾。這個系統運作良好。每週兩天，早上七點半，收垃圾的人按遍每一戶人家的電鈴，總是會有人在家幫他們開大門。我唯一認識的鄰居是住在我樓下的老婦人。其他大部分是年輕人，他們跟我打招呼，我也回禮。走廊上有一台嬰兒車，中庭有兩輛腳踏車，但我不知道它們屬於誰。每一戶人家都面對中庭。我抵達時，中庭的大栗樹光禿禿的，但現在一天比一天茁壯，彷彿它想伸手去摸大家的窗戶。我很喜歡那棵樹，對它的生命力感到驚異，它的樹幹深處有著驚人力量。我沒辦法和它交談，但我還是偶爾跟它說話。我想它也喜歡。它也有高塔——我這麼稱呼它的花叢——白色而挺直的高塔，總是讓我愉快展開每一天。

今早門鈴在六點四十五分響起，一種命定的尖銳穿透到夢的精髓，與夢結合，直到被第二次電流的震動遏止。在另一個人生，「真實」的世界裡，你茫茫然站在門口面對一個已經清醒好幾個小時的人，他完全不被睡眠和夜間夢幻所污染。「Eilbote!」（快遞！）快遞員吹著口哨，哐啷啷轉身下樓。在荷蘭，我可曾在這種清晨時分收過限時信？

我不如就展開這一天了，我發現現在正是從外頭觀察我的大樓的好機會。我住在歌德大街，正適合我。幾棵椴樹，一棵樺樹，街角的行人徒步區有很多商店，構成街角的一條路是維爾默斯多夫大街（Wilmersdorfer Straße），另一條為瑟森海默大街（Sesenheimer Straße）——地點還不錯。現在這裡是我的家。附近有廣場，廣場上有教堂，週三和週六有市集，相當好。我走到維爾默斯多夫大街，觀察由許多房子組成的房子。要認出我自己那一戶，就得從地面層開始數。我現在注意到的是顏色。固化泥土，沙漠的沙子，總而言之跟大地有關：乾燥、凹凸不平，用手去摩擦會受傷。我站在一個白天賣 frische Putenteile（炸雞）的小攤旁，對面就是 Nana Nanu[1]，櫥窗裡有人造花和鐵藍色尼龍填充玩具動物。也有黃色的，壞掉的蛋黃那種顏色。這些不是真正的動物，大自然裡沒有，而是某一個憤怒盲人的發想。然後還有歌德藥房，從一九〇〇年開業至今。再過去是昏暗的小伙子鄉村酒吧，我從來沒進去過。裡頭有人玩骰子，門打開時我聽見聲音。過馬路是錄像畫廊錄影帶店，我也從來沒進去過。裡頭有大量的愛神和死神，乳房和機關槍。性慾和鮮血——在我經過時流經我身上。我讀影片標題重組成 cadavre exquis[2]。超現實主義從來就離我們不遠，在這裡更是。

「所以現在是什麼樣子？」友人在電話上問我。這個問題問得很好，但是我沒有答案。「就是這樣」，我想回答。「就是這樣。我在這裡。」我住在柏林。它不只跟荷蘭不同，跟任何地方都不同。但我還無法用文字來確切表達那個不同，那個相異性。跟人有關：他們比美國人或西班牙人對我而言更屬於另一種人。我還是不確定在他們身邊如何自處，我也還沒有十足自信說他們的語言。我寧願只是走在他們之間，畢竟，沒必要說太多。我坐在 U-Bahn

呂壩斯的柏林圍牆，西柏林，一九八九年四月。

上觀察他們。他們通常是希臘人、土耳其人、南斯拉夫人、哥倫比亞人、摩洛哥人。我和他們在一起比較輕鬆，因為他們沒那麼有威權。或許他們只是距離比較近。

有時這裡給人幽閉恐懼症的感覺。之前只是觀光客的時候，我從沒有這種感覺。柏林圍牆，邊界——你知道你能跨越，走出去。所以不是這個。即便如此，我在星期天總會注意到它。這一天是我出門的日子。地圖上很多綠色，很多Wald（森林）。去森林，而且一下就到。你發現其他人也在那裡。沒開車或搭飛機去西德的人，都待在圍欄裡。我不知道別人的感覺跟我是不是不一樣。就平方公里而言，這個城市根本就不小，但幽閉恐懼的感覺亦然。[3]

我常去呂壩斯（Lübars），它像是真正的村莊。但其實是幻覺，彷彿從周圍延伸出去還有大片村莊。兩間鄉村酒吧，一台抽水機，一間小教堂，幾處墓地。我沿著自己找到的小路走到村莊外。第一次走的時候，我碰上一條小河。我站著看快速流動的黑色河水，搖曳的水生植物，我想到魚。這時我才注意到那個標誌。上面寫著邊界延伸到河中央。柏林圍牆或許離這裡還遠，但另一邊乾枯的蘆葦，散落的樹叢，那是**他者**的土地。現在我對河水有不同看法了。它不過幾公尺寬，但在流動而透明的元素中央是邊界。這種事不該花太多時間去思考，但我還是花了。東邊的河水，西邊的河水。完全說不通，但邊界的存在千真萬確。就在那邊。我繼續走上一個小山坡，在上面可清楚看見柏林圍牆。其實有兩道圍牆才對，介於中間有一塊類似反坦克溝渠、鬆散的沙子、土壤。這塊土地向遠處延伸。我走向圍牆；這段圍牆不是磚塊或水泥做的，而是可一目了然的鐵柵格。一百公尺之外的另一道圍牆前面有一座高塔，旁邊停了一輛小車。塔上的窗戶打開來，我看見兩個男人的側影。其中一個人拿著望遠鏡定定對著我瞧，一個單向的過程。他可以把我看個仔細，但我看不見他。他以為會看見什麼？為什麼他要看？我站了一會兒，體會一下允許自己被觀看的奇異感覺。我想知道那個人在想什麼，但我永遠不會知道。我不想知道他對我的看法，我想知道他對自己的看法。我無從得知。他是出於責任感、信念或無聊而看？他是否相信自己行為的價值？就我看來，在當下，兩道牆之間不可能發生任何事，尤其不可能因我而起。所以看的意義在哪裡？在塔裡的幾個小時，他是否窮極無聊地度過？還是他的行為完全出於信念？是否他每天早晨走上那座塔，都懷抱著工作的滿足感？我真想走上那座塔跟他聊一聊，但這事不可能發生。

也許我昨天就清楚看過他，只是不知道那人就是他。

昨天是勞動節，晚上我收看東德電視，如我平常做的事。這是一種用處很多的練習，特別是語義學：同樣的新聞用不同字句來傳達，如何變成不同的新聞。尤其在俄國大選過後最明顯。如果一百位黨候選人有二十位沒選上，當然可以提到這個事實，如果這是破天荒的事，更值得強調。我這一邊的電視就是這樣報導的。圍牆另一邊，他們的說法是八十位黨候選人連任成功，佔黨候選人的絕大多數。同一個事實的雙重性，同一個事實的雙面神雅努斯（Janus）[4]，一個人對某些部分噤聲，而另一個人強調別的事，用的是同一種語言，在柏林圍牆兩邊都聽得到、也聽得懂。這逼得人不得不訓練自己的耳朵。眼睛是更會騙人的器官。

五月一日這一天，圍牆兩邊都有好多東西可看。在我這邊有 Chaoten（無政府主義者）的暴力，德國對無政府主義者的稱呼。也許他們製造了雜亂無章的情況，但無政府主義者本身可不雜亂無章。他們朝目標直線前進，也就是暴力。許許多多的暴力，以暴力為名，以暴力執行。與警察、商店和汽車對槓。一波波的攻擊，人們變裝後而隱形，因此不存在，躲在黑布後的面孔。仇恨。皮革、皮靴、煙霧、火、損傷。

在另一邊，是和平。我看到的是已進行超過五小時遊行的精華剪輯。昂納克在看台上站了五小時。有時戴遮陽帽，有時沒有。他的身邊，政府官員和軍隊。他的面前，兒童、藝術家、勞工、一個黑人舞團、消防員、越南人、古巴人、工廠代表。我能相信自己的眼睛嗎？歡笑，歌聲，孩子被抱在父母懷裡，驕傲的父親們，一個容光煥發的國家元首。

影像本身不具備語義。只有在試著為影像說明、把意義賦予影像，影像才開始有語義。但這樣一來，你也得說明沒出現的影像的爭議。它們會是什麼樣的影像？是中央委員會在會議上，討論如何處理逐漸入侵東德的民主傾向？該用什麼態度看待前特務頭子馬庫斯．沃爾夫（Markus Wolf）[5]寫的回憶錄？或是如何處理像五個手持蠟燭、爭取權利進入西柏林的示威者這麼無害的事？

稍晚有更多的影像，來自另一邊，東德各地類似的遊行。舞台、領袖、花圈、行軍。五個小時之內柏林圍牆就沒有了，在我這邊的某人說，指著匈牙利人用修剪鉗剪穿他們自己的鐵絲網的影像。但如果這天真的發生了，會怎麼樣？忽然間，歐洲中央出現一個強權大國，很多人以為再也看不到這一天，沒有人知道那會是什麼樣的國家。

柏林圍牆是個陳腔濫調，我很清楚。但這是用水泥建成的陳腔濫調。在我出城幾天的時候，從空中看得到它：地景上的休止符，從空中看是那麼愚蠢而不真實。是一道疤，一定很多人在我之前說過，但看起來確實像。那麼其中的人們是怎麼看它的？我問一個德國友人，兩國人是否對另一邊懷有 Heimweh，鄉愁，懷舊的感覺。統一是什麼？是假象、渴望、或是可能性？不是可能性，他說，因為渴望和懷舊都不存在。統一是個假象，給害怕德國統一的其他歐洲人看的。不會到那個地步的。東德人要統一，但西德人絕不可能要。目前大量湧入的波裔及俄裔德國人所引發的敵意就足以證明。西德人不喜歡他們；他們大部分人甚至沒有被當成德國人看待。他們又窮又落後，無法融入一個現代化、西方的、富裕的德國。你所謂的德國，他說，只存在不到一百年，在俾斯麥之後。我們一點點懷舊的感覺都沒有。我們也不想為它花錢。

但是，我們的匈牙利友人開口，我們現在說的德國在成為一個國家之前早就存在已久了，不是嗎？它以一種語言、一種共同體的形式存在。你現在的說法，意味你身為西德人，把東德當做實際上的戰敗國。他們還在贖罪，而你們享受繁榮。而且，你真能想像柏林圍牆十年後還矗立？

德國友人早就準備好答案：「柏林圍牆要是倒了，會有一千兩百萬德國人朝這邊來。到時我們只好求昂納克保住圍牆。」

荷蘭人和匈牙利人沉默了一會。然後其中一個問：「那麼大家共享的歐洲國土又如何？難道東德要像個上鎖的房間被擺在中間？東德若開放，對西德而言難道不是更大的機會？你們可以用類似馬歇爾計劃[6]來幫助東德，是吧？協助更新那邊過時的工業？提供機器？想想看未來將開放的市場……」

德國人對此也有答案：西德納稅人連一芬尼（Pfennig）[7]也沒打算替失散多年的兄弟出。我引用這段對話，不是因為它是多清晰或多精明的政治考量。如果這種討論——以及成千上萬個類似的對話——有任何價值可言，只在於它發生在柏林圍牆陰影下。那個水泥建物不只是物件，也象徵了拒絕，它的互惠本質我們可能一直沒有徹底地掌握。柏林圍牆後面住的是**他者**，他們跟我們差異之大，最好是待在原地別過來，因為解除分離是對想像力的過分要求。柏林再次成為一個都市？看看到時的結構是什麼，就做它的首都？到時會是一個特別的聯盟、勉強成立的聯邦政府、還是夢幻統一？怎麼可能行得通？這真的無法想像了，就像不會有持續到永遠的現狀（status quo），或喀邁拉（Chimera）[8]般的綜合體，這對裡外的人都是惡夢。

我要去另一邊。我不假思索說出「另一邊」，但聽見自己說出口還是讓我思考了一番。「另一邊」。彷彿柏林圍牆是一條河，一種自然現象，而非人造物。去另一邊通常很容易，但這一次則否。我搭S-Bahn，從動物園站到檢查哨所在的腓特烈大街。遮棚、鐵條、長長的列車、陰暗的燈，而且——我實在忍不住——總是有一點葛林（Graham Green）[9]或勒卡雷（John le Carré）[10]的感覺。下樓，跟我同年紀的人拖著腳步呆滯前進。然後進入大廳。我知道路：我得右轉到Andere Staaten，其他國家。[11]今天開放五個過道，狹窄，我們像過篩一樣慢慢經過。過道一點也不現代，而是難以使用、不便利、急就章，彷彿沒人知道得撐這麼久。我今天的族群：波蘭人，很多老人。我並不高，但大家的身高還不到我肩膀。他們又老又矮，拖著大件行李和箱子。進展極其緩慢，我們得繞過一個角落，才能慢慢進過道。我在曲線內緣；曲線外緣動得比較快。就連那些插隊的，那些老手、明顯是西德人的現在也卡住了。排到我時，隊伍轉了九十度彎，一切彷彿停滯了。我還是看不到另一邊，但我知道是什麼樣子。孤單的官員坐在他的木箱裡，米黃色的，非常蒼白的米黃。他坐在高處；你得把文件舉到脖子的高度遞給他；老人們得高舉過頭。他坐在那裡，看你的照片，看著你。他的帽子掛在背後的掛鉤上，那是個奇怪的圓形東西，牆上的綠色裝飾品。你給他單日簽證的五馬克費用，然後領到一張紙。之後就快了。你從過道另一邊快速冒出，換強制的貨幣額度（二十五德國馬克），忽然間你人就在外頭。你到了。到那邊了。你發現世界在那邊也沒有缺席。電車，汽車，衛星汽車（Trabant）[12]。它們轟隆開過，留下廢氣的臭味。我走到菩提樹下大街。沒什麼特別的，人群、商店、腳步聲。路上車不多；現已是下班時間。我要去劇院；這個世界一切都好。我通常從另一邊看到的布蘭登堡大門，正在遠處閃耀。雖然現在看不到，但我知道上方的雕像轉向了。我只看見欄杆之間的空間，從這邊或那邊看並沒有兩樣。只不過「那邊」現在變成「這邊」，因為我現在人在「那邊」。

我要看一齣戲，劇作家是湯瑪斯．伯恩哈特（Thomas Bernhard），劇名叫《劇場人》（*Der Theatermacher*）。我已把劇本讀畢。演員布魯斯康和畏縮的家人剛抵達一個窮鄉僻壤，就他這種地位的人，這是個讓他羞恥到無以復加、以至於他不願記住地名的地方：布茨巴赫（Butsbach）或烏茲巴赫（Utzbach）之類的。一家人住在骯髒、破爛的客棧房間；戶外有飢餓的豬在號叫。他的劇作《歷史之輪》，要在本地演出，由他本人擔綱主角。他咳個不停的老婆和難看又缺乏天賦的小孩飾演其他角色。湯瑪斯．伯恩哈特要講的是命運、屈服、羞辱、咒罵、妄想自大、諂媚的醜態、對細節沒完沒了的要求，在這個例子是逃生口標示，演員堅持在戲的最後五分鐘絕不可亮起來。以上一切如一波波的修辭不斷被沖上岸，直到悲哀、令人痛苦的枯燥被用力壓進你的骨頭，無法逃脫的日常宿命如螺絲鑽進你的腦袋，就像赫爾曼斯（Willem Frederik Hermans）[13]的作品。到此你才能洩氣地離開。客棧失火，戲沒有照計劃演出，但你已經看完戲。戶外，人和豬都在號叫，史達林雕像從歷史之輪摔落，躺在舞台上，僵硬而荒謬，劇場一家人再移動到另一個可怖之地。沒有情感宣洩，沒有舞台上的淨化，完全沒有任何解決的形式，但還是在觀者身上留下奇怪效應：太多污穢流經身上，還是有種洗滌的感覺。

伯恩哈特的戲像是你自願穿上身的束縛衣，你知道如果演出精彩，束縛會越來越緊，那感覺久久不散。在這齣戲，作者——至少在我讀的版本裡——再度攻擊奧地利，照例嘲弄、取笑、嫌惡它，一如他所有作品。但在這次演出，導演想了另一個點子：對奧地利政權的批評變成對國內政權的批判，不落痕跡但有力的轉移到我們身處之地。伯恩哈特的悲劇情愫和對奧地利的自我憎恨，被轉變成類似政治歌舞秀，其中有對無產階級文化、國家級演員、納粹和體制的評論。難怪最後躺在地上沒人理的是史達林。這我曾經讀過，說這種事竟可以發生在東德的不尋常，當然是這樣沒錯，只不過從笑聲聽不出是從東德人或西德人的喉嚨發出來的。奇特的複本：西德笑聲裡有驚愕，東德笑聲有種開心，因為這種事竟然被允許，笑聲裡的曖昧意味著人們意識到情況的痛快之處。演出非常精彩。飾演男主角的演員寇特・博（Kurt Böwe）帶領觀眾進入可怕的自大、虐待狂和失敗。由於我的參照點是過去，我禁不住想到荷蘭演員柯・凡・戴克（Ko van Dijk），他一定也會把這個角色演得這麼好，如此瘋狂，如此悲慘。

劇院本身是個修復過的巧克力盒：雕像、繪畫、奶油色、高雅。誰從東邊來，誰又是從西邊來？看鞋子就知道，我的匈牙利朋友說。但西德人有時候也穿那種可怕的灰或淺褐色鞋。不，你要看衣服的接縫，一位西柏林的德國專家曾經向我解釋過，但我覺得他詮釋過頭。有時我看得出差別，有時則否，對我來說這樣就夠了，或許我連看都不想看。那是他們的遊戲——讓他們去玩吧。中場休息，酒吧賣酒精濃度很高的雞尾酒。我點的古巴萊姆酒濃到讓我飄回到觀眾席。

我知道我得在午夜前離開這個國家，因此我在哨站附近的餐廳用餐。服務生戴白領結，穿著幾乎算晚宴服了，蠟燭，匈牙利、羅馬尼亞、保加利亞葡萄酒，沒有啤酒，品項豐富的菜單，一樣非常高雅。外面，哨站的黑色遮棚、過道、制服，銳利的目光從照片移到臉上，幾乎無人的 S-Bahn，很短又很長的距離。

我也在西柏林看戲：波托．史特勞斯（Botho Strauss）[14]的《時間與房間》（*Die Zeit und das Zimmer*）。時間照例是看不見的，至少一開始看不見，而在開演前的昏暗中，房間看起來就只是個房間。頗為空曠，毫無陳設：房間即為空間。三扇窗戶。第一扇窗前，兩張椅子以某個角度排在一起。兩個男人坐在椅子上抽煙。除非他們轉頭九十度，否則看不到對方。觀眾在昏暗燈光下盯著劇情介紹小冊子上字級很小的字體，而我作為我自己的觀眾，有特殊的方式來看事物，我看到很多喜歡的東西，以及許多我本來就知道的東西。波赫士對時間的見解，希波的奧古斯丁[15]對時間的見解。所以這齣戲，就是在講時間。伯格森（Bergson）[16]、普羅提諾（Plotinus）[17]、卡爾·榮格（Carl Jung）[18]、路易斯·卡羅（Lewis Carroll）[19]、巴拉德（Ballard）[20]、上帝等全都被引述，再再說明這齣戲要講的就是時間。時間（time）的第一個字母用小寫還不夠強調。我認為時間在這裡應該要大寫為Time，如同德文的習慣。必須夠大才足以說明這個概念，不是隨隨便便、微小的time，而是Time，讓所有年代棲身的謎一般的元素，曾經的時間，當時的時間——磨損、腐朽、被遺忘——以及美好的一天的時間，之後的時間——空白、全新、不可捉摸。測量到的時間，不可測量的時間，在我們的測量刻度上微不足道的一分一秒，以及銀河、類星體、更遠的絲絨般永恆之浩瀚光年。在這個脈絡下，每一齣戲的軼事本質都被粉碎了。我現在知道某人要我看見他崇高目標的神聖氛圍，但我看不到，也不需要看到。我看到的已經夠奇怪而引人入勝。荒謬的場景，瘋狂的詠嘆調，歌劇、打鬥、謎語、絕望。莉布佳·舒茲（Libgart Schwarz）飾演瑪麗·史黛博，坐著的男人聊她的方式彷彿她只是偶然經過窗前的路人，現在她進入他們的生活。背後跟著一群同樣突然而隨機的人物，他們進入一個短暫的化學吸引、混亂關係，交織之後瓦解，憤怒而激動的場景、謎、歇斯底里的笑聲、人與人關係的鴻溝、幸運的發現、以及從前叫做「大道劇場」[21]的吉光片羽。我欣然同意，時間的哲學概念就是史特勞斯的動機；畢竟，任何人只要思考超過半小時總會遭逢時間，或大寫的時間（Time）。我坐在那裡兩小時（測量是無可避免的）所看到的，是對世界的省思，有我熟悉的也有我不熟悉的，讓我久久難以忘懷。這些也是帶人到狂亂邊緣走一遭的演員。

再一次，另一邊，世界的兩面神，那邊和這邊。這邊的電視。關於法蘭茲·休胡伯（Franz Schönhuber）的節目，共和黨（Republikaner）[22]創辦人。每個國家都有極右派政黨，德國人何嘗不能有呢？論點是如此。但若許多警察都屬於這個黨呢？「Wir sind eine Polizistenpartei.」領導本人都這麼說，聽起來立刻不一樣。「我們是警察政黨。」百分之七十八的警員對政客失望。百分之六十四相信德國法官判的刑罰太輕。簡言之，警察是憤怒的，對外國人沒有好感，工資過低且不快樂，他們全都投票給極右派。在預錄影片中，他們向一個蒙面穿黑衣的敵人前進並丟石頭：「他們對Chaoten（無政府主義者）的體諒甚至超過對我們。」更多畫面：滿屋子的警察聚集在新的英雄身邊，只有他懂。還有憂心的警察工會，他們不能冒著工會領導階層失去兩萬名共和黨員的風險。同樣在這邊，北京，戈巴契夫，鄧小平的筷子掉了一塊肉，成千上萬名學生爭民主。演說、主題曲、堂皇的字眼，就像在家鄉。昂納克歡迎門格斯圖（Mengistu）[23]。一個美若天仙的女子站在這位伊索比亞領袖的身邊，他身穿矢車菊藍的制服，上面沒有佩章。然而他國家的國歌不停演奏時，他在磨牙；看得見他在磨牙，黑皮膚之下微小而持續的擺動。一位戴鋼盔的軍官站在他面前，亮出軍刀，大喊一長串德語致敬後走開，軍靴對著太陽踢正步。門格斯圖當時是否知道家鄉正發生政變，國內最資深的兩名軍隊將領已死？

註釋

1　大型連鎖生活用品店，正確名稱應為 Nanu-Nana。
2　法文，意思是「精美的屍首」。一種文字或圖畫遊戲，玩家輪流依照規則補上句子或圖畫的一部分，下一位玩家只能看到上一位玩家寫或畫的一部分，是超現實主義者發明的遊戲。
3　柏林位於當時的東德境內，所以西柏林完全被東德包圍。
4　羅馬神話中的門神，有兩張臉，一張看著未來，一張看著過去。
5　見詞彙表。

6 馬歇爾計劃（Marshall Plan），二戰後美國對西歐各國進行的經濟援助、協助重建的計劃，官方名稱為「歐洲復興計劃」（European Recovery program）。

7 德國的老舊輔幣（輔助貨幣，本幣單位以下的小額貨幣），從九世紀一直使用到二〇〇二年歐元通行為止。

8 源自希臘神話，一種獅頭、羊身、蛇尾的吐火怪物。也是動物學的特殊現象，指動物的兩顆受精卵融合成一個個體並成長。以人類為例，曾發生同一個人身上測出兩種血型，以及在女性身上驗出 Y 染色體。

9 Graham Green（1904-1991），英國作家，作品多涉及天主教信仰，多部小說被改編成電影，包括《愛情的盡頭》（*The End of the Affair*）、《黑獄亡魂》（*The Third Man*）（由作家親自編劇）。

10 John le Carré（1931-）是作家 David John Moore Cornwell 的筆名，情報員出身的英國小說家。

11 作者是荷蘭人，必須排外國人的隊伍。

12 東德汽車製造商生產的汽車，在東德極為普及。其二行程引擎的設計排煙大且效能不佳，被當成嘲諷東德的笑點。一九八九年柏林圍牆倒塌，許多東德人駕駛衛星汽車湧入西柏林。

13 Willem Frederik Hermans（1921-1995），荷蘭作家，創作詩、短篇小說、戲劇、文學評論。

14 Botho Strauss（1944-），德國劇作家、小說家。

15 Augustine of Hippo（354-430），早期西方基督教神學家、哲學家，在自傳體著作《懺悔錄》（*Confessions*）第十一冊中省思《創世紀》及時間的意義。

16 Henri Bergson（1859-1941），法國哲學家，對二十一世紀前半影響最深，一九二七年諾貝爾文學獎得主。

17 Plotinus（204/5-270），又譯帕羅丁，古希臘哲學家。

18 Carl Jung（1875-1961），瑞士心理學家，心理分析創始人。

19 Lewis Caroll（1832-1898），原名 Charles Lutwidge Dodgeson，英國作家、數學家，以《愛麗絲夢遊仙境》聞名於世。

20 J.G. Ballard（1930-2009），英國作家，寫過短篇小說《時間的聲音》（*The Voices of Time*），其他改編成電影的作品包括《太陽帝國》（*The Empire of the Sun*）及《超速性追緝》（*Crash*）。

21 Boulevard theater，源自巴黎十八世紀後半的一種劇場美學，有別於上層階級劇場，之後又衍生出雜耍劇（vaudeville）。

22 見詞彙表。

23 Mengistu Haile Mariam（1941-），伊索比亞政治人物。

3

1989/6/10

某人說了一個笑話：西柏林，住在牢籠裡的一百多萬自由人民。這個感覺不常出現，但說也奇怪，開車出城的時候就會感覺到，雖然我現在開車進入的也絕對不是我的自由之地。我必須去基爾（Kiel）參加朗誦會，我決定開車去。柏林—漢堡是三條路徑的選項之一，我從沒開過這條路。在部分的路段，無論任何時間、任何情況你都不能下車（奇妙的是你很快就接受如此陌生的概念），但是你距離波羅的海只有大約七十公里。雖然我不太能解釋，但這讓行動有一種冒險的感覺。

這趟旅程牽涉到兩種情感訴諸（pathos）：政治的情感訴諸和天氣的情感訴諸。情感訴諸是個沉重的字眼，但今天一定得用到。天氣耽溺於自身，在自己身上披上蒼翠繁茂的層疊，無知地一口氣俯衝進夏天。一切豐盈而肥厚；樹木圓潤又沉重，山楂花開著，微風芬芳——毫無疑問，這是楷模般的夏天，未來當你對人形容夏天時可引用的。

現在在中國很多人一定也有同感，我想。電視上看到的影像讓我想到六八年的五月，但放大許多。群眾看起來像一片森林，車上掛滿旗子，語氣中的激動透過外語的掩蓋還是擊中你，發光的眼神，無論未來發生什麼事，當下的經驗會讓人終身拿來做衡量的基準。在那種稀有的時刻，當表述一個想法比其他考量都重要，生命忽然間似乎重不到一盎司，因為其他都變得如此沉重。我每天早上聽英國廣播公司世界新聞頻道的評論和訪問，我發現自己立足於天安門廣場，在那幾天裡，它成為全世界的廣場。

我永遠會帶點愚拙童女的性格（寓言裡，在關鍵時刻讓油燈裡的油耗盡的可悲而欠考慮的人）[1]，因此我想看著那另一個共和國的衛兵們的面孔，看他們在想什麼。我想知道，他們也應該關注的那股激動，是否有貫穿他們。但如果有的話，並無法從他們的面孔看出來。

我曾下決心再也不寫這道邊界，但我必須寫最後一次。跟那次在夜裡從澳門到中國的黑色柵欄一樣，這是我所知最考驗人的邊界，徹底表達了邊界的概念，讓人不敢相信那些笨鳥鴉就這麼從上方飛過去。

你注意到欄杆向一點聚合，你被導向某處。忽然間你在裡頭了，但你才剛從別的地方出來。許多燈光。區域空曠而寬闊，但你必須走的路線已被標出，狹小、苛刻。周圍沒有多少車。好天氣在一切撒上宜人的光輝，但表格和從前一樣嚴格。我有沒有帶小孩？我沒有帶小孩。我車上有沒有電話？我沒有。我可否把太陽眼鏡拿下轉頭看著衛兵？我可以，而且符合本人。我就是本人。我獲准進到下一個崗哨。每處理一個人都要時間，現在還沒有人獲准通過，因此我一個人開進下一個區域，穿越水泥通道。有好幾個瞭望台。更多在高處的燈——這裡晚上一定很漂亮。速限為時速三十，然後變二十。你成了自己的減速器，遏止看不見的引擎馬力。也許你已經沒有在移動；也許是一條輸送帶在帶著你前進。我右邊有一條長管子，從第一間衛兵室連到第二間。我的證件就在裡頭，跟我一起向前，緩慢而看不見。我看到閃亮的滑輪讓皮帶運轉，我的護照肯定就在上頭。第二個檢查哨，都很友善。公事公辦的表情。也就是這樣，當然了。一份工作。他們都是年輕人。有禮貌但堅定，他們對我而言就像耶和華見證人一樣奇怪。然後還有第三個檢查哨，有時還有第四個。這段時間裡，你穩定移動，就像阿基里斯永遠趕不上的烏龜[2]。一個標語寫著：「東德酒精濃度為零！」慢慢地，你向外流，然後再流入。還是三十，然後四十。接著你在另一個國家了，同一個國家。我看到夏天一樣控制了這裡，沿路的黃花簇擁著道路。大地是無辜的；它什麼都不知道。紫色魯冰花，遠方景觀從窗戶溜過，田園景象。之後，農田、村莊、教堂尖塔。汽車和牽引機並排開在更遠處別的路上，偶爾可以看到。我看得到，但我不能過去。當然了，這製造了欲望。我只想向右轉開到其中一個村莊裡，坐在椴樹的樹蔭下。

路上車不多。很多時間可以思考。就連路上少數幾輛車也顯示兩個國家（一個國家）的不同。衛星汽車是笨拙的小車，幾乎惹人憐愛。其他開著象徵性的賓士、奧迪、寶馬的人一定覺得高人一等。但少了一樣東西：西德公路上歇斯底里的飆車和逼車。彷彿全國的悶氣都發洩在路上。每當你打算超車，從後照鏡看見毫無意義的賽車手逼近，你知道那無情的影子在兩秒鐘內就會碰著你的保險桿，閃著他的大燈；一有機會他很願意把你碾過去。他們腦子裡彷彿一直想著謀殺。一超過你的幾秒鐘內就消失在地平線，車速一百八、兩百，甚至更高。悶了一輩子，現在是發洩的時候。感覺全國都處在永恆的憤怒中。但這邊沒有這些事。時速一百並不高，如果能開一百二我會比較開心，但不到半小時也就習慣了。至少我可以看窗外的鷹兄弟和鷲姐妹，看栗子樹的粉紅花朵，看風在玉米田留下的感性筆跡。

我想到當天早上我在《每日鏡報》（*Der Tagesspiegel*）讀到的：「Glasnost in der D.D.R. der 90er Jahre?」（九〇年代東德之開放政策？）[3]東德是否會一直跛行在蘇聯、匈牙利和波蘭之後？東德的觀點是，俄國人需要開放才有辦法動員人民，因為他們經濟落後太嚴重，但這不適用於東德，因為就經濟而言他們是另一邊德國的翻版，頂級的。最近山楊學會柏林分會（Aspen Institute in Berlin）與德國統一社會黨的智囊團，社會科學學院（Akademie für

Gesellschaftswissenschaften）的代表開過一次研討會。與會者也包括美國、英國、西德的學者及政治人物。研討會是為一九九〇年代民主化鋪路，《每日鏡報》描述為「東德對於東歐開放改革之論述的貢獻」，其中幾句：「社會主義需要民主，如同我們需要空氣才能呼吸」，以及「少了民主或未推動人權的社會主義是不適任的，或根本不是社會主義」。民主化原本會花很長時間，但個人責任意識的提升，以及「批判和自我批評」風氣盛行是關鍵。

但圍牆還存在，民主怎麼發生呢？這個荷蘭公民一邊開車經過一道道柵欄邊想，彷彿光是苦思就能融化金屬。文字本身無法融化任何東西；文字的真相必須以別的方式讓人感覺到。或許重點是這個：民主永遠不會來，和民主可能即刻發生，兩者同樣令人無法想像。不過，所有提議的即刻性一定對相關人士如此重要。東歐有許多俄國軍人正在被撤走。我在電視上看見撤軍，軍人掛在火車車廂外，笑著，懷裡抱著花，他們的坦克車停放在低而平坦的無蓋貨車廂上，他們的槍忽然間傻傻對著天空。這些人會有什麼遭遇？到本世紀結束，蘇聯會有一千九百萬失業人口。要拿他們怎麼辦？一旦和平時期的類軍事活動被撤走了，他們要拿自己怎麼辦？

文字必須像音叉一樣拿來敲。聽起來一樣嗎？真的一樣嗎？德國統一社會黨（S.E.D.）

所根據的「民主」，是以政治手法將生產方式保障為社會主義所有。根據《每日鏡報》的文章，全世界最敏感的邊界、也是我正在穿越的邊界，應該依照「Grundsatz der Stabilität」，「穩定的原則」來看待。照這個原則，德國分裂基本上是為了維持穩定性。柏林圍牆絕不僅是這項需求的象徵，它是謀求穩定不可或缺的一部分。逐漸明顯的還有，每年有幾次，這道圍牆也象徵死亡。所以它是怎麼運作的？「以恰當方式穿越邊界的人都沒什麼好怕的。」一九八八年，一千兩百萬人次從東德到西德和西柏林，反方向是六百萬人次。為什麼會有人選擇以「不恰當」的方式越過邊界？會不會只是想要離開，但卻得不到離開的許可？

我得以離開，這是事實，如同我想回來的時候得以回來也是事實。我經過崗哨，以之字形繞過水泥牆，沿著柵欄一吋吋地前進，我沒有帶小孩，我露臉，然後又回到另一邊。賓士忽然又開始加速了，彷彿被打了一劑腎上腺素。第一輛賓士吞掉一輛才剛嚥下一輛寶馬的奧迪——剩的部分還掛在嘴邊。這就是自由：汽車廢氣咬著溫和的樹木，我又回到家。Raststätte（公路休息站）賣五種保險套，十種類型的八卦雜誌，十二種不同的飲料，但感謝老天，那獨特的、令人屏息的夏天還在。我開小路穿越鄉下到呂貝克（Lübeck）。森林、湖、平靜。戰爭從未發生，地球從未被污染。我躺在一棵高大的山毛櫸樹下，聽兩隻布穀鳥唱著關於鳥蛋及其他鳥巢的長篇故事。

呂貝克。這是我不認識的德國。旅館在瓦克尼特茲河畔（Wakenitz），慵懶的夏日河水，槳手和漁人。這裡感覺像北方，漢徹同盟（Hanseatic）[4]，繁榮貿易，《豪門世家》（*Buddenbrooks*）[5]，老房子，階梯式山形屋頂，盾形紋章，財富。一切看起來幾乎像荷蘭；真令人舒暢。我爬上一座塔，任腳下的風景和城堡消失在視線盡頭。城市是奇怪的鋸齒形狀，躺在自己的羊水裡。碼頭邊有開往瑞典和挪威的大渡輪；北邊是特拉蒙德區（Travemünde），波羅的海；世界是盛滿光的大碗。我沿著寧靜的街道閒逛，在船長公司（Schiffersgesellschaft）[6]用餐：模型船、水手、船主、遠方港口的回憶。在清教徒的工作道德、貿易和資本的共謀下——後來出現的東西看起來再也沒有這麼高尚和平靜。貧窮漁夫不見了，留下的是商人的房屋，和屋頂上鑲有有漢徹同盟時期柯克船（Cog）[7]風向計的教堂。我從緊閉的教堂大門聽見管風琴聲揚起，聽起來有如昔日。Gesellschaft zur Beförderung Gemeinnütziger Tätigkeit（社區服務推廣社團），Haus der Kaufmannschaft（商會）。我在聖靈醫院（Heiligen-Geist-Hospital）[8]凝視古人從前睡覺的小屋，如同給侏儒睡的小床綿延排列在橫樑和托樑構成的大屋頂之下，屋頂像倒翻過來的船內部。彩繪玻璃窗戶，捐助者的盾形紋章。

《呂貝克新聞》（*Lübecker Nachrichten*）報導，退休的領航員，哈爾曼諾斯・奧騰・韋德博爾船長（Harmannus Otten Wildeboer）過世了；今年第一批鸛鳥在艾克霍特（Eekholt）野生動物公園出生；禁止販賣海鷗蛋，因為裡頭太多毒素；美元對馬克再次升值；學生在天安門廣場前跳舞，但不會太久了。我買了一張城市在燃燒的黑白明信片，街上的房屋都成廢墟，鐘樓的鐘掉落在地上。那是當年。現在時間不同了，從瓦礫堆建立的共和國已經存在四十年，這四十年也是我壽命中的四十年。我在睡夢中也能排出《亮點》（*Stern*）[9]週刊的紀念專刊：阿登納皮革般的臉，維利・勃蘭特（Willy Brandt）的華沙之跪[10]，抽雪茄的艾哈德（Ludwig Wihelm Erhard）[11]，烏韋・巴舍爾（Uwe Barschel）[12]長眠在自殺的浴缸裡，腕錶仍無意義地戴在手腕上。第一個被警方開槍射死的學生，歐內索格（Ohnesorg）[13]；接續發生的恐怖行動及反恐行動；巴德（Andreas Baader）及梅茵霍夫（Ulrike Meinhof）[14]自殺；柏林圍牆的建造；我現在居住城市的碎石堆空地。還有較不感傷的：第一批出現的小車，第一台木箱電視展示了模糊的灰色奇蹟，第一百萬名 Gastarbeiter（外籍勞工），歡迎他的禮物是一輛摩托車。

於是兩段歷史交纏，被永久紀錄下來的上述事實所構成的歷史，會永遠走下去，而另一個比較小規模的歷史，由生存者的記憶構成的，將隨著他們消失。麥克．約格（Michael Jürgs）曾寫到，今日德國人不比其他國家的人好到哪裡去，只是正常：正常的好與正常的壞。他們不再夢想和同一個國家的另一部分統一，他說，但樂於看到一些跡象顯示柏林圍牆不會永遠矗立。一如往常，德國人聆聽來自外國的聲音，聽到了很多不喜歡的。約格提出一些答案（《亮點》，五月二十四日）。是的，法國友人及《新觀察家》（*La Nouvel Observateur*）和《世界報》（*Le Monde*）的同事們，你們猜測這個軍國主義國家會發展成大多數人皆反軍國主義，可能猜對了。但我們寧願以這種方式讓你們緊張，也不願以坦克和加農砲。而英國的鄰居，你們還不懂我們跟你們電視影集裡的條頓人（Teutons）是不一樣的，柴契爾夫人在這裡沒有發言的餘地，縱使這讓她很挫折。文章是自信的語氣，包括約格評論到祖國的重要性等同於母親節。「曾經以我們之名」犯的罪行之罪惡感，已經被接納為「我國歷史的一部分」，不再受到抑制。德國人已經沒有祖國。因此不需要別人把對過去的批判，變成今日的偏見。通篇文章顯然是支持根舍（Genscher）[15]的政治立場，向冷戰道別：「讓我們一同為這個麻煩諸多的祖國未來慶賀。」

麻煩諸多的祖國，麻煩諸多的鄰國。一個自律甚嚴的國家對鄰國的影響重大。我一時興起，決定繞路走。我只要在傍晚前到基爾即可，我在石勒蘇益格－荷爾斯泰因州（Schleswig-Holstein）的地圖上方看到另一個邊界，德麥邊界，庫拉薩小鎮（Kruså）在邊界裡。在我的第一本著作《菲利浦和其他人》[16]，我選擇庫拉薩為背景來描寫一次虛構、修飾過的相遇，根據發生在一九五三年的事。我最後一次去到那裡也就是一九五三年。我什麼都不認得，除了同樣令人屏息的夏天，以及圍繞在我身邊的外語。Soldater slog til i Pekingforstad（士兵在北京郊區遭到攻擊）：換句話說，情況沒變。Thatchers E.F.-stil kan koste hende dyrt, Alfonsín går før tiden（柴契爾對歐洲經濟共同體的態度將讓她付出慘痛代價，阿方辛提前交權）。Tijd、時間、Zeit、tiden[17]：我們的嘴對這幾個字做了什麼？

我挑了一條寧靜的窄巷。金髮兒童騎著單車，無人的房屋，茅草屋頂。這裡給我家的感覺，不知為何小國總是充滿魅力。也許是因為它們在世界的秤盤上不具多少重量，所以也不會把世界拉向與其國民難分難解的國家命運。此刻這個重量彷彿讓我感覺到了，我把車子掉頭開回北部，現在在我的南方。

基爾，俾斯麥像。

我的朗誦會在基爾圖書館總館舉行，一個明亮通風的地方。現場有大約七十個學生，朗誦會結束後我們到弗里西亞群島庭院（Der Friesische Hof）用餐。學生們友善、北方人、開放。為什麼大家要學荷文？荷蘭人總是這麼問，彷彿懷疑他人的動機。我們的語言就是我們的困擾。但學生們各有理由：藝術史、歷史、黃金時代、風格派運動（De Stijl）、為了研究一次文獻（primary sources）[18]。忽然間，荷蘭擴大了一點點。我們不再是祕密社會。有的學生認為荷文很美，其他則只是在找輔修，荷蘭很近。有人學荷文是因為他朋友說學德文的荷蘭人很多，不公平，他認為這個朋友說得有理。他偶爾會去格羅寧根（Groningen）[19]，現在他跟他朋友溝通無需再求助自己的語言——他感覺很好。那麼戰爭呢？學生們去荷蘭的時候看過紀念碑：「那是我們國家做的事。沒辦法開脫。」

基爾起風了，海風不安好心。隔天早上我在美術館（Kunsthalle）看了精彩的展覽：「年輕的路徹貝爾特」（Der junge Lucebert）[20]，COBRA[21]運動的詩人兼藝術家，他的一百一十幅繪畫、蝕刻畫、水粉畫、素描。有幾件作品我沒看過，但大部分我都知道，甚至不知道的也認得出來。我重讀刻印在我的記憶、在我的語言裡擁有永久地位的文字。我戀舊地看著當年較黝黑的他的照片，他的眼神一如現在閃閃發光，我走過彩色動物和戴皇冠的人頭，走過他早期、一九四二年的嚴肅自畫像，走過衣衫襤褸、充滿生機的人群，他畫筆下充滿憤怒情感的面孔，謎一般的月亮，神話裡的生物。我看見一個畫家如何掌握了這麼多差異、角色、形式、技巧，有的畫作嘲弄或譏諷，其他的充滿悲傷，我同時感到沮喪和歡欣。《空氣的重擔》、《思考的動物》、《天堂雙胞胎》、《詩人餵詩》、《與邪惡的對話》：詩人的語言在每一幅影像圈了一條繩子，也圈住我，緩慢而發光的想像力的繩子，以看不見的方式圈著我，一直到我又成為一名駕駛在開回柏林的路上，仍圈在我身上。美麗的特刊封面是手抄詩《因為》，最後三行我永遠不會忘記：

你的盛怒和狂暴　　Dat je tiert en rond rent
困在顯然是來自過去的　　met roestige kettingen dat was

生鏽的枷鎖

現在我們須將它從胸口卸下
你已熟練了的舉動
只是隔絕了情感

但讓你動搖與困惑的
是在無名之地身為無名小卒
卻又是這裡的重要人物

van weleer dat is toch bekend

Het moet ons nu van het hart
je bent behendig in het verkeer
schoon insulair in de weer

Maar wat je ontkracht en verwart
niemand te zijn en nergens
en dan nog iemand te zijn en hier

註釋

1 典出《聖經》馬太福音第二十五章一至十三節，大意是天國好比十個童女拿著燈出去迎接新郎，五個愚拙的沒預備油，聰明的已備在器皿裡。新郎延遲抵達，打盹睡著的童女起來亮燈，但愚拙童女因油不夠用只好去賣油處再買，等回來以後門已關上，不讓她們進入。備了油的就是「那預備好了的」。

2 此為芝諾悖論（Zeno's paradoxe）之一，公元前五世紀，芝諾提出讓烏龜在阿基里斯前面一百公尺處出發，兩邊跑者都以恆常速度前進，阿基里斯永遠追不上烏龜，因為當他跑到烏龜的出發點，烏龜已在這段期間內向前進若干距離，因此阿基里斯永遠落後。

3 Glosnost 俄語為「開放性」或「公開性」，是戈巴契夫在一九八五年提出的改革開放政策。

4 十二至十三世紀，中歐的神聖羅馬帝國與條頓騎士團諸城市之間形成的商業、政治聯盟，以德國北部城市為主。

5 托馬斯．曼於一九〇一年發表的小說，描述北德富商家庭四個世代的興盛及沒落。

6 建於中世紀的古蹟建築，一五三五年由船長公會管理，展示航海文物並有酒吧、餐廳等觀光景點。

7 大航海時代北歐體系船隻中最發達的船舶，採「搭接式」造船技術，類似日本屋瓦的疊法。

8 成立於十三世紀的醫院，保存了許多壁畫古蹟，現在也是聖誕市集的場所。

9 創刊於一九四八年的新聞雜誌，總部設在漢堡，中國上海亦有分社。

10 勃蘭特於一九六九年至一九七四年出任德國總理，一九七〇年十二月七日西德與波蘭簽訂華沙條約，勃蘭特在華沙猶太區起義紀念碑前下跪，隔年獲得諾貝爾和平獎。他在任期間，核心幕僚君特．紀堯姆（Günter Guillaume）被發現是東德安插在西德的間諜，此一事件最終導致勃蘭特下台。

11 一九四九年至一九六三年擔任西德經濟部長，引領德國從戰後經濟復甦，一九六三年至一九六六年任西德總理。

12 西德政治人物，一九八七年十月十一日，《亮點》的兩名記者發現他衣著完整陳屍於日內瓦旅館的浴缸裡，死因至今無法確認為自殺或他殺。

13 一九六七年六月二日，大學生歐內索格在抗議當時的伊朗國王訪問柏林時被警察射殺。

14 巴德、梅茵霍夫、紅軍派之脈絡詳見詞彙表。

15 漢斯—迪特里希．根舍（Hans-Dietrich Genscher），生於一九二七年，德國自由民主黨之重要人物。

16 原註：*Phlip and the Others*，英文版由 Adrienne Dixon 翻譯（Louisiana State University Press, 1988）。

17 都是「時間」的意思，依序為荷文、英文、德文、瑞典文。

18 又稱第一級來源或第一手資料，指用來作為證據的引文資料。

19 位於荷蘭北部的城市。

20 Lucebert（1924-1994），荷蘭藝術家、詩人。

21 指從一九四八年至一九五一年的歐洲前衛藝術運動，名稱來自成員藝術家的三個城市：哥本哈根（Copenhagen-CO）、布魯塞爾（Brussels-Br）、阿姆斯特丹（Amsterdam-A）。

4

1989/7/15

先跟夏天說再見。柏林暖和又性感，但我將前往另外一個夏天，地中海的夏天，秋天才回來。城裡處在享樂主義的氣氛；半裸女子躺在夏洛騰堡宮（Schloss Charlottenburg）後面的草坪和十字山區（Kreuzberg）的公園，彷彿預期一場狂歡宴。有兩次，我看到這類德國身形騎在躺著的卑微知識份子身上，伸手摘掉他的夾鼻眼鏡，慷慨地關注他瘦弱的身體，由上至下，像聖伯納犬在照顧雪崩受難者。白色大胸脯在陽光下發光，男人掙扎一會，腿踢了幾下，才陷入勢不可擋的溫柔鄉。這是母權制度。躺在附近的人不去注意，抽他們的大麻菸，讀磚頭厚的巨著，啤酒順著鬍鬚滴落，跟他們的狗講話。草地綠油油，城市用噪音在這些飛地周圍畫圈圈。現在是夏天，黏稠酷熱的空氣刺激著感官。我被異教徒的慶典圍繞，試著回想我抵達的二月——蒼白的面孔，盔甲般的衣物——但無法。這個城市上氣不接下氣地向夏天投降，彷彿別的季節再也不算數，只為了延伸到這一刻，慶祝一個平時看不見的自由。夏洛騰堡宮上方的巴洛克式雕像，石化的優雅，看起來一樣淫蕩。我仔細看才發現有些雕像的拱頂髮型之下並沒有臉，有的只是少了眼睛或嘴巴的光滑橢圓形，像馬列維奇（Malevich）[1]

或德・基里科的畫作。雕像各代表了修辭學或數學，但這也無法解釋為何它們得將就於沒有眼睛。十八世紀的排場因而帶點現代的模樣；不知怎的，那種排場讓雕像看起來虛假而不祥，它們的缺乏生氣和它們的淫蕩魅惑相衝突。它們的臉不是在什麼破除偶像的場合被毀壞的；是原本就這麼做成的，一個拉長的空白空間，空的盾形紋章。我無法領會為什麼，但我意識到，其中的理由以及它們面無表情看守著的埃及博物館，都要等到秋天了。

一些土耳其家庭也在公園找到自己的地點。戴頭巾的女孩和年幼的孩子玩耍；女人坐在由許多衣服搭成的帳篷裡，男人蹲坐著抽菸講話。事實上的（de facto）、自願承擔的種族隔離。這些家庭不是躺在陽光下；他們坐著。這裡有兩種至福樂土：一種是曝露程度不一的人們伸展、向陽光屈服；另一種是人們往後靠或斜倚著、待在陽光以外。不一樣的兩件事。第二組人的想法沒有第一組人明顯，但我想像得出來大概是什麼。其中一組是另一組不合時宜的表現，樹只是站在旁邊，無動於衷。

我說過我不想再寫邊界，這是傻話。這麼有挑戰性的封鎖線，總是有事情發生。這一次是基督徒。我在報上讀到，但沒有真的去注意。基督徒為了 Evangelischer Kirchentag（新教徒教會），德國新教徒教會成員的聚會，正從四面八方、甚至東德來到柏林。超過十萬名以上的教徒要參加集會。城裡四處可見活動的藍紫色海報，海報標語包含了兩個難以定義的偉大詞彙：上帝和時間。很慚愧，我記不得確切是怎麼寫的，但大概是我們的時間在祂的手中、或是祂的時間在我們手中，總之你若相信就是真的，若不相信就是假的。城市的樣貌確實因而改變。U-Bahn 上很多人戴十字架，有些是黏土製的；很多藍紫色圍巾，彷彿基督降臨節在仲夏短暫出現；在紀念教堂（Gedächtniskirche），在俗世的破敗之中，忽然出現一個宗教搖滾樂團，昂著狂喜的臉超脫這個世界，一個唱詩班則交替注意著我（觀眾、路人）和天空（天堂）。那片天空也有不少鐘在響，今天早上提早響起，我家轉角從沒看過有人進出的那間教堂也響著鐘。

我計畫在週日下午向夏天道別，也照例預留一小時給邊界的手續，到了檢查哨的木板牆，才發現我即將像基督教大浪裡的一塊殘骸被沖到城外。我還一度瘋狂地想著，東德邊境守衛或許會打開柵欄門，以應付突然間的人潮。但沒有。一切照舊處理，於是我發現自己塞在多年來見識到最大的車陣裡，密集而無止盡，像一團黏稠的物質，一次向前推進一公尺，到崗哨附近再分裂成十條緩慢的支流，每一條的出口都在遠方。人們下車開始推車，我也加入，我的老舊別克推起來相當費勁。大家一邊推車，彼此互看一眼。氣氛愉快。不知道是否因為宗教敬拜剛結束，但這些基督徒看起來都充滿慈善心。穿藍紫衣的年輕人修修補補的老車上安裝了擴音器。到處有叫喊和笑聲，越接近穿制服的守衛，行動派對的移動就越緩慢，守衛表現出一切完全正常的樣子，照例問一樣的問題。有孩童嗎？沒有孩童。快速掃視車子內部。不，沒有孩童。跟任何一天一樣，只有經過許可才能離開人世間的天堂。

接下來是往前的兩百公里，無止盡的教會巴士和汽車車隊全都盡其所能以時速一百公里整前進，出口一樣塞車。我落後原訂時間已經好幾個小時，不必再想著當天開回荷蘭一趟了。我決定在薩爾茨吉特（Salzgitter）過夜，隔天早上再繼續穿越哈茨山（Harz Mountains）。

薩爾茨吉特，磨鹽的意思。德國地名會騙人——有時候當你接近一個小鎮，才發現其實不只一個。我要找的Gästehaus（旅社）其實是在薩爾茨吉特–勒本史塔特（Salzgitter-Lebenstedt）。「磨鹽–生活小鎮」看起來像在美國開長途的時候，公路旁看到的那種地方。沒有一樣東西讓人聯想到過去。低樓層建築，加油站，撞球間，一間披薩店。不知怎的，我偶然找到了要去的旅社。裡頭幾乎空無一人，餐廳禮拜天也沒開，但醫院後面的新城區應該有吃東西的地方。這個德國跟柏林不一樣。我像西部片裡的陌生人一般走進酒吧。酒吧裡的七個人頭上掛著同一個問題：「他在這裡做什麼？」我在遠處的角落坐下，試著讓自己隱形。對話又慢慢熱絡起來。我不知道他們的名字，只好幫大家取，不到半小時左右，我弄清楚這是日復一日的演出。漢茲：義大利式的隨性穿著，仿絲質短夾克，白襪樂福鞋，俗氣髮型之下的臉在快車道加速老去，雖然司機本人還沒發現。漢娜羅爾：寂寞，坐在吧台角落，不久前才在鏡子裡與老年面對面。仍然美麗，但脆弱。老師，執行秘書，四十歲上下，金髮盤成髻。莉絲：六十好幾，一手握著一罐啤酒，另一手拿煙，把消遣變成工作。獨善其身。合唱隊：喝醉的烏瑞希，銀髮的安東尼歐。安東尼歐，世故的義大利人，住在本地多年，獲准成為一份子。烏瑞希，肥胖，邋遢，跟漢娜羅爾不可能有機會，從俗氣髮型對金髮髻的愛得到間接的樂趣。但漢茲現在得回家了，小女人等著。

別忘了那隻狗，烏瑞希說。你還得去遛狗。

該死的狗，漢茲回答。

留下來再喝一杯吧，安東尼歐說。

我請客，烏瑞希說，因為漢茲一離開，場面就無聊了。

那再一杯就好。

一杯或兩杯或三杯……

漢娜羅爾去廁所，回來之後走入漢茲懷裡。抗拒，但不是真的抗拒。漢茲試著吻她，但碰到的是頸子。烏瑞希再幫漢茲點了一杯啤酒。漢娜羅爾掙脫他的掌握，又貞節地坐到吧台角落，整理她的髮髻。她喜歡漢茲，可是有底線。店主裝出勉強的樣子，把玻璃杯送到吧台另一邊。漢茲伸手要接，但沒接到。

我付錢了嗎？

沒有。這杯是烏瑞希請的。

你不應該這樣，烏瑞希，安東尼歐說。漢茲得回家了。

他得去遛狗，烏瑞希說。

他老婆在家裡等著，店主太太說。

該死的狗，漢茲碎念。我付錢了嗎？

漢茲的棕色大手摸向漢娜羅爾的精華。

不不不……，金髮髻說，但內部的指南針把她轉到渴望的方向。

再喝一杯，烏瑞希說。於是喧鬧的夜繼續，越來越醉的言談聲和禁止的姿態交織成羅網——比電視還精彩。屋外，夜間空氣正涼爽。潮濕、迷濛、茉莉的香味，無人十字路口的交通號誌哀傷而寂寞，打瞌睡的夜間門房被驚醒。

隔天早上，我發現我畢竟不是唯一的房客。兩個英國人在一片煙霧中談合約和金錢，一個鋼鐵般的女生意人邊讀即時新聞邊猛擊她的蛋。《法蘭克福匯報》（*Frankfurter Allgemeine*）有一篇文章，〈歐洲與東方，八〇〇－一九〇〇〉（*Europa und der Orient* 800-1900），我昨天離開柏林前看到過。看到：是正確字眼。我最多只能這麼說。主辦單位在葛羅比烏斯博物館（Gropius-Bau）[2]獨特的空間裡種了一片參照的森林，我漫步過那片森林，有時在黃昏，然後是在後宮般的柔和輝光下。展覽以不同層面吸引我：基本的感官享受、我熱愛快速得到知識、我對西班牙任何事物的渴望、我對異國情調的興趣、我的天主教回憶、我想被認可的欲望。那是個有一千棵樹的森林——沒有誇張。光是畫冊，重到無法帶著上路，就包含一千頁以上精心編排的敘述頁面，但畫冊的邏輯不同於展覽路線的邏輯，後者輕鬆而隨機，取決於其他人的視線或動線。也就是說，你總是在世紀裡打轉，與剛才走過的路線交會，和自己相遇，在時間裡回溯或順流，時間的順序從第一塊巴比倫泥板[3]起，到拉斐爾前派（Pre-Raphaelites）[4]之淫蕩、荒謬但又美妙絕倫的後宮幻想——以及之間的一切。一切？當然不是，但大量展品的確給人這種聯想。布勒赫爾（Brueghel）[5]的《巴別塔》在場（另一個巴比倫塔），也有富林克（Govert Flinck）[6]戴頭巾的標準荷蘭人，還有莫札拉布（Mozarabic）[7]圖案的天主教祭壇布，亞理斯多德最早譯本和亞維侯（Averroes）[8]評論集的古版書，精美摩爾文化裝飾的劍和盾，美得驚人的半透明法蒂瑪王朝（Fatimid）[9]水晶，十九世紀法國埃及古物學的精緻插畫，真正來自古埃及的聖像，著時髦東方服裝的十七世紀歐洲人，來自皮薩（Pisa）的安達魯西亞半人半鷲怪獸像，穆斯林與卡洛林王朝（Carolingians）[10]，威尼斯與黎凡特（Levantines）[11]的跨文化交流，托萊多（Toledo）[12]和科爾多瓦（Córdoba）[13]的知識熔爐，伊斯蘭教、猶太教和基督教文化共存，一直到於世間不容，聖戰、密使、觀眾、國書、朝聖、修道院、經文繕寫室、學院——全部交織成一塊複雜到難以想像的布料，但在我們所謂全球溝通的年代裡，卻諷刺地被撕裂且無法修復。當然，這些展覽品之美，與何梅尼之徒毀滅性基本教義派彷彿有光年的距離，但我們自己燃燒異教徒等野蠻行為也一樣隱藏：相遇的灰塵已被掃走，只留下懷舊的影像，彷彿曾經與我們非常貼近的東西退縮起來，彷彿我們忘了是默罕默德的人民為文藝復興歐洲保留了希臘流傳下來的醫生、數學家、哲學家和形上學家，才會有啟蒙時代。

《法蘭克福匯報》給這篇文章只配了一張圖，但不是吉爾伽美什（Gilgamesh）[14]的一部分或花拉子米（al-Khwarizmi）[15]的天文學演算表。謀殺終必敗露，[16]血從一個不存在的東方脈動而出，一個十九世紀的感官幻想。於是他們挑的影像是埃德溫・隆（Edwin Long）[17]一八八六年的畫作，即使黑白印刷還是效果十足：法老王的女兒在蘆葦間發現摩西。紅鶴，睡蓮，象形文字，大里石台階，茂盛又如此東方風情的棕櫚樹，石獅雕像的頭憂傷地偏向一邊，枕在風格別具的四趾腳爪上。但畫的重點不在此，也不在躺在編織搖籃裡的未來立法者。重點在衣不蔽體的裸女，她們活在畫家和客戶之到不了的幻想國度裡。畫裡頭看得到、摸得到的她們，或坐或站在延伸到水中的大理石階梯，隨性遮蓋的女體滿足了維多利亞時期觀者的性慾，唯一在維護她們的端莊是畫作的亮光漆，透明、但不可穿透的上了漆的時間，像五千年般古老的墓碑將她們幽禁。

我打算要去的地方叫哈茨，我被米其林地圖上的綠色區塊吸引。森林對靈魂有益，我想像的是歌德的《哈茨山之旅》（*Harzreise*）。但我太天真了，事實證明，下列兩者不可能調和：一個是一七七七年、不到三十歲的詩人騎馬展開的浪漫、寂寞甚至有點危險的旅程，另一個是我坐在金屬殼裡開車經過的已開發、管制過的觀光客綠地風景。當年的他早已成名，《維特》的創作者，薩克森—威瑪—艾森納赫公爵宮廷的高官，秘密委員會成員，對地質學和採礦有高度興趣。他匿名旅行，自稱是畫家和編織工（在他第一趟寂寞旅程的時候），住過的客棧一間又一間，滿腦子想的都是夏洛特．馮．史坦（Charlotte von Stein），她比他大七歲，已婚，育有六個孩子，是他一生的摯愛，他每天給她寫至少一封信。

怪的是他的匿名身分竟在死後被揭露，但就是如此。他的信件、日記、報告出賣了他；他再也不可能獨自走那一遭。他的每一步都被描寫出來：遇見的人，停駐的地點，他走過的路線和沒走過的路線。我們全部都曉得，於是他可以被看見了，騎馬穿越雪地，走過黃昏，腦中想的是岩石結構、浮士德、他的摯愛、公爵領地的財政、一首詩、一封他打算要寫的信、一幅他打算要畫的素描。荷蘭詩人羅蘭．霍斯特（Roland Holst）一定對自己的一句妙語相當自豪，因為他經常拿出來獻寶：「歌德是阿波羅石膏像。」[18]雖然如此，我仍無法看出石膏像和徹夜騎馬的男人之連結。歌德不顧眾人勸告，執意登上布羅肯峰（Brocken）[19]，吸收神秘山脈和森林的精華及自古流傳的故事，再精煉成《浮士德》第一部裡的「巫婆之夜」（Walpurgisnacht）以及〈哈茨山冬遊〉（*Harzreise im Winter*）：

如猛禽
乘著晨間的密雲
展開滑順的翅膀
尋找獵物
翱翔吧我的歌。

Dem Geier gleich
Der auf schweren Morgenwolken
Mit sanftem Fittich ruhend
Nach Beute schaut,
Schwebe mein Lied.[20]

當代具同等身份的人，可有誰也有這番詩意天賦？好幾位：帕斯（Paz）[21]、聶魯達（Neruda）[22]、聖瓊・佩斯（Saint-John Perse）[23]、塞菲里斯（Seferis）[24]都是詩人兼外交官；威廉・卡洛斯・威廉斯（William Carlos Williams）[25]終身行醫；而最了不起的一位屬華萊士・史蒂文斯（Wallace Stevens）[26]，他是保險公司副執行長。然而外交官不是政治人物，政治人物也不是地質學家，地質學家不是詩人，詩人不是國務大臣，而國務大臣不是藝術家，藝術家不是悲劇作家，悲劇作家非財政大臣，財政大臣不會去量大象的頭蓋骨，並描寫在給情人的信裡。因此，行車在柏油路覆蓋的馬道上的我，可以理直氣壯地遙想，那位二十八歲的騎士走過這條路，在腦海裡構思詩，下馬觸摸花崗岩（就此他日後會寫出一篇學術論文），或是畫一幅石灰岩素描，然後在情書裡描寫。當然了，那是一般專業技能即將分裂為專業領域的倒數時刻，當然，他只不過是個獨眼國王，所管轄的城裡豬隻仍到處亂竄，當然，公爵的爵位其實權力有限，政治只是紳士的消遣，即便如此……就是這個「即便如此」，當他詩人的身分和其他身分在拉鋸，才有三遊哈茨山之後預告的義大利之行，也因為「即便如此」，詩歌與公爵財政重整可以並行，既有他發想的戲劇，也有巴伐利亞選帝侯馬克西米連三世死後Fürstenbund（王公聯盟）真實的政治角力。

歌德求的是進步，也得到了。他是否願意犧牲詩歌作為代價，這個問題沒有意義。大自然在哈茨山揭露自己的秘密，水成論（Neptunists）[27]與火成論（Vulcanists）[28]的爭辯得到解決（水的世界抑或是火的世界？歌德錯了）。今日我們已知關於花崗岩的一切，而且日夜都可登上布羅肯峰。女巫、巫師、侏儒、妖精都沒有駐足之地；浮士德和梅菲斯特不再流連於「施爾奇到依蘭德的區域」（Gegend von Schierke und Elend），因為今日有路標和公里數標誌，提供給想從施爾奇到依蘭德的人參考。道路中間有標線，路面平滑。謎已不再，隨之而去的是騷動、靈感。這片夜霧裡不會浮現臀部見鬼者（Proktophantasmist）、姑太太（Frau Muhme）、黎莉蒂（Lilith）或索舊貨的魔女（Trödelhexe）。[29]

這個多才多藝的人，其中一個角色是現代行政官員。他想開放哈茨山，而我，身為他退化的後裔，正希望這條路消失，這一區的改造在這條路之後就會徹底完成，歌德要的進步，最終會讓寂寞的騎士詩人無立足之地。道路變成小路，蔓生的矮樹叢蓋過了漆在路上的筆直標線。兩旁的樹越來越茂密，不再井然有序、條理化，而是再次成為森林，荒涼、黑暗、陰險。在時間是一七七七年十二月九日，詩人／大臣在雪地裡、森林裡、月光下還有八公里要走。在當年，森林比字句還黑暗；現在字句吞沒了消失的秘密。兩百年後愛賣弄學問的作家，知道當年的匿名旅人在想什麼：「他憶起他的童年；他想到公爵，他的摯友；他再次思索自然與冒險的關係」[30]（他是對的，因為當自然消失，或變成褪色的影像，就像現在，冒險也墮落成開著歐寶兜風）。夜裡，他依照每日的慣例，寫信給摯愛，不是寫給我，但現在讀著那些字句的人是我。我知道這很正常，我們有權：歌德是公共財。只不過奇怪的是，我們做這事一點也不自責，雖然我們絕不可能對還活著的人做這種事：讀別人的私信。我無法克制——我看得見也想像得出這封信的實體。隔天早上，信離開客棧，塞進某人的袋子裡，上了另一匹馬，沿著詩人走過的路往回走，詩人寬闊的心靈滿是字句。或許信從一個袋子到另一個袋子，一張紙滿滿的筆跡，捲起來或者折成長方形，備受禮遇，被馬蹄聲、驛馬車的嘎吱聲、呼嘯的鞭子、德國嗓音、喊叫、卵石、砂礫包圍；某人帶著它上樓，交給另一個人，那人再將它放在一名女子的手中。她等到獨處的時候，解開緞帶或是撕開紙，躺在沙發上，站在窗邊，或坐在燭光下讀這封信，而我隱身在現代，和她一起讀，讀她讀到的字句，但又有所不同：那是她的生活，二十八歲歌德的生活，不是我的。我想像她動嘴唇讀著他的字句：

我不想去檢驗心中的不安，也不想它被檢驗。在我孤獨的時候，我看到自己和我的第一段青春一樣，一個人漂浮在世上。人們在我看起來是一樣的，不過今天我觀察到一件事：只要我一面對生活的壓力，只要別人不懂我心裡發生的事（或說，就是這麼巧，人們一開始並不尊重我，用懷疑的心看我，因為我內心有一些奇怪的矛盾），我就只是單純地有許多錯誤和扭曲的做作——要說明不簡單，我得講得更細一點——可以說，我被痛苦啃噬。我受到壓抑，支離破碎。奇怪的是現在我的心裡可說盡是美好與快樂。尤其是待在這裡的日子。[31]

隔天歌德登上布羅肯山，雖然我不可能有同樣的經驗，但我也想上山，只是布羅肯山在另一邊，東德那邊，不允許人登山：它是 Sperrgebiet，禁區。

我就要關上門拋下德國，前往夏天，前往西班牙。但德國緊追著我，用的是我在柏林已經習慣了的複本：柏林人民議會（Volkskammer）[32]裡的昂納克；西德群眾對戈巴契夫歡呼。盛大的歡呼讓他看起來像凱旋歸來的將軍，或許這是真的：他已經像個軍事家一樣交出東德。戰勝或戰敗，我們很快就會知道，但在這塊被意識形態圍困的土地上，人們的表情緊繃。人民議會的成員集結起來譴責破壞者和中國「反革命」份子，彷彿他們自己的結局、被慢慢漂離的鄰國包圍的命運，已經有了乾脆而清楚的不祥之兆。但這是他們的結局，還是被喝采之人的結局？一個世界即將崩毀，在螢幕上看卻像慶典，像另外那個久遠的慶典，也不過幾週之前的事。

註釋

1 Kazimir Malevich（1879-1935），俄國前衛派畫家。
2 全名是馬丁葛羅比烏斯博物館（Martin-Gropius-Bau）。
3 美索不達米亞的古文化地區巴比倫尼亞（Babylonian）用泥板來記載文書和圖表，包括目前公認最早的世界地圖。
4 英國十九世紀的藝術取向和運動，畫家希望回到十五世紀義大利文藝復興初期前的畫風，注重自然、細節和色彩。

5 Pieter Bruegel the Older（1525-1569），荷蘭文藝復興時期畫家、版畫家，《巴別塔》為中期名作。

6 Govert Flinck（1615-1660），荷蘭黃金時代畫家。

7 莫扎拉布（Mozarab）指的是摩爾人統治時期，受阿拉伯文化影響的伊比利亞基督徒。

8 Averroes（1126-1198），伊斯蘭哲學家、醫生。

9 法蒂瑪王朝（Fatimid Caliphate，909-1171）為北非伊斯蘭王朝，極盛時期的疆域包含今日埃及、蘇丹、西西里島、阿拉伯西部。

10 起源於近日法國中部日耳曼民族之法蘭克人部落，自公元七五一年統治法蘭克王國的王朝。羅馬帝國滅亡後，多民族的法蘭克王國成為中歐最大國，瓦解後逐漸演變成今日的法國、德國及其他小國。

11 奧圖曼帝國時期的拉丁禮教會（Latin Church）天主教徒。

12 西班牙古城。

13 西班牙安達盧西亞自治區的城市。

14 《吉爾伽美什史詩》（*The Epic of Gilgamesh*）是來自美索不達米亞的文學作品，是已發現最早的英雄史詩，以楔形文字刻在泥板上。

15 al-Khwarizmi（780-850），波斯數學家、天文學家及地理學家。

16 本句原文「Blood will out」為諺語，意思是真相大白。

17 Edwom Longsden Long（1829-1891），英國歷史、肖像畫家。

18 可能典出D．H．勞倫斯的詩「Goethe and Pose」：When Goethe becomes an Apollo, he becomes a plaster cast. /When people pose as gods, they are Crystal Palace statues, /made of cement poured into a mould, around iron sticks.

19 哈茨山最高峰，海拔一一四一公尺。

20 原註：〈哈茨山冬遊〉，約翰．沃夫崗．馮．歌德（Johann Wolfgang von Goethe）。

21 Octavio Paz（1914-1998），墨西哥作家、詩人、文學評論、政論家。

22 Pablo Neruda（1904-1973），智利外交官、詩人，一九七一年諾貝爾文學獎得主。

23 Saint-John Perse（1887-1975），法國詩人、外交官，一九六〇年獲諾貝爾文學獎。

24 George Seferis（1900-1971），希臘詩人、外交官，一九六三年獲諾貝爾文學獎。

25 William Carlos Williams（1883-1963），美國詩人、小說家。

26 Wallace Stevens（1879-1955），美國現代主義詩人，一九五五年獲普立茲詩歌獎。

27 地質學史上的一種學說，由德國地質學家於十八世紀晚期創立，主張地球所有的岩石都是在水中沈積形成。

28 另一種地質學說，主張地球上的岩石都是從火山活動形成。

29 以上皆為《浮士德》悲劇第一部裡「巫婆之夜」（Walpurgisnacht）的角色，臀部見鬼者（Proktophantasmist）是歌德自創詞語，用來諷刺他在文壇上的敵人弗德里希·尼克萊（Friedrich Nicolai），尼克萊堅決反對在文學使用超自然元素，反對迷信，但忽然飽受靈異影像騷擾，後來是用水蛭在臀部放血才結束幾個禮拜的驚嚇。Proktophantasmist: praktos 為希臘文「肛門」，phantasma 為「幽靈」。

30 原註：出自《歌德的哈茨遊》（*Goethes Harzreisen*），洛夫·狄尼克（Rolf Denecke）著（Hildesheim: Verlag August Lax, 1980）。

31 原註：出自歌德《給夏洛特·史坦的信》（*Briefe an Charlotte Stein*）第一冊第二十二章，十二月九日的信。

32 東德的一院制立法機構。

5

1989/10/18

離開了將近四個月，我回到柏林。邊界、守衛、房子——一切都跟我離開的時候一樣。只是城市現在換裝成秋天，這裝扮適合目前正在發生的一切。不是在這一邊發生的，而是另一邊，令人無時無刻意識到的那邊。離我住的地方不到兩公里。我幾乎每天都會經過柏林圍牆，東德那個很高的電視塔總是顯眼。我不必去到那邊；電視提供了影像。週五，是慶祝的影像。火炬、無止盡的隊伍、歡呼和歡笑的人群、看台上的領袖揮手微笑。眼睛看到的東西不會騙人。我們不是三歲小孩；我們知道什麼是笑容，看得出何為真正的喜悅，而這就是我看到的。或許眼睛只能被沒看到的東西欺騙。那是奇異的一夜，持續了好幾個小時。衰老憔悴的男人站在看台上，緊鄰著他的賓客。再沒有比緊鄰能夠更靠近一個人了。他們的想法或許我們看不見，但那看不見的政治選項之思考、算計和應付一刻也沒停過——我覺得我看著它進行。當你看著成千上萬的人手持火炬走過你身邊對你揮手吶喊，就是你，而不是別人，你心裡想的會是什麼？戈巴契夫就是深不可測這四個字。他雙手扶著欄杆，牢牢地握著。倘若他覺得不耐煩，也只能從他的手指看出，他的指頭偶爾會打起鼓來，彷彿不受指揮部的控制。群眾裡的女人用手指著他，對彼此指出他，笑著，有時笑得癡狂；你看見一切在發生，一波接著一波。其他人——政府的人，政治局（Politburo）[1]的人——聚集在兩個領袖身邊。後排的人影沒有臉，只有輪廓，柏拉圖洞穴裡的影子[2]。

春天時，其中一個人進過西德，他受到的歡迎如同此刻在東德。當他從車裡揮手的那一刻，他看起來像一個確定自己完成了某件事的人：他把東德交了出去。他自己的國家和波蘭、匈牙利、西德協力在東德周圍畫了一個殘酷的圓圈。圓圈裡，一切都不能不變。只是時間早晚的問題。

這一刻必須封緘，已經封好了。用了一個吻。在影片裡，發生得很快，如老生常談，一發生就結束了。飛機的下機台階、儀隊、在水泥地面等待的老人，親吻。只有在畫面凍結時，才看得見那一刻的張力。我現在看著其中兩個影像。其中之一，光線直射在戈巴契夫臉上。毫無疑問，這是親密的一刻。他閉著眼，噘起嘴唇；他噘得很用力，以至於嘴巴變成一個奇怪的物體。另一個男人，白髮的那位，讓我們看到的是側面。他看起來也閉著眼；執行這項行為不需看著彼此。他的臉微微上揚，眼鏡左邊鏡片接收到一道曲折的光。在另一張照片，可看到他把手放在另一個男人的右肩膀，且他的眼睛確定是閉著。這可不是猶大之吻——看得出來。但這一吻決定了其中一個男人的垮台，或許也是另一個的。畢竟，現在什麼都無法排除，這一刻還會持續很久。這一吻由人執行，但事實上互相親吻的是國家、策略及政治哲學。一個少了蘇聯就無法想像的國家，正在被一個讓東德終結成為可能性的國家親吻。從列寧和史達林傳承而來的正統信仰，正被異端邪說親吻。打破一切的哲學，正在親吻想要緊抓著過去的哲學。公社住宅在親吻分家的住宅。其中一個男人代表歷史上最偉大的冒險，他的革命被另一個男人視為對**革命**的背叛。

其他人，與這一切真正相關的人，在照片裡看不到。身著傳統服裝的低音銅管樂隊在東德電視台演奏的同時，我也在這一邊看著電視上的其他人。街頭訪問。帶小孩的母親、老人、年輕人。他們期盼和平轉變，或是害怕、憤怒、沈默、漠不關心。他們同樣被包圍；他們在圓圈裡的活動必須照規定來，或是被禁止、受限。他們不是拿著火炬行經看台的那些人，但也許這不是真的。布萊希特（Brecht）[3]曾經說，假如政府對人民失去信心，那麼政府應該解散人民，重新選過。看來那方法在這個被包圍的國家是行不通的。

今天的《法蘭克福匯報》頭版有六則頭條。東德各地的示威運動。東柏林監獄人滿為患。匈牙利共產黨自行廢黨，成為社會主義黨（昨天也有相關照片：我記憶中一九五六年官方大樓外牆的紅星被移除，列寧像被拉倒，他輪廓鮮明的側臉和尖尖的鬍鬚現在盯著秋天的天空，和一尊聖心雕像一起待在一處無聲的庭院裡）。湧進匈牙利的難民潮人數增加。若是得不到自主權，所有俄裔德國人都會離俄國。在凝結的親吻片刻，憤怒的運動、權力和當局的拉扯、累積的欲望、怨恨、教義、抗拒和期待，通通看不見，兩個男人就像站在暴風眼裡。

昨天在呂壩斯附近的邊界，也是類似的感覺，柏林週日下午常見的死氣沈沈的氣氛：秋天的樹木靜止不動，崗哨高塔的燈光在迷濛空氣中是塊狀橘色，少數的行人，一個騎馬的女孩，在介於柵欄和圍牆的無人之地，年輕人帶著狗。他們的人數比平時多。守夜人，負責看守的人。但現在看守更像是等待，等待一件遲早要發生的，不是現在，但總有一天會發生的事。

註釋

1　共產黨的中央最高權力執行機構。

2　出自柏拉圖著作《理想國》（*The Republic*）之寓言，描述人類知識的本質。

3　Eugen Bertolt Friedrich Brecht（1898-1956），德國詩人、劇作家。

6

1989/11/18

河裡的魚要如何看到它正游在其中的河水？牠無法離開水從遠一點的地方或另一個觀點來看。類似的情況正發生在柏林。一切都在流動，每一刻都有新的事件、新的報導；只要一踏出門，幾分鐘內我就成為人群漩渦的一部分，人們對著我大喊報紙頭條：再會島嶼！一個德國！人民勝利了！八十萬人征服西柏林！銀行和郵局裡，東德人大排長龍領他們的「歡迎金」[1]。老人們一臉茫然，三十年來第一次再次踏上城裡這一邊的他們，是來尋找自己的回憶的；柏林圍牆之後才出生、住在才幾公里之外的年輕人，走在一個未知的世界，開心到連柏油路都快承載不住他們。

我寫著這些字句的同時，四面八方的教堂都在敲鐘，就像前幾天威廉皇帝紀念教堂突然隆隆響著鐘，傳達圍牆開放的消息，街上的人們都跪下來哭。看得見的歷史總是讓人狂喜、感動、且擔憂。沒有人會錯過。而且沒人知道接下來會發生什麼事。這個城市經歷了太多。成千上萬從東邊湧進西德的人隨身帶著激動的情感，彷彿那是有實體的東西。他們的情感從這邊的人們臉上反映出來，也被忽然變徒步區的街道上的百萬腳步聲、警笛和教堂鐘聲、眾

排隊領 Begrüßungsgeld（歡迎金）的人，西柏林，一九八九年十一月。

人發問和謠傳的話語聲而強化，無人創造的腳本裡沒寫出來的字句。無人，也是所有人。「Wir sind das Volk!」（我們就是人民！）兩個禮拜前他們才在萊比錫吶喊。我們就是人民！現在人民在這裡了，把領袖留在家裡。

東柏林的大規模示威發生在八天前。西蒙娜去了，但被腓特烈車站（Bahnhof Friedrichstraße）眼睛如鷹眼的邊界守衛挑出來。不，她不能通過。「為什麼其他人就可以進入？我跟其他人一樣在這邊等了一個半小時了。」「抱歉，但我們不需要給理由。明天再試試看。」當時我出另一項任務去了，我在遙遠的西部有幾場朗誦會：亞琛（Aachen）、科隆（Cologne）、法蘭克福（Frankfurt）、艾森（Essen）。就連在那裡，柏林還是經常出現在每一次對話裡。星期一晚上是艾森，魯爾區（Ruhrgebiet）的黑暗中心[2]。朗誦會結束，在昏暗咖啡店的討論，Erbsensuppe（豆湯）、Schlachtplatte（香腸拼盤）、大杯啤酒。幾個年輕人出席，出身劇場的女孩、書商、生化學家、作家。總是同樣幾個字眼不斷重複：Übersiedler（難民）、Aussiedler（移民）、Wiedervereinigung（重新統一）。住在荷蘭的人不怕德國重新統一嗎？不怕嗎？嗯，會怕。我們不想重新統一，要也不是跟那些薩克森人和普魯士人。他們受獨裁主義教育長大的，根本什麼都不懂。每天早上六點就去工廠大門口報到。這要叫我們做何反應？他們或許是德國人，但是不一樣的德國人。那群人裡頭一成會投給共和黨（Republikaner），六成會投給基督教民主黨（Christian Democrats，C.D.U.）。我們已經知道；我們看過民調。德國會再次成為一個大國，但是傾向東邊，傾向波蘭人和俄國人。歐洲其他地方應該會開心了吧。這是你們要的嗎？平衡全面挪移，我們只好再次成為一個大國。

我唯一能想到的回覆是，它已經是個大國，它的相對密度將終結人為的分裂。大國施展自己的重力，不多久將把一切吸引過去。到時只有德國人自己才能應付後果。

談話結束之後，他們送我去搭最後一班到科隆的列車，類似有軌電車那種。這一趟無比

布蘭登堡大門，一九八九年十一月四日。

折騰。列車上空無一人，很冷，而且每站都停，連沒人也停。車外是重工業區的冷酷剪影，地獄的火焰映在黑夜中。到杜塞爾多夫（Düsseldorf）的時候有炸彈警告，我們在寂靜無聲的黑洞裡停頓。我的車廂裡只有我一人。我聽見老駕駛的聲音從擴音器傳來，氣喘吁吁：Bombendrohung，炸彈警告。我們無止盡地等待，不知是因為夜晚，或是因為沒有別人，或是我們稍早的對話還是只是我的年紀，我忍不住想到戰爭，想到這個奇怪國家的強烈吸引力，它總是有意或無意地，把其他國家拖進自己的命運。

週四晚上。我回到柏林，跟我的攝影師和一個朋友坐在計程車上。在我們說話的同時，我忽然從汽車收音機的聲音聽出什麼，我認得這種聲音：重大事件才有的迫切、急促、不可置信的語氣。我請司機把音量調大，但沒有這個必要；她知道我們聽得懂德語了，便親口把新聞告訴我們。她很激動，她把金色長髮向後撥，幾乎用吼的。柏林圍牆開放了，所有人正前往布蘭登堡大門，全柏林的人都往那邊去。我們要的話，她現在可以載我們去，因為她自己也想看看。假使我們同意立刻就去，她說她會把計費表關掉。塞車隨著每一秒鐘越來越嚴重；勝利紀念柱（Siegessäule）以外一百公尺就已經動彈不得。我們旁邊是一輛冒煙的衛星汽車，年輕的東德人秀出簽證給我們看，路燈下，他們的臉色興奮得慘白。我跟司機說走約翰—福斯特—杜勒斯大道（John-Foster-Dulles-Allee）到國會大廈會比較快。杜勒斯[3]、國會大廈、戰爭、冷戰——在這裡，一開口就不可能不提到歷史。國會大廈的黑色船艦在人海裡；所有人朝著布蘭登堡大門的大柱子和上方奔馳的馬逼近，馬兒曾經是往反方向進攻。可俯瞰菩提樹下大街的觀景台被人群的重量壓得搖搖晃晃，我們努力穿越人群，一有人下來我們就爬上去，一次一個人。柱子前面空曠的半圓形現在被橘色人造燈打亮；半圓形內成陣列的邊界士兵，看起來無力阻擋我們這邊人群的力量。每當有人爬上柏林圍牆，士兵就試圖用水柱把他們沖下去，但水壓通常不夠強，孤單的人影停留在上面，渾身溼透，被發亮白色水氣泡沫包裹的活生生的雕像。人們吶喊、歡呼，幾百台相機亮著閃光燈，彷彿水泥圍牆變透明了，彷彿它已經不存在。年輕人在水柱下跳舞，脆弱的士兵列隊是他們芭蕾舞劇的背景。昏暗中，我看不見士兵的臉，而他們只看得見舞者。由其他群眾組成的大型動物長得越來越大，只聽得見他們的聲音。他們的世界正在毀滅，他們唯一認識的世界。回程時計程車司機也沒跳表。她說她很快樂，她永遠不會忘記這一刻。她的眼眶濕潤。她的男友現在正在柏林圍牆附近，她想和他分享這一刻，但她不知道他在哪裡，而且她的班要到早上六點。

隔天早上，星期五。我站在老鷹咖啡（Café Adler）的窗戶內，這是從西德過查理檢查哨之前最後一間咖啡店。「你正要離開美國防區」——這句話今天沒有意義。一切似乎以不可思議的速度在剝落。衛星汽車組成的車流慢慢流過邊界。某人拿錢給車裡的人；另一個送他們花。車裡的人在哭或不知所措，彷彿他們現在把車開到這裡，那些人對他們揮手呼叫，都是不真實的事。東德邊界守衛站在路對面，離西德邊界守衛幾公尺遠。雙方沒有交談，只是在蜂擁而來的人群裡站定。我發現他們的表情跟昨天黑夜裡一樣，難以解讀。然後我自己走

德國統一社會黨（S.E.D. / Sozialistische Einheitspartei Deutschlands）示威遊行，東柏林，一九八九年十一月十日。

波茨坦廣場，西柏林，一九八九年十一月十二日。

到另一邊去排隊，我發現一切都跟以前一樣：簽證，五馬克，絕望的一比一匯率，雖然實際匯率應該是十比一才對。隊伍動得快，十五分鐘內我已通關，但另一邊的隊伍排到漫無止盡，繞過街角一直到腓特烈大街。我走到出過我兩本書的人民與世界出版社（Volk und Welt）辦公室那條街。裡頭安靜無聲，但門是開的。我找到一位校對員，得到柏林式的幽默問候：「你來看我們真好，正當其他人都往另一個方向去的時候！」但他們顯然也被捲入事件裡。沒有人知道接下來會發生什麼事。我說我從一個匈牙利友人那邊聽到，在「改變」——我想不出更適合的字眼——發生之後，新成立了兩百多家出版社。他們自然早就曉得，但最令他們擔心的是，如果這件事為真，要如何取得足夠的紙。對於統一，沒有人說得出合情合理的話：「經濟上要如何行得通？這裡沒有人買得起西德的書。我們的書才賣一、兩馬克。」他們有精彩的外國文學書系——從莒哈絲（Duras）、弗里施（Frisch）[4]、格諾（Queneau）[5]、川端康成、卡內提（Canetti）[6]、齊佛（Cheever）[7]、卡爾維諾（Calvino）[8]、貝恩勒夫（Bernlef）[9]、薩洛特（Sarraute）[10]到克勞斯（Claus）[11]——然而一旦西德出版社可以在東德自由運作，會發生什麼事？人民與世界還有辦法取得發行權嗎？幾百個類似的問題到處流竄；整個國家就是一個沒有答案的巨大問題，而每一個可能的、無法想像的答案，無論經濟或政治，都深切影響幾百萬人的生活。

「世界變成了玻璃。」校對員說。我回頭往外走時記住這個感覺。很冷，但陽光正照耀在布蘭登堡大門上的戰車。我現在從另一邊看著我住的城市——目前還可以這麼做。大群西方人站在圍牆上；哥倫比亞電視台和英國國家廣播公司的攝影機正在拍攝無聲的波浪和歡呼、遙遠的狂喜。軍官在介於這裡和那裡的那片典型的無人之地，照舊大步從柱子背景前走過，陽光在他們的肩章閃耀。

玻璃，這個單字不放過我。我走過菩提樹下大街，看見一間大型書店的櫥窗裡陳列了豪華版的埃里希．昂納克選集。微型書，拇指大小，皮革裝訂：《一切皆為人民福祉》

波茨坦廣場，西柏林，一九八九年十一月十二日。

（*Alles für das Wohl des Volkes*）。書的迷你形式，好似反映了消失的領袖的命運。定價四百二十馬克。戈巴契夫那一吻，才多久以前的事？四周的建築物高大、古老、強勢。這裡曾是一個重要都會真正的市中心，但我到現在才感覺到它曾經有多大，當它成為單一、統一的城市，就會恢復成這麼大。一個帝國的首都？腓特烈大帝（Frederick the Great）[12]從未離開；他騎著馬，凝結成英勇姿態。新古典建築上的人像在夕陽裡跳著石之舞。兩個士兵一動也不動站在申克爾（Schinkel）[13]的新崗哨（Neue Wache）[14]前，對面的倍倍爾廣場（Bebelplatz）上有一座提醒人們焚書事件的紀念碑：「Auf diesem Platz vernichtete nazistischer Ungeist die besten Werke der deutschen und der Weltliteratur.」（國家社會黨在此地毫無人性地摧毀了最優秀的德國及世界文學）。不遠處：「LENIN arbeitete im Jahre 1898 in diesem Gebaüde.」（列寧於一八九八年在此地工作）。光是看著眼前的人，我看得出情況改變了嗎？不行，我看不出差異。人們行走和購物，看不出此刻城市裡半數人正湧入城市的另外一半。

我越過黑色的施普雷河水到Das Rote Rathaus，紅色市政廳，每週一晚上發生在這裡的示威運動都震撼全世界。我行經建築物前的草坪，朝著馬克思和恩格爾的背面走。一位站著，

馬克思與恩格爾，東柏林，
一九八九年十一月。

「有未來的社會主義——
德國統一社會黨」

另一位坐著；我從背面也認得出誰是誰，坐著的人有一頭波浪捲髮和寬闊向外突出的鬍鬚。他們的世界彷彿也是玻璃做的：脆弱而透明。他們還在這兒，但某種程度上正要離去，他們對於自己的遺贈感到失望，背對著子孫的玻璃宮殿共和國宮（Palast der Republik）[15]。幾小時後，他們最後的繼承人抵達，策動一場反示威。現在天黑了，強力鹵素燈照著柏林大教堂的和解門（Reconciliation Door）。這些人是另外一群人，他們不提出要求，而是要保衛，標語、旗幟、大型擴音器傳來呆板的戰鬥歌曲為自己打氣。我隨著人潮穿越雕像之間的碎石路面前進，一直到有柱子和警戒老鷹的舊博物館（Das Alte Museum）。新聞記者爬上建築物前方申克爾設計的巨型大理石碟子。我從階梯上可看清楚標語的內容：「Weiter so, Egon. Sozialismus mit Zukunft: S.E.D.」（做得好，保持下去，埃貢。擁有未來的社會主義——德國統一社會黨）[16]，但也看到「Für die Unumkehrbarkeit der Wende」（東德轉型——不可抵抗的改變！）[17]，還有「Kommt raus aus Wandlitz, seht uns ins Antlitz」（走出萬德利茨，看看我們的臉）[18]。我照辦：我看著黨員的臉。轉變之後損失最多的是他們。德國統一社會黨在自由選舉中只能得到百分之十二的選票，現場多數人會步上某些領導人的後塵，被遺忘、過氣、再也用不到。有些人躊躇地跟著擴音器播放的關於鮮紅旗幟和戰鬥的歌曲而唱，但氣氛是不安的。他們周遭的世界已經不同。他們知道波蘭和匈牙利發生的事；來這裡是為了在巨大音量裡尋找安全感，但這些聲音說出的是從來不曾說過的話。黨員發言，責怪領導人太晚動作——太晚而且太慢——不斷被事件趕上。週三被選入政治局的黨員今天已經被踢出來，沒有人知道他們的立場。「事實的獨占權」已被拋棄，一切都聽起來像異端。少數幾個發言的人說，他們很高興講稿不必再像從前一樣交給黨批准。大部分發言的人得到的掌聲都比克倫茨熱烈，現在他正講到發生在德國境內的革命，但站在現場的人知道那不是他們的革命。他也講到自由選舉，但他說黨不會允許權力被奪走。Niemals，永遠不會。這些話有何效力？領導人貌似被圍攻的照片，登上隔天的《週日世界報》（*Welt am Sonntag*）：雨衣、高舉的拳頭、人們張嘴唱戰鬥歌曲。這時在城裡各處，已經有氣鑽在柏林圍牆鑽出最早的幾個洞。我在人群散去前離開。宮殿飯店（Palast Hotel）[19]的窗戶裡，棕櫚庭院裡穿正式禮服的樂隊，正為保加利亞和韓國觀眾演奏。

「戈巴契夫得諾貝爾和平獎」，德國統一社會黨示威遊行，東柏林，一九八九年十一月十日。

查理檢查哨還有人在排隊。外國人可以從另一個出口離開，不必等。跟早上一樣的邊界守衛，他們滿臉疲憊、蒼白、緊繃。我走出來的時候是東柏林人，因為一個年輕女子給我口香糖，一個男孩給我一本手冊，有關 Einigkeit und Recht und Freiheit——團結、正義與自由——柏林圍牆的倒塌和統一都無可避免，然後麥當勞想請我喝「小杯飲料一杯，兌換券有效期到八九年十一月十二日」。我像返鄉的人受款待。在 U-Bahn 柯赫大街站（Kochstraße），幾千人在等車，毫不抗拒地被推著進入西德。當我終於到選帝侯大街（Ku'damm），柏林已經是一個大城市。車輛已無法通行，城市陷入瘋狂。人民變成一個迴旋的個體，一個有數千顆頭的生物，呈波狀的漣漪流經這個城市，再也不知道自己在移動或是被推動，我隨波逐流，化身為群眾、新聞圖片、無名小卒。選帝侯大街上一棟大樓外牆出現新聞簡報，幾行字很快失去新鮮度，新聞彷彿趕得及消逝的速度，但其實沒有任何東西趕得及這群人，因為他們自己正在製造新聞。人群知道這點，那感覺像個大規模的戰慄。他們本身就是自己正在閱讀的新聞的製造者，他們是人民；接在他們後面是政客說的話，但這些話現在聽起來主要目的是鎮定和安撫。永遠不會有人真的知道完整報導是什麼，過去幾個星期以來，這幾條街上的人為歷史翻了一頁；所有的克倫茨、科爾（Kohl）[20]、戈巴契夫、

右：Mauerspecht（啄牆鳥）正在啄牆，波茨坦廣場，西柏林，一九八九年十一月十二日。

左下：西里西亞大街／普希金大道（Schlesische Straße/Puschkinallee），西柏林，一九八九年十一月十一日。

右下：查理檢查哨，西柏林，一九八九年十一月十日。

密特朗、柴契爾們都必須等著看下一頁寫了什麼，以及誰會出現在上面。百萬名東歐人追上並超過了雅爾達會議[21]上的簽名，我們沒有幫忙。

三十三年前，我站在布達佩斯另一個人群裡，他們覺得被我們背叛拋棄。那也是歷史，是我今日體驗的黑色鏡像。那時我看著俄國軍隊圍城，我寫下生平第一篇新聞報導，結語是「俄國人，回家去」。我現在可以嘲笑自己的無知，但我應該笑得多大聲呢？

東德還是有俄國人，就像西德（Bundesrepublik）[22]有美國人。兩者是不同的國家，而柏林圍牆還在，雖然上面有洞。**另一個國家**的人民三十年來第一次走在這幾條街上，當我望向窗外，可以看得見他們。

註釋

1 原註：從一九七〇年起到一九八九年十二月二十九日之間，來到西德的每一名東德訪客都可領到 Begrüßungsgeld，政府發的禮金。柏林圍牆倒塌後，禮金因需求暴增而廢止。

2 魯爾區有豐富的煤炭資源，是德國重要的產煤區。

3 John Foster Dulles（1888-1959），美國政治家，一九五三至三九年擔任美國國務卿，在冷戰時期採取積極反共的路線。

4 Max Frisch（1911-1991），瑞士建築師、劇作家、小說家。

5 Raymond Queneau（1903-1976），法國詩人、小說家。他是二〇一四年諾貝爾文學獎得主派翠克・莫迪亞諾（Patrick

Modiano）中學時期的幾何學教師。

6 Elias Canetti（1905-1994），保加利亞出生之猶太小說家、評論家、劇作家，一九八一年諾貝爾文學獎得主。作品《得救的舌頭》由台灣商務印書館出版。

7 John Cheever（1912-1982），美國小說家，以短篇小說出名，被譽為「郊區的契可夫」，有子班傑明．齊佛（Benjamin Cheever）克紹箕裘。

8 Italo Calvino（1923-1985），義大利記者、小說家，著有《看不見的城市》（*Le città invisibili*）、《如果在冬夜，一個旅人》（*Se una notte d'inverno un viaggiatore*）。

9 J. Bernlef（1937-2012），荷蘭重量級小說家、翻譯家。

10 Nathalie Sarraute（1900-1999），法國律師及作家。

11 Hugo Clause（1929-2008），比利時作家、劇作家、詩人。

12 腓特烈二世（Friedrich II），史稱腓特烈大帝，普魯士國王。

13 見詞彙表。

14 新崗哨是柏林菩提樹大街之新古典主義風格建築，一九三一年起作為紀念館使用，由建築師申克爾建造。

15 一九七六年落成，因石棉污染於二〇〇八年拆除完畢。曾為東德人民議會所在地，內有兩座大禮堂、美術館、餐廳、電影院及保齡球館。

16 指埃貢．克倫茨（Egon Krenz），東德德國統一社會黨領導人，最後一任總書記，見詞彙表。

17 東德轉型（Die Wende）指的是一九八九年至一九九〇年東德政治、經濟與社會的轉型，內容為德國統一社會黨政權及中央計畫經濟的終結，恢復議會民主制和市場經濟，最終走向兩德同意的一系列歷史事件。

18 原註：萬德利茨是距離柏林北方二十五公里的市鎮，許多東德高級官員的居住地。

19 宮殿飯店於一九七九年落成，二〇〇〇年因建材石綿污染而關閉。飯店只接受國際流通的硬貨幣而不收東德馬克，因當年是秘密警察監視外賓的重地，飯店大廳、電梯、走廊及數個房間都有監視攝影機及麥克風。

20 見詞彙表。

21 一九四五年二月四日至十一日期間在克里米亞半島的雅爾達舉行的會議，邱吉爾、羅斯福、史達林三巨頭代表美、英、蘇與會，主要討論二戰後歐洲的重整，英美為拉攏蘇聯而大勢退讓，使蘇聯及各國共產黨得以控制中歐、東歐及許多亞洲國家。

22 西德的德文原名 Bundesrepublik Deutschland，英文為 Federal Republic of Germany。

7

1989/12/9

Bild（影像），黑、黃、紅，非常可怕，但標題下得太棒了，像一首歌：「GESTÜRZT, VERHAFTET, VERSTOSSEN, GEJAGT」（被推翻、逮捕、驅逐、搜捕）——排在幾個單字間是被罷免的領導人的照片，跟頭條的字母一樣大。最上面以德國國旗的顏色寫了：「DAS VOLK BEFREIT SICH」（人民自我解放）。現在是星期一早上，霧氣覆蓋的陰天，這個禮拜從接縫處炸開來。我已看到科爾企圖趕在全世界之前：在他之前的是克倫茨，我從他垮台期間看到垮台之後；戈洛・曼（Golo Mann）化身克勞塞維茨（Clausewitz）[1]；照片和歷史同時發生；兩位女作家；自我擁抱的人民；不肯向前走的人民念念有詞抱怨。我得給自己拍個電報才能整理出一個次序。

十一月二十六日，星期天。查理檢查哨旁的老鷹咖啡。馬路對面有一道沒有窗戶的牆，上面斗大的字曾經通電：Neue Zeit（新時代）。合乎時宜的幾個字。我要去東德開會，但是護照檢查處的隊伍太長，我發現我絕對趕不及。這個城市還是分裂的。於是我待在這邊，去馬丁・葛羅比烏斯博物館看了一個展覽。雨下在結冰的雪，形成冰冷的泥巴。中歐（Mitteleuropa）。展覽是關於猶太人被逐出「另一個」體育會之後所組的猶太體育會。照片有種五十年前運動照片的笨拙感，光是看著照片，幾乎就可知道未來的人會跑得更快。這些影像之所以令人心酸，是因為我們現在已知的一切。我讀著姓名，看著面孔。莉莉・莎哈・希諾赫（Lili Sara Henoch），多項比賽冠軍，和母親一起被驅逐至里加（Riga）[2]，從此消失無蹤。她最後的所有物清單，她曾經獲准別在胸前的老鷹。阿爾弗里德・弗萊托（Alfred Flatow），《國際體操選手手冊》（*Handbuch für Weltturner*）作者，退役冠軍，在體操協會待了四十七年後被逐出。在給協會的道別信裡，他寫著：「請容我對自己的想法和感覺保持沈默。」他生於一八六九年，但寄出那封信之後他沒有活太久。一九四一年，他成為帝國的敵人；四二年，他被送到特雷津（Theresienstadt）[3]老年猶太人居住區；年底，「精疲力竭而死」。艾德蒙・諾文多夫（Edmund Neuendorff）寫信給「親愛的體操選手同僚」諾曼（Naumann）（兩人都是委員會成員），說開除一事他不能讓步；一切都是為了德國。不能有例外。這幾十年來德國受了太多苦難，德國的文化、社會和道德「被猶太人嚴重地破壞，德國政治被他們惡意濫用，我們不惜一切也要和過去徹底切割。過去所經驗到的絕對不能再發生。」我看著這位身著舊式運動服的強健體操員，注意到照片旁邊有一個小標牌：「您面前的窗景即是蓋世太保總部的地基，以及拷問室的遺跡。」我聽話往外看：一片空地，一個土堆，光禿禿的黑色樹叢，雪地上的足跡，什麼也沒有。

博物館地下室展出的是另外一段過去：現在。這種不合常理的衝突需要一點時間消化。展覽的內容，是近幾週示威運動的照片和標語。主要的示威運動結束後，人們被要求把標語牌和旗幟交到歷史博物館（東德），館方現在出借給西德做這次展出，就像出借畫作。我看著灰泥牆上有點可笑地掛著的物件，熟悉的場景的照片，人們高舉過頭的標語牌。也許這就是後現代：在創造歷史的同時，知道自己在同一個禮拜內就會出現在博物館，然後親自去看。訪客留言本裡的留言多出自東柏林人：「我們要我們的民主，不要你們的垃圾！」「東德的中產階級只有在沒什麼好怕的時候才會從消費者洞穴爬出來。」「絕對不要統一。」「害怕被兄弟姊妹擁抱。」所以故事離結尾還遠得很，儘管有科爾提出的十點計畫。回家的路上我經過波蘭市集（Polenmarkt）。幾百個快凍僵的人站在極冷的泥地上，腳邊看起來可憐兮兮的器皿吸引了窮人和土耳其人，冰冷的雨，討價還價，兩個世界的軟肋。

左上：新時代，東柏林，從老鷹咖啡店看出去的景觀，西柏林，一九八九年十一月。

右上：查理檢查哨，西柏林，一九八九年十一月十日。

右下：波茨坦廣場，西柏林，一九八九年十一月十二日。

星期一晚上。希爾達・多敏（Hilde Domin）在沃夫的圖書館（Wolff's Bücherei）[4]有朗誦會。詩歌，生平事蹟概述。漫長的生命：她年近八十，堅定而不屈不饒地活過許多事。嬌小，脆弱，沒戴眼鏡，聲音如玻璃。一九三三年逃離德國，以研究馬基維利（Machiavelli）[5]另一位先輩的論文在佛羅倫斯取得博士學位，一串流亡的念珠，義大利，再次被驅離，英國，聖多明哥（Santo Domingo）[6]，一輩子的詩歌，貧窮，無止盡的不同住家，沒有什麼能擊潰她。在她為我簽名的書《只有希望》（*Aber die Hoffnung*），她在Aber（只有）下面畫了三條線。她朗誦她的詩：

鴿子，
如果我的房子燒毀
如果我又被驅逐
如果我失去一切
我會帶著你走，
蟲蛀木頭的鴿子，

Taube,
wenn mein Haus verbrennt
wenn ich wieder verstoßen werde
wenn ich alles verliere
dich nehme ich mit,
Taube aus wurmstichigen Holz,

就為了你那輕輕撫過的

不折翼的一隻翅膀。

wegen des sanften Schwungs

deines einzigen ungebrochenen Flügels.[7]

週三。我還在想博物館的照片。感覺像看著鏡子裡的自己做某件事。後設歷史的形式。也許自戀的元素降低了衝擊。另一方面，我們每天都面對許多流動影像，若按下暫停，就成為歷史書的插圖。但也許就是這樣——也許現在還不該暫停。我們對觀看的執著永遠不會停。政黨大頭的邪惡狩獵小屋，毫無品味，駑鈍地模仿封建貴族，成排的鹿角下是笨重的扶手椅。你可以想像他們握著啤酒杯坐在椅子上，被剝削的東德侯爵們，在階級敵人的場景裡，小資產階級日積月累的嫉妒。與此同時，克倫茨正為自己的生命奮鬥。每天晚上，他的大頭出現在象徵一樣的東德電視台，出現在百貨公司、工廠、街角，他哀求、爭辯。但工人和家庭主婦以牙還牙：他們不必去西德，待在原地就可以，但他們再也不要他以及他的同類所製造出來的混亂。在這邊的電視上是戈洛·曼，他與父親神似，有如化身，基因序列打亂後的重整；[8]看著他的感覺真好。他跟克勞塞維茨一樣提到東德作為「斜堤」（glacis）[9]，是俄國絕不想放棄的防禦線，並滔滔不絕談及被侵蝕的字詞，如「共產主義」、「社會主義」、

「民主」，從十八世紀末之後其意義如何蜿蜒和曲折。我的腦海就這些字詞產生了其他影像，東歐垮台的影像：日父科夫（Zhivkov）[10]面無表情，嘴巴微張，看著他自己的雕像溶掉；齊奧塞斯庫（Ceau escu）[11]神經質地爭辯，無人宮殿裡的鄉巴佬。現在只是時間早晚的問題了——戈巴契夫和老布希在馬爾他高峰會[12]一握甚至影響了卡斯楚的傳記。差點被這些場景蓋過的，還有在布拉格陽台上的杜布切克（Dub ek）[13]，胡薩克（Husák）[14]的鬼魂準備尋找但丁的地獄，梵蒂岡某個房間裡的耶穌像撇過頭，兩個沒帶口譯的人用俄文在屋裡交談。Extra Omnes!（全部出去！）[15]

週四。年輕的東德作家克絲汀·韓索爾（Kerstin Hensel）在西柏林的書商地窖（Buchhändlerkeller）[16]朗誦詩歌和散文。嬌小，樸素整潔的服裝，布萊希特般的髮型，修女式的短髮，生於一九六一年。她的小說集叫《密環菌》（*Hallimasch*），一種蜜菌類，寄生在針葉樹，可食用，艱困時期的生存方式。她的版本的《糖果屋》（*Hansel and Gretel*）有個慘痛的結局：「『到家了。』男孩說。女孩多年來第一次看到他，說：『你變得好胖，漢塞爾。』漢塞爾也發現了，他說：『你變得好蠢，葛麗特。』然後他們開始走路，但不知

波蘭市集，西柏林，一九八九年十二月。

道要去哪裡。」隔天，我在東柏林試著買她的詩集，但是已經買不到。「Vergriffen」，我被告知。絕版。

週五，這次我開車。我想更深入城裡。一到邊界，我的老爺美國車引擎開始沸騰，「Ist das normal?」邊界守衛問。我承認不正常，「這年頭沒什麼是正常的了」，我想補這麼一句，但他幫我倒了一瓶水到引擎裡，讓我可以繼續上路。這裡的醜陋有種奇異的美。我開在卡爾馬克思大道和卡爾李卜克內西街——消逝的夢——開進荒涼的街區。煙霧和薄霧混合，空氣嚐起來像衛星汽車和煤炭；感覺還是有點像戰後。陽光像年老的二廚把慘狀篩掉：大群的高樓住宅大廈，鐵路場。我沿著柏林圍牆開離市中心，施普雷河一定就在後面流過，我在對面的河岸經常看見圍牆，在河道的另一邊。所以這就是他們住的地方，我心想，示威遊行的人們，晚上跟我看同一個電視台的人們。他們住在這裡，無裝飾的廉價公寓，寬闊的大道讓穿越馬路的行人感到自己的矮小。

忽然間我發現自己在動物園外頭。我看見動物園大門和後面的大樹，樹上成群的烏鴉是固執的歌手，嘎嘎尖叫著要我進去。這禮拜看到的人太多了。我現在要動物。門票要價一馬克。我差不多是唯一的遊客，小心翼翼走在結冰的小徑上，聽著烏鴉尖銳的短歌。田鼠、表情憤怒的越南大肚豬、蛇、黑豹，形式無盡循環的平靜。我感到糾纏不休的歷史消散了，我和我見到的每一位打招呼，對著熱氣蒸騰的溫室裡的紅鶴揮手，對著把現在當成夏天的西伯利亞熊揮手。夜幕低垂，雪上罩了不同色調的灰。企鵝在思考人類世界的事件，獅子在大型貓科動物的籠子裡造反：牠們咆哮伸爪，整個建築物都在震動。半小時之後，幾乎如回覆一樣，我發現自己在新崗哨看衛兵換班，三個行為如機器的人類。這時已天黑，一切都在路燈柱的光線下進行。這些守衛能做很多普通動物做不到的事：他們戴鋼盔，穿原野灰的大衣；跳著機械芭蕾的腿高高踢起時靴跟刮起泥土，向後轉，舉起來福槍，刺刀指著光，彷彿不是三個人而只是一個人。三人一體的自動機械裝置，吐出短暫、可怕的一口氣之後消失在暗門裡。附近，示威者聚集在人民議會前；黨即將在明天和後天辯論自己的命運。之後，軍隊

波茨坦廣場，「荷蘭向柏林打招呼」，西柏林，一九八九年十一月十二日。

再也不是黨的軍隊。

週六。馬克西姆・高爾基劇院（Maxim Gorki Theater）有一齣戲上演：沃克・柏朗（Volker Braun）[17]的《過渡的社會》（*Die Übergangsgesellschaft*），改編自契可夫的《三姊妹》（*Three Sisters*）。滿屋的舊物，失敗的生活，燒毀的幻象，恐懼和沮喪，對莫斯科再次的渴望，因為時代的巨輪轉動了，現在希望來自莫斯科，這裡的每個人都知道。劇作充滿內心衝突、精神錯亂的場景和暗示，我沒辦法全部明白。觀眾深深被吸引，一涉及近期事件就笑。劇作以舊屋付之一炬、西班牙內戰老兵的死告終，只有這個角色的生命是清晰有意義的，因為他對抗法西斯主義。還活著的其他人只有困惑。

樓下的劇場休息室裡又是那些照片，凍結的運動，彷彿反省的時刻已到，我們在鏡中看見靜止不動的自己。但這一定是幻覺，一切仍動得厲害。劇作家在一張大海報上，問東德是否能允許自己被西德殖民：

> 目前沒有一件事被證實。我們之後將住在哪裡？未來將發生的事是否值得我們努力？維

也納炸牛排不足以滿足我們的胃口；匈牙利掠食性的資本主義，充其量讓三分之一的人口富裕。新的社會剝奪將迫使人民議會向西德靠攏，或陷入更多社會動盪。問題在於，是否有除了這幾個馬戲團政黨以外更現代的選項，類似一個草根的民主，而這個民主的目標，是解決所有人問題。

任何人都不該指望在短期內簡單成為西德的附屬品。

週日。晚上七點半。「時事攝影機」（Die aktuelle Kamera），東德電視台的新節目，已變得非看不可：梅爾克（Mielke）、米塔格（Mittag）、穆勒（Müller）被捕，夏克·哥羅德考斯基（Schalck-Golodkowski）逃亡，克倫茨被免職，黨被砍頭，六八年的布拉格成為遺憾[18]——劇終。我看著一名政治人物經歷自己的命運。這樣的說法屬於舊的史書，但用在這裡也恰當：人民在鼓噪。克倫茨站在台階上，離麥克風幾公尺，臉色蒼白站在霓虹燈下。一個接一個，人們走上前，辯論，激烈抗議，這些人都是他自己的黨員，套用他們的抒情形容方式就是「die Basis」（基地）。人們對克倫茨做出判決，非常殘酷無情：我從來沒見過這種事。他抓著麥克風試著再說什麼，但塞滿整個廣場的人們叫嚷、嘲笑他。他也很會叫嚷，嚷出他想做的事、他從來沒做的事、過去他想做但沒能做的事，但人們只是吹口哨嘲笑他。於是他逃之夭夭，消失在人體之後。之後，節目上又有他的畫面，那是一個月之前他為目前已被逮捕的梅爾克別上勳章，梅爾克是國家安全部（Staatssicherheitsdienst，Stasi）前任頭子，他是個著米黃色制服的矮個，胸前像佈告欄一樣掛了各色綬帶，讓克倫茨再加上一條，然後是更致命的，克倫茨在北京，在學生起義之後。[19]於是他被沖走了，消失了，成為昨日的舊聞，被他的人民橫越全國串起來的鏈條擊倒，被兩個在船上的男人擊倒，被與科爾在布魯塞爾見面的其中一個男人擊倒，這人在兩個星期內要和克倫茨見面，給他一點現在已蕩然無存的尊重。埃貢·巴爾（Egon Bahr）[20]在當晚最後做了總結：「這個黨已經給自己砍頭了，這是革命的第三階段。我們都知道頭不會長回來。」

我坐在在螢幕前面已經幾個小時，現在我想出去走一走。現在是晚上，很冷。幾個人影掠過酒吧窗戶，除此之外一切無聲，我把我的城市看作一個漂浮在國家上方的封閉區域，就像一艘大船漂浮在怒海中央，儘管它自己也在興風作浪。這可能是個奇怪的景象，但我想不到更好的形容方式。暴風雨在周圍肆虐，但這裡還是如此寧靜。

註釋

1 Carl von Clausewitz（1780-1831），普魯士將軍、軍事理論家，強調戰爭的「道德」（心理層面）及政治面，著作《戰爭論》（*Vom Kriege*）是西方軍事理論經典之作。

2 里加位於拉脫維亞郊區，是凱瑟瓦德納粹集中營（Kaiserwald）所在地。

3 二戰時期的集中營，位於今捷克共和國特雷津（Terezín，德語名 Theresienstadt）。

4 由安德烈亞斯．沃夫（Andreas Wolff）於一九二九年成立的圖書館，一九三一年轉型為書店後歷經不同經營者，是柏林著名的文學地標，二〇〇九年更名為魔山（Der Zauberberg）。

5 馬基維利（Niccolò di Bernardo dei Machiavelli，1469-1527），義大利哲學家、歷史學家、政治家及外交家，他所著的《君主論》（*Il Principe*）一書在政治思想史的主要貢獻是徹底分割理想主義與現實主義，君主應將實用主義作為奪取和維持權利的方針。馬基維利主義（Machiavellianism）由本書衍生出來。

6 多明尼加共和國首都。

7 〈給鴿子的承諾〉，出自希爾達．多敏著作《只有希望》（*Munich: Piper Verlag,* 1990）。

8 戈洛．曼是作家托瑪斯．曼的次子。

9 「斜堤」在軍事工程指的是中世紀城堡或現代要塞外圍的人工斜坡。

10 Todor Zhivkov（1911-1998），保加利亞政治人物，一九五四年至一九八九年擔任保加利亞共產黨中央委員會第一書記，一九七一年至一九八九年擔任保加利亞總統。

11 Nicolae Ceau escu（1918-1989），羅馬尼亞共產黨政治家、獨裁者。一九六五年至一九八九年任羅馬尼亞共產黨總書記，一九六七年至一九八九年兼任羅馬尼亞社會主義共和國總統，為該國首任總統。

12 馬爾他高峰會（Malta Summit）發生在柏林圍牆倒塌不久的一九八九年十二月二日至三日，蘇聯首相戈巴契夫與美國總統布希會面，宣布冷戰結束。

13 Alexander Dub ek（1921-1992），捷克斯洛伐克政治家，一九六八年一月擔任捷克斯洛伐克共產黨第一書記，主張「人道社會主義」，一九六八年一月至八月的改革運動「布拉格之春」即由他推動，後來在蘇聯及華沙公約成員國武力入侵下結束。

14　Gustáv Husák（1913-1991），捷克斯洛伐克政治家，「布拉格之春」後取代杜布切克出任捷克共產黨第一書記。一九七五年起兼任總統，一九八九年二十月在「絲絨革命」中辭去總統職務，一九九〇年被捷共開除黨籍，一九九一年病逝。

15　拉丁語。教宗選舉的時候，教宗典禮長命令除了樞機們和秘密會議參加者之外的人都退出禮拜堂，按照傳統，他會站在西斯汀禮拜堂門口，大聲說「Extra Omnes」然後關上大門準備投票。

16　一九六七由柏林年輕書商成立的據點，固定舉行文學相關活動。

17　見詞彙表。

18　以上人名見詞彙表。六八年的布拉格指「布拉格之春」。

19　北京當局在天安門廣場以武力鎮壓學生民主運動，東德是第一個表達支持的國家。

20　見詞彙表。

8

1990/2/17

如果觀看的人民被激怒了，主角該做何想？夜復一夜，他們從電視螢幕進到我家，提出更多輕率的方案、結構、反應、法令、警告、呼籲。每天晚上，我收看東德節目「時事攝影機」，彷彿幾個月來全國一直在開個巨大沒有間斷的會，一個全體參與的雜交派對，以至於圓桌討論、就任會議、記者會、聽證會的氣氛就像一張大床，無論願意與否，每個人都得躺在一起，甚至上床，而啟動這一切的人民正走出這個忙碌的臥房，躡手躡腳或是大聲甩門離開。我開始對這些節目上癮，有時還播個一整天。我知道這對我不好，假象的近距離讓人忘記這個國家背後還有另一個國家，那個國家的下面和背後還有更多更多個國家，無論去到哪都是類似的混亂，但目前生活就是如此：我住在這塊飛地，而它正處在暴風眼裡。

我在聖誕節逃走。我想回到我平靜的祖國，那裡好像從來不會發生什麼事，因為我們在幾百年前已經處理好。天候不佳，我盯著地圖看，發現戴特莫爾德（Detmold）[1]附近有「Hermannsdenkmal」這個字，然後是字體更大的「Teutoburger Wald」（條頓堡森林）。我不知道赫爾曼是誰，但條頓堡森林聽起來很有華格納風味，適合現在陰鬱的天空。

一下亂七八糟的高速公路，世界很神奇地回歸原貌：看不見的人們住的鄉間、外省，剛強的實體，像平衡城市發展的砝碼，它是多數，各區域的口音和方言或許不同，但每個鄉間的寧靜本質讓人走到哪都認得出來。我在這裡，這裡是德國，如同我昨晚過夜的策勒（Celle）[2]也是德國：昨天晚餐的華麗菜名 Herzögliche Entenvesper 說明了一切，我的餐盤裡封建—宗教的概念「公爵鴨肉晚禱」（ducal duck vesper），適切地呼應著修復過的優雅的中世紀風格市中心：標誌，哥德字體的木頭門面，城堡，聖誕市集的 Glühwein（熱香料酒）、樹、「Stille Nacht」（平安夜）。一個小時之後，我體驗了在歐洲最安靜的一夜，上鎖的屋子裡人們享受掙得的睡眠，四周只有我的腳步如時鐘般滴答響。

於是，我開始搜尋赫爾曼，每個人都想幫我，因為每個人都知道他住在哪裡。大家都很友善，樂於助人，這樣也好，因為赫爾曼似乎不想被找到。他一直躲在山林和暴風雨背後，但我總算找到地方停放我的車，廣大近乎空曠的停車場只有孤零零幾輛衛星轎車，瑟縮在一起，夢著溫熱的賓士。如果被圍困多年後，他們第一個選擇的目的地是赫爾曼，這象徵了什麼？我還是沒看見他，所以我沿著一條林中小徑走，風推著我前進，我用手遮著打在臉上的雨，一直到我透過眼淚看見他：高大如燈塔的男人，站在同樣高大的台座上，揮劍劃開暴風雨，統治世界。他的尺寸讓我屏息。我在他的下面繞圈走，研究他不可抑制的小腿，頭盔上巨大的老鷹翅膀，迷你裙彎曲灰色鐵片的暗綠色光澤，和其下神秘、固化的空間。我爬上一個窄螺旋梯到他孔武有力的腳邊，地面的風雨到了上面變成颶風。赫爾曼站得穩穩的，然而他的體重可是超過四十二噸。他的身高加上他的台座超過五十公尺，他不必擔心頭盔飛走或裙子被風吹起：三萬零九百二十四根鉚釘固定著他。我這方面就覺得困難重重。我用雙手緊抓欄杆，低頭看周圍道路和鄉村的排列，鳥瞰赫爾曼在西元前九世紀曾殲滅三個羅馬軍團的黑森林。他不知道德國的存在，所以不知道自己解放了什麼，但他的劍上現在寫了這些字句：「Deutsche Einigkeit meine Stärke, meine Stärke Deutschlands Macht」，德國團結是我的力量，我的力量是德國的強大。歷史，那個時代錯誤的騙子又來唬人了。我現在才懂為何普魯士國王和之後的 Alter Kaiser（老皇帝），兩者為同一人，會在一八七五年到這裡為雕像揭幕（以及這些衛星轎車為何在這裡）：這個舉動讓人以為從赫爾曼到威廉，血緣是一脈相承的，彷彿從我腳下延伸出去的土地，並非數百年來一直是各個伯爵和君主的摸彩袋。「Immer zerrissen und geteilt」，總是撕裂與分離，荷爾德林（Hölderlin）[3]如是說——數字支持他：西發里亞和約（Peace of Westphalia）[4]於一六四八年簽訂時，三百個德國邦國獲

阿米你烏斯，赫爾曼紀念碑，條頓堡森林。

得獨立主權，各有各的朝廷、專制君主（無論啟蒙或未啟蒙）、官僚和轄區教徒，帶來的重大影響一直持續到二十世紀。

赫爾曼當然不叫赫爾曼，而是阿米你烏斯（Arminius）。十六世紀一位瘋狂古典派學者弄錯之後以訛傳訛至今。畢竟，一個國家英雄卻有外國人的名字，有什麼好的？奧古斯都大帝派了錯誤的人去到日耳曼：瓦魯斯（Publius Quinctilius Varus）是個無能的投機者，之前忙著掠奪敘利亞。這個瓦魯斯對條頓人沒什麼好感（「……他想像那裡的居民除了聲音和四肢之外根本不像人……」），輕敵永遠是災難的最佳保證。赫爾曼帶瓦魯斯走到花園小徑，在那裡屠殺他。要是赫爾曼沒出現在雕刻家恩斯特・馮・班德爾（Ernst von Bandel）[5]的夢裡，肯定會繼續在史書裡沉睡。這位夢想家花了三十八年建造雕像——被奚落且最後一貧如洗恐怕也不為過。成品雖然稱不上美，但肯定大，大到連皇帝都注意到了，而且決定拿來為自己所用。

幾個世紀下來，英國與法國成為中央統治的單位之時，德國仍不斷遭到來自內外破片炸彈的轟炸，所有人都習慣了，特別是德國人自己。相關人士都滿意當時的安排：一個中央帝國只會破壞平衡；由外國組成的緩衝地帶控制了所有的河口；還不是一個國家的德國，被封鎖在歐洲陸塊裡。外國勢力保證這些大大小小的君主不受侵犯，意味著曾經自信、擁有自由居民的城市，失去了力量和影響力。拜占庭式輕歌劇兼惡夢般的貴族階層和頭銜、樞密院官員、對制服的迷戀、過量的紋章、宮廷舞會、臣民和農奴、官僚政治，在這些只關心內部的首都城市發展開來，雖然那時德國還沒有出現，但日後成為主流德國人的人種已經培育出來。不必真正住在一個政府之下的人，也可以對只要去感覺的國家懷抱多愁善感的情懷，這些情懷就表現在我上方的雕像，很顯然他的手臂會一直高舉到下一個千年。我沒意見——我正要逃回家鄉的寧靜花園，那裡的雕像或許較小，問題也較小。

除了赫爾曼，別的影像，流動的影像，也跟著我去到那裡：東德的莫德洛們和西德的科爾們想湊合出一個新的俾斯麥，而歐洲這個老女人，以她千百個回憶、嫉妒和恐懼，持續監督他們的每個動作。她在夢中呢喃的字句就是人們過去所謂的歷史，仔細去聽，偶爾能聽懂她說什麼，也許聽見「Gleichgewicht」這個字——平衡狀態——就知道她正夢到烏得勒支和約（Peace of Utrecht）和西班牙王位繼承戰爭的結束。但是和平協議那麼多，全都孕育未來的戰爭，而戰後總是需要重新評估和重新安排Gleichgewicht。評估和安排失敗的時候，軍隊又開始悄悄向前推進，因為天下最不可靠的就是竄改過的刻度尺——再多個拉帕洛（Rapallos）[6]或慕尼黑（Munichs），再多的維也納和約、凡爾賽和約、西發里亞和約，就算莫洛托夫（Molotov）和里賓特洛普（Ribbentrop）跳探戈[7]也阻止不了軍隊前進：其中一名舞者最後總是上絞刑台。誰會跟進？或是大家都不再跟進了？這些國家是否會像反芻動物躲在自己封死的河流後，等著歐洲牧羊人冷靜地把德國再趕成一群？在心甘情願的群體裡，不願意的幾乎不受注意。重新統一就像一種自然現象，自求多福的政客順著洪水游，同時假裝自己在控制流向。

我現在回到柏林，但我不久就得離開。波蘭正在烘烤，保加利亞慢燉，羅馬尼亞已經沸騰，背後那個大國正在戳各個痛點，刺探自己製造的傷口，它的領導人有時看起來像個怕被發現不知該如何把書繼續寫下去的作者。而柏林現在發生什麼事？我又變成電視螢幕的奴隸，收看無盡糾纏的討論，新的開頭、新的關係、新的不和，我試著想像種種的姿態和看法都源自近期和遙遠一點的歷史，我想像新的歷史會從無數碎屑裡浮現，同時我也提心吊膽。我忘不了在學校學過的一句話：「Senatu deliberante Saguntum periit」——元老院議員還在辯論，薩貢托已被攻陷了（While the Senate deliberated, Saguntum fell.）。是不會到那個地步，而且現在也沒別的解決方法，但我每天看著這些商議中的縮寫字母時（SEDSDPLDPDBD-CDUDDRSPD 以及好多其他我還沒記熟的字母排序），都可以聽見逃亡者的腳步聲，感覺起來那張圓桌是孤零零放在布蘭登堡大門廣場上，說話的聲音都隨風飄走。

這樣評估公平嗎？不，當然不公平，當我看著那些真誠、激動、還沒被多年政治活動侵蝕的面孔，我知道這樣不公平。也許都是電視的惡性影響。這個由每日奇景呈現的現實是被推到極致的困惑，到最後你會想要一個結論、笑點或情感宣洩，這就是我們對帶來《朝代》（*Dynasty*）和《犯罪現場》（*Tatort*）[8]的媒體的期待——然而眼前還看不到結局。連續劇明天會繼續播——到時又有兩千多人逃脫成功——同樣拖泥帶水的節奏，爭論，碎片，以及政治這一行本來就有的推拉。對身在其中的人一定非常刺激，那對旁觀者也是嗎？看別人在公共螢幕上祈禱和性交讓人反感，冗長的政治會議也是，就算只因為真實時間嵌入電視螢幕之後會變成慢動作。我一直沒搞懂愛因斯坦時間扭曲的秘密，但很明顯的，想要長壽的人，都應該多看電視。

身為柏林的臨時居民，我收到一張 Der Senator für Inneres（內務部，聽起來非常親密）發給我的 Bescheinigung（證明），說我在柏林「mit niederländischer Staatsangehörigkeit」（以荷蘭籍）註冊，身為荷蘭公民，我不需其他文件就能進出東德。現在我就在路上，自由前往慕尼黑。我因為從來沒開過這條路而有一點興奮。哥達縣（Gotha）、萊比錫（Leipzig）、威瑪（Weimar）、德勒斯登（Dresden）的路標，我留到回程時間較充裕的時候再去。衛星轎車的車尾冒著煙，路面凹凸不平，休息站看起來老舊，這裡完全沒有折磨著我這邊的世界的頑強奢侈。這裡的風景顯眼——沒有一個地方看起來跟這裡一樣。強制的緩慢步調，讓這裡永遠有種舊時氣氛，有趣而且不討人厭。邊界的另一邊是巴伐利亞：高低起伏的風景，黑森林，到處是雪，很美。我在入住的、靠近英國花園（Englischer Garten）的 Gasthaus（客棧），閱讀高登・克雷格（Gordon A. Craig）[9]所寫的關於這個國家的書（《德國人》〔The Germans〕），深陷書中富有啟發性的德國史章節，然而當我外出到人群裡，在代表性的獵裝和香草色的宮殿之間，我就是在歷史之中，這個歷史是巴洛克時期的虔誠和托勒爾（Toller）[10]的革命，是路德維希一世（Ludwig I）[11]的雅典夢和宮廷釀酒屋（Hofbräuhaus）[12]的熱情高歌，是漢斯和蘇菲・朔爾（Hans and Sophie Scholl）散發反納粹傳單的大學[13]，也是維特爾斯巴赫王朝（Wittelsbachs）[14]的龐大家園。

這個城市在某種程度上讓我感動，同時又讓我覺得生疏，但我再三地回來。陽光普照，一度禁止猶太人入內的英國花園池塘上還結著冰，同樣的陽光在寧芬堡宮（Nymphenburg Palace）[15]後面的湖水製造出奇異效果，讓出門散步的老太太看起來像浮在一片銀色雪面上。我當然要走進宮殿裡，和照例可見的日本觀光客一起行經無人的椅子，寂寞的床，無聲的房間，沒有臉的鏡子，枝形吊燈和枝形燭台，草坪上隨處走動的鵝，冰上的天鵝。我像個百無聊賴的公爵，站著看提塑膠袋的平民，然後回頭看路德維希的美人畫廊[16]，十幾個畫中少女從冥界回看我們，盛裝要參加舞會。愛琳・馮・艾克洛—史蒂朋伯格伯爵夫人（Irene Gräfin von Arco-Steppenburg），帕拉維奇尼總督夫人（Markgräfin Pallavicini），海蓮娜・賽德邁爾（Helene Sedlmayr）[17]隆起的藍色胸衣上的飾帶繪製得如此精細，卡洛琳・馮・霍恩斯坦伯爵夫人（Gräfin Caroline von Holnstein）的胸部曲線幾乎快突出畫布：有榮幸請您跳這隻舞嗎？餐廳裡，戴綠帽子的女士們咀嚼必要的豬肉，奉告祈禱的鐘聲從室外隨風飄進來。正午十二點，女巫出沒的時刻[18]。

國王廣場[19]的古代雕塑展覽館（Glyptothek）有吉姆．戴恩（Jim Dine）[20]的展覽。老普普藝術家的年少夢想，獨自待在巴伐利亞國王的年少夢想裡，前者的作品掛在天神和英雄、智者和戰士之間。路德維希為他的收藏蓋了這個帕德嫩神殿（Parthenon），克蘭茲設計出一棟宏偉建築物，把希臘直接移植到北方，最後的步驟由戰爭完成，摧毀一切裝飾，讓古典建築顯出最優勢的部分，焦點在雕塑。而且是這麼樣的雕塑！四十年前，我在教科書裡看過它們：庫洛斯（Kouros）[21]謎一般的笑容，阿提喀（Attica）[22]的青年；荷馬[23]視而不見的凝視；愛芙蘿黛蒂（Aphrodite）[24]被毀容的臉，拒絕被褻瀆；雅典娜（Athene）[25]的內省智慧，目光低垂；坐著的薩梯（Satyr）[26]睡不成眠。在它們不被打擾的靜止存在之間，是兩千五百年後的男人的素描本，以及其他更短暫存在的材質。

吉姆．戴恩，我記得他的錘子和鑿子，孤獨的物件從匿名狀態被叫出來、忽然被點名為主角，他的裸體素描，不斷重複出現的他的臉，以及先解剖成零件再用蝕刻工具結合成的身體（「我身上的三十塊骨頭」），現在這些更晚期的作品，正面衝擊理想典型的古典人體，衝擊早期宗教意涵和後世賦予在這些人體的神秘主義附加價值。這要有點膽量才行，他肯定是有的，有一部分原因是，他說，肢殘和毀容讓這些雕塑更接近現代藝術。[27]對他而言，古代雕塑展覽館的作品思考的是美及內在平靜，但要比得上這些宇宙素材（照他自己的說法）的水準也讓他畏懼。他加進來的東西有時像一種幾何藝術。他把雕塑結合起來，例如荷馬與蘇格拉底，精細的藍色筆觸意味著兩人現在已是一體，陰間的兩個靈魂，神聖的鬼魂。他把其他雕塑從脈絡抽離、升高，策略性地使用簡約的色彩讓它們戲劇化。他的作品被允許掛在這裡；他的影像與這些雕塑並存，雕像的神秘感不減，還促成了反思。看這個展覽是一種幸福，也許是因為這和我的童年、和我知道的東西有連結，但或許也是因為崇高就近在咫尺，天神們就這一次真正變成人類——或者相反，但這樣甚至更美。

展覽館為我保留了一個驚喜，刻意或無心的反諷：我在一間陳列羅馬雕塑的藝廊角落，發現一些用塑膠套封起來的蘇格拉底頭像。塑膠套是透明的，會反光，這裡一樣是強化和強調，簡直就像戴恩本人策劃的。頭像的含義變多了，而不是變少；透過塑膠套照射進去的人造光讓臉部變得柔和，哲學家在微笑。

蘇格拉底，古代雕塑展覽館，慕尼黑。

我帶著他留給我的這個印象，往外走到試圖在非古典的年代成為古典的樸素廣場。

週日，慕尼黑室內劇院（Münchner Kammerspiele）[28]有一場討論會：兩位男性與一名主持人。德國人與德國人的對話，馬克思主義哲學家沃夫岡・哈里希（Wolfgang Harich）以及（或說對抗）克里斯多夫・施多澤（Christoph Stölzl），他是頗具爭議性的柏林德國歷史博物館創始館長。哈里希直率的觀點造成他在烏布里希特政權下入獄七年，只要快速回想一下當時的史達林政策，就明白為什麼：在瓦特・烏布里希特的宮廷，怎麼容得下有人主張社會主義企業的利益共享、發展健全的中小規模農業階級、在東德重建德國社會民主黨、兩德共同選舉（在那種時候！），他還在四四年逃兵，加入反抗軍（任何一個生於二三年的人在這個國家都已過了好幾段人生）。你可能覺得他是英雄，但眼前坐在台上的是個嗓音尖銳的老年薩梯（Satyr），態度有點專制，擁護經濟獨裁制度，仍然為共產黨員，反對旅遊觀光業和西方消費社會，讓人不禁想到若非東德把情況處理得這麼難看，他大概還是會支持東德。他的對手表現像個荷蘭人，在這個例子，我指的是他不容易激動，不隨對話者的意識形態起舞，偶爾就自由選舉和民主平靜地說上幾句，他對另一個人最嚴厲的指控是指對方有貴族傾向。我忍不住覺得好笑。坐在台上那位，代表著曾經把他關七年、也是歐洲污染最嚴重的國家，而他像瑪麗．安東尼（Marie Antoinette）[29]一樣，大聲反駁被囚禁四十年失去耐心的人民，說他們未來還是待在室內最好。你得聞過威瑪的煤才能欣賞這種膽量。然而我再看了他一眼，年老體衰，目光憤怒，滿腦子都是馬克思和盧卡奇（Lukács）。他反對資本主義的猖獗成長，但又沒有耐心採用滴水穿石的冗長路徑來與之對抗，他是妄想的躁進夢想家，他要求一個和平會議（應該要持續兩年），與會國要包括被德國佔領過的所有國家，還有以色列及阿拉伯國家。一定會是一個非常愉快的會議，提到東德時用的是過去式，一個由新舊敵友組成的奇怪同學會，一個既成事實（faits accomplis）的目錄。

兩年！天知道那時候歐洲地圖會變成什麼樣子。我沒有等著聽，決定還是前往威瑪。

註釋

1 柏林以西約四小時車程的城市。

2 柏林以西約兩小時車程的城市。

3 Johann Christian Friedrich Hölderlin（1770-1843），德國浪漫派詩人，他將古典希臘詩文移植到德語中，作品到二十世紀才被重視。

4 一六四八年十月二十四日在西發里亞區簽訂的一系列合約，簽約方包括統治神聖羅馬帝國的費迪南三世、西班牙王國、法蘭西王國、瑞典帝國、荷蘭共和國、神聖羅馬帝國諸侯，結束了三十年戰爭和八十年戰爭，政治學者將該條約的簽訂視為民族國家的開始。

5 Joseph Ernst von Bandel（1800-1878），德國建築師、雕刻家、畫家。最出名的作品就是花了三十八年完成的赫爾曼紀念碑。

6 義大利北部的城市，一九二二年德俄在此簽署拉帕洛條約，兩國的目標是組成「反凡爾賽同盟」，抗衡西方國家。

7 此指蘇德兩方外長簽訂之蘇德互不侵犯條約，也稱莫洛托夫—里賓特洛普條約（Molotov-Ribbentrop），見詞彙表。

8 《朝代》是一九八一年播至一九八九年的美國肥皂劇，《犯罪現場》是一九七〇年開播至今的德國警匪劇，德國最長壽的影集。

9 Gordon A. Craig（1913-2005），蘇格蘭裔美國籍之德國史及外交史學家。

10 Ernst Toller（1893-1939），見詞彙表。

11 巴伐利亞國王（1825-1848），古典藝術愛好者，收藏許多古希臘、古羅馬藝術珍寶在古代雕塑展覽館（Glyptothek）。

12 一五八九年創立於慕尼黑的釀酒屋。

13 見詞彙表。

14 巴伐利亞的德國王朝，創建於十一世紀。德國最大的市內宮殿慕尼黑王宮（Münchner Residenz）為昔日巴伐利亞君主的王宮。

15 位於慕尼黑近郊，昔巴伐利亞國王的夏宮。

16 美人畫廊（Gallery of Beauties，德文：Schlery of Beauti），位於寧芬堡宮內，收藏路德維希一世委任畫家約瑟夫．卡爾．史提勒（Joseph Karl Stieler）於一八二七至一八四二年所繪製的三十六幅美女圖。

17 Helene Sedlmayr（1813-1898）本為鞋匠之女，送玩具進宮給國王子女時，路德維希一世驚為天人，請史提勒為她繪製畫像。

18 原文是「Witching hour」，原指午夜十二點。

19 國王廣場（Königsplatz）為十九世紀建造的新古典主義廣場，納粹德國時期納粹黨在此地做大規模集會。現今整個周邊區域為慕尼黑之藝廊及美術館區。

20 Jim Dine（1935-），美國普普藝術家。

21 庫洛斯（Kouros）是約西元前八〇〇到五〇〇年間（古希臘時期），在神殿或陵墓中供奉的雕像，為古希臘人心目中理想的男性典型，不代表某特定人物或神祇。

22 阿提喀（Attica），古希臘城市。

23 荷馬（Homer），古希臘詩人。

24 愛芙蘿黛蒂（Aphrodite），司愛與美之女神。

25 雅典娜（Athene），智慧女神。

26 薩梯（Satyr），半人半羊的森林之神，性好酒色。

27 戴恩在一九八四年初訪慕尼黑古代雕塑展覽館，之後幾年裡持續依裡頭的雕塑製作小型素描及凹模印刷，並集結成書。一九八九年，當時的館長克勞斯．維爾奈塞爾（Klaus Vierneisel）知道有這些作品後，邀請戴恩至展覽館在閉館後創作，於是有了作者看到的展覽「In der Glyptothek」。

28 成立於一九〇六年的德語劇院，也有配英文字幕的演出，供不懂德語的觀眾欣賞。

29 早年為奧地利女大公，後為法國王后，以傳奇的奢華生活著名，後因「項鍊事件」（Affair of the Diamond Necklace）失去民心，在法國大革命時與夫婿路易十六共同被送上斷頭台，得年三十八歲。

第三人稱的插曲：足跡

我仍打算前往威瑪，但暫時將旅程延期。我反而回到過去，把自己變成第三人稱：我變回當年那個旅人，慕尼黑的訪客，一個試圖思量身邊城市歷史的外國人。

那時是秋天。現在是秋天。旅人，某人，他，我，踏出住宿的伊薩爾河（Isar）河畔旅館的玻璃大門。毫無疑問，一定是早上了。但是他還沒淋浴，這可能是因為，他心想，他不願把昨夜洗去，那夢的領域。夢裡出現一些女人，今天早上他會再次與她們相遇，但某些人不會有面孔。應該要有人寫一篇研究寢具與民族性的論文，豐滿的枕頭，條頓式的挑逗。

雲很高，但天空是灰的。他想不起來下列兩個移動現象是哪個先引起他的注意：是橘色的三〇三號鐽雪電車（Schienenräumwagen 303），還是他頭頂上遷徙中的野鵝形成的寬闊三角形。作為旅人，他對移動有敏感度：如同貓或孩子，他很快注意到行進中的東西。天空中的歐幾里德圖案讓他感興趣，因為它告訴他南邊是哪一邊。假如天上的三角形是箭頭，而且在他胸口的高度，就會貫穿他的心臟。所以現在他知道了，他面前的馬克西米利安大街

（Maximilianstraße），方才那輛鏟雪電車在鐵軌上發出尖銳聲響順行經過的大街，是由東向西橫過野鵝的路線。他抬頭看著朝目標前進的鳥兒認真、整齊的飛行，不知古時候的占卜者會如何解讀。同時，他感到一種有時在夢裡也有的慾望，他想飛起來。他會像自行車選手踩著低速檔，緩慢地振翅，掠過旅館後方水流渦動的伊薩爾河，毫不考慮便設定方向：他要以直線距離在最短時間內到達陣列後方就位。沒有一隻野鵝會驚訝，他的長翅膀颼颼地加入大家，他拉長的脖子和扁平的鳥喙追隨前方孤獨的領袖，知道何去何從的那位。野鵝看見景色嗎？燈塔呢？看到認得的山丘、河流的蜿蜒、教堂尖塔或道路嗎？嚴格而規律的飛行不知怎的讓他感到悲傷，讓人違背意志地對軍隊隊形心生嚮往，即便他其實是鄙視的，因為他屬於混亂。

路人都很像：每個路人都是他人的路人。這一刻，他對自己沒有特別的興趣，因此他不去看路人。照片裡就看得到：一群人在等電車。此刻，他就在這種照片裡，他是某人，誰也不是，從人行道走了十步路到電車站。「Fahrer Wegner, kommen Sie bitte zurück zur Station.」（維格納駕駛，請回到車站。）車站的小型擴音器說，但別的東西在召喚他。下次他再當「維格納駕駛」。先去紀念碑。

馬克西米利安二世雕像，慕尼黑。

他的電車站對面還有另一個電車站，是他這個站的翻版。紀念碑矗立在電車站的遠端。電車軌道輕輕掃過紀念碑，環繞著它。在車站等車的那些路人，對應著他以及在他這邊車站等車的人，但對面的人看起來比實際上小。這要怪紀念碑，因為上面的人像每一個都過大。他先看到那個女人。無論他昨晚夢到了什麼，眼前就是實體。看到特大號青銅女人雕像讓他激動——他無法否認這點。他覺得，都是因為她的腳。旅遊書是天馬行空想法的解毒劑，因此他先不看旅遊書，而是和雕像談一場戀愛。女人有一張可形容為希臘人的臉，

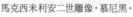

完全不必多加解釋。大家都知道這麼形容是什麼意思：嚴峻的臉型，帶有一絲神秘感。她巨大的肢體靠在圍繞多邊形台座的窄板凳上，身體微微前傾。她堅決的大腿上，袍子的皺褶如波浪起伏，但依舊是青銅，她的左手腕擱在一本書上，書靠在大腿與腹部交接處（她的大腿，她的腹部）。一座雕塑如果從不曾讓人想到青銅布料之下存在一個身體——生殖器、腸道、肝臟、心臟——它會聞味道，還會無聲吐出幾乎察覺不到的青銅氣息，就算不上是一座值得凝視的雕像。而這座雕像當然還有回頭看的能力。

但是她的腳啊。首先，是赤腳。於是，他只好假設這女人的腳可能是冰冷的；若不會冰冷，她就有哪邊不對勁了。這和想太多無關。他現在就站在腳的正下方，腳的尺寸是他的前臂再加上他的手。從他站的地方不能摸到腳。要想摸到，他就得踏上紀念碑的台階，目前他還沒有陷得那麼深。天空中的灰色已經消失，彷彿本來就不該有似的。陽光照亮青銅像。她的大腳趾比腳的其他部分更閃閃發亮。他在梵蒂岡和聖地牙哥－德孔波斯特拉（Santiago de Compostela）看過同樣的作用。那是因為太多隻手摸過了，出於偶像崇拜，出於異教信仰。看來其他人也跟他有同樣的迷戀。紀念碑的台階像舊牛仔褲一樣修補過——他不必去看也看得到，就像他在乍現的藍天看見上弦月。月亮在那兒做什麼？他在冰冷台階上坐下來，肌膚靠著大理石，不允許自己分心。她堅硬的大腿微微交叉，只有巨大的青銅像才能這麼坐。她的左腳在右腳的右邊。左腳是要緊的那隻。它比較高。兩隻腳的大腳趾都比較突出，但只有左腳大腳趾閃閃發光。所以其他人也認為左腳才是要緊的那隻。他認為這是因為左腳懸空，右腳是踏在台階上的。兩隻腳都被衣袍的摺邊蓋住一半。青銅像已變成綠色，一層鱗狀的青銅黴菌，有毒性的灰色的綠，甚至偏白，開鑿出來的銅的腐朽，氧化作用。但現在的問題不是這個。問題是她若站起來會發生的事。

馬克西米利安二世雕像，慕尼黑，細部。

不只如此，萬一地面是軟土呢？黏土、壤土或泥沼？她的腳印將反映她的體重和她的尺寸。她的記號，她的痕跡。Vestigia pedis（足跡），獵人追蹤的足跡。尺寸，痕跡。佛陀於四方各行七步，以丈量天地。毗濕奴（Vishnu）用三步做了同一件事：三步各為地、空、天，也可說日出、正午、日落。尋找神聖。你循足跡來到太陽之門，但足跡旋即消失：神性是沒有腳的。但旅人不想走那麼遠：那不是他的世界。他沒有打獵，她也不是女神。她的腳在此。旅人感興趣的是移動；他在世界走跳。移動從一隻腳開始，到一隻腳結束。不是兩隻，是一隻。一隻總是先到，另一隻總是後到，一步就是這樣踏出去的。

所以，他相信這就是理由了，她身上可觀察的那麼多，他選擇了她的腳。他們的戀情就從腳開始。昨晚一片漆黑的夢，她就隱藏在黑暗中，現在他繼續做夢。她站了起來，青銅撞擊的巨響。她放下她的書，聽起來像凌晨一點的鐘聲。他不知道哪裡才有大到能夠讓她躺下的床；在如雷的轟隆聲下，她讓衣袍、面紗和劍散落在不存在的床旁的大理石地板上，新古典主義的威嚴從她的表情散去，正義的面貌消失，而她的慾望會很可怕；她的碰觸將壓扁他，愛撫會粉碎他；她會在他的上方交叉右腳和左腳，左腳在上，發亮的腳趾在陽光下。殘存的他是一堆廢金屬、鐵和青銅，看起來像灰燼，像粉末，一個記憶。

現在，他在每個屋頂上看見目擊者，人像，雕像。他們爭執、揮手、擺動、展示、演出。雕像是從何時開始獨自站立的？它們從文藝復興和巴洛克時期遺傳了獨立性。光線正對著他的眼睛，因此他看不見高高在屋頂邊緣的雕像的臉，但臉不是雕像在那裡的理由。那都只是虛飾的空洞表情，作為武裝的是它們的象徵和它們的劍、權杖、桂冠、豐饒角、棕櫚枝、書、天平、火炬、長矛——一整個國度無足輕重的石人，象徵的只是抽象概念、道德、超人特質和態度。

這是一個奴隸兵團，為思想服務的柏拉圖式僕人，彼此間隔固定距離站定，他們是永遠不能離開定位的演員。他們聚在高處的超然國度，在電車站等車的人必須嚮往、追求的國度。這個石頭族數以萬計地佔據橋樑、公園、宮殿和教堂屋頂。要是他們起而造反，或離開他們的陽台、方尖碑、圓柱、女兒牆、凱旋門、觀景樓，將是世界的大不幸，一整個國度的石客（Stone Guests）[1]前來復仇。唯一恰當的配樂是審判日最後的號角聲。石像們可怕的腳步聲讓人無法承受。

Liebestraum（愛之夢）[2]，天啟。一切發生得太快。旅人後退幾步以便一眼看盡紀念碑。他的嚮導，一個乏味如白紙的德國人，把自己的意見說得很清楚。不該以歇斯底里的態度來看紀念碑。旅人不同意。只有歇斯底里的凝視才能看出隱藏的含義和由來，看不見但確實存在的東西。但旅人顧及禮節，他向來如此。他只是聽。「這個紀念碑，」他的嚮導說：「是為紀念馬克西米利安二世而建，他也下令建造這條寬敞的大道，以及河對岸居高臨下的馬克西米利安紀念館。」四個坐姿的雕像，其中包括旅人的青銅幻想，描述統治者的四項美德。嚮導沒有說是哪四項；他假定旅人知道。統治者的美德會是什麼？智慧、審慎、正義、力量？所以她是哪一個？嚮導認為是正義，但旅人不喜歡這個想法。總之，她為何一定要代表什麼？就為了替台座上早已離開的巴伐利亞國王增光？

首先，嚮導說，共有四個邱比特，但比一般尺寸還要大一點。邱比特旁邊通常要有羔羊，他是剛學會飛還不太會飛的年幼天使，背上長了脆弱、笨拙翅膀的胖嘟嘟的嬰兒。這些邱比特比較接近一兩歲，未下過崽的小母牛的年紀——這個年紀的天使該如何稱呼？然後就是高得不得了的台座上那位超凡的國王，衣袍長及腳跟，讓他看起來更巨大。維特爾斯巴赫王朝（Wittelsbachs）貴族對自己自視甚高。公爵、Kurfürsten（選帝侯）和國王們，從一一八〇年到一九一八年間把自己織入這個城市的歷史——少了他們的名字，這地方就讓人無法想像。這是嚮導的看法，旅人同意。他設定路線，朝著人民和君主未出現之前就存在的河前進。他倚著擋牆，低頭看來自阿爾卑斯山快速流動而清澈的河水。旅人總是想查明過去和自己的現在有什麼樣的關聯；他最喜歡知道自己身在何處，而少了歷史，我們就不存在。歷史不只是貴族清單和貴族功績，還包括他正在行走的土地。三疊紀、第三紀、兩億年：他想要知道，必須知道。否則他就不算到過。我們都需要一個方法，才能處在自己並不歸屬的地方。以百萬年來計算空虛矛盾的時間，是個非常古怪的度量單位，但旅人還是用這個數字來了解自己身在何處。

幾百萬年前，阿爾卑斯山如紙團一樣被擠在一起（「山就誕生了。」嚮導說，選用這種陳述方式），最高峰由堅硬的石灰岩構成。那是無人在場目睹的歷史，第三紀砂岩、冰河牆、大量瓦礫堆、岩屑堆。慕尼黑以北，岩層變得較薄，地下水滲透了由砂礫構成的地表，形成沼澤，稱為Moose。Das Erdinger Moos，Das Dachauer Moos（埃爾丁沼澤，達豪沼澤）。更晚出現的語言，也是其中的一部分。恆動而呢喃的河流，讓他看得有點頭暈，深鑿於土地裡，就連此刻他站著看的時候也沒停過；他看得到透明河床上的小圓石。那天稍晚，在一間古董店，他停下來看地圖，上有城市最古老的街道圖，他訝異於河流的一致性和力量。一切都在變：修道院（München，僧侶之意[3]）周圍的拓居地變成村莊，變成小鎮，再變成城市，如吹氣球一樣放大，但河流一如既往繼續在同樣的地方雕刻土地，繼續發出無人在場聆聽時發出的聲音。你又怎麼知道的？沒有人在場聆聽的是同樣的聲音？他現在不要就這點想太多。他靠在另一邊的擋牆，看到一個色澤黯淡的現代雕塑：一匹馬咬著背上的騎士，騎士伸直了雙手，墜落至悲劇命運。

現在旅人有兩個方向可選。河是邊界，也是圍牆。他走向馬克西米利安紀念館，感覺就像出城，但城市仍在他背後轟鳴。河對面沿岸的綠地給他一種牆外的感覺，extra muros（城牆外），於是他往那邊去。

一位金色天使高高在上地招手，但橋上有個新的女像介入他和全景之間，逼他停下來：雅典娜（Athene）。她在這裡做什麼？她想跟他說什麼？她在看守與保護的是誰？「從一九〇六年起。」嚮導說，但這句話更荒謬。有人將她從她的年代拉到這個世紀，這樣厚顏無恥的年代錯誤是為了什麼？哪有誰有權力把一位過時的女神帶到自己的城市？是為了證明她若屬於你，表示你也屬於她，你就成為亙古的一部分，一個新的雅典城？這個雕像也遠高於旅人，飽滿、如尼貝龍人（Nibelung-like）、華貴，彷彿就要開口唱歌的一個女子。他昨天才在州立文物博物館（Antikensammlungen）看到對這位女神比較恰當的描寫。在那個版本裡，她寬鬆的外袍是直墜的，有垂直皺摺，她的臉帶著純真、超脫世俗的表情，像佛陀的微笑。她幾乎平坦的乳房之間（「如男孩一樣的胸脯」）有兩個洞，缺少的是戈耳貢的頭。[4] 橋上的女神也穿了有完美垂直皺摺的寬鬆外袍，但不是僧侶袍；這衣袍緊貼渾圓的腹部，展現豐滿性感的曲線，讓她看起來沒那麼神秘，容易親近。這個雅典娜有一點讓他喜愛，他擔心又是因為超人尺寸的緣故，浮誇的石像。是不是因為無止盡的台階和摩天樓讓人感到渺小，而雕像則讓人自覺被放大，因為它們代表了我們可能的理想尺寸？她的右膝微向前，但絕對不可能摸到。雖然如此，還是可以去想像摸到的可能性，或許這就是秘密所在。他決定拋下她，繼續往天使走過去，天使如此高，幾乎是領空的一部分。雕像在樹頂上如金色火焰發光。他步行所及之處都是綠色的，不過最早的一批樹葉已開始變色。四下也靜謐。只有一位老婦人戴著有一簇長羚羊毛的獵人帽，好似奇怪的美國原住民頭飾。還有狗，把鼻子埋進其他狗兒留下的隱藏氣味，走成之字型，嗅出犬之慾望的松露。

光線穿過樹木照射到地面的方式，或許是第一次讓他發現到山毛櫸的腳也長葉子；他看著光穿透這些葉子。他聽著鐵鍬撞擊泥土的聲音，規律而讓人愉快。他看不到是哪裡在鏟土，但聽得到就可以想像：金屬的銳邊切開潮濕的土壤，片刻的無聲，然後是被挖起來的土落地砰的一聲。這個公園是個自然奇觀，但是平靜的一種。河水的聲音，像在挖墳但不是挖墳的聲音，寥寥幾個路人踩著砂礫的腳步聲，不時有風吹過樹葉的聲音，以及遠方聽不清楚、被抑制了的車聲。Herbst（秋天，德文），herfst（秋天，荷蘭文），思想的秋收。旅人，我們，你，他，在長椅坐下，重播他剛才看到的，他的青銅愛人，「errichtet von seinem Volke」（由他的人民建造），飄揚的桂冠，咬人的馬，雅典娜。這是今天。古代雕塑展覽館（Glyptothek），神殿入口，多利安柱式（Doric）和愛奧尼亞柱式（Ionian）的門面屬於昨天，希臘再現的幻覺，是懷舊之情，也是一種主張。懷舊可以理解，他也很熟悉主張某物為己有的概念；挪用一段歷史讓現在比較易於忍受，是一種選擇。浪漫主義的柔軟呼喚著新古典主義的嚴謹。但這裡的新古典主義混合了力量，力量與懷舊之情，也許這是這個主題的德國式變化。過去一旦被剔除了歷史的鮮血與污穢，再經整理修飾，就是統治者最想佔有的物件。如果你給了自己希臘的歷史，如果你建造了另一個時代的建築物，你就扭曲了現在。但如果是這樣，那麼文藝復興呢？重點就在此：重生和挪用是有差別的。這裡的東西都只是戲劇佈景：古老的神早就死亡，再也不會威脅到你自己的神。豎立無能的雕塑、過時的神，能代表什麼？但他知道他困惑的不是這點。畢竟，神永遠不會死透；祂們的存在持續讓人感受得到，就算只因可見度才傳達了祂們早期的自我、影響、來源和豐功偉業，如此這般的模範，讓我們能夠反省自己。不對，是德語和那個早期世界的特殊關係，浮誇重建的國王廣場就是明證。旅人自己不就認為，荷爾德林的德文把古味保存、復興得最好，他喜愛的其他語言都無法達到同樣的成就？他自己不就是附和德國的布騰斯（Boutens）[5]和李奧波（Leopold）[6]、那一派文法學校文化下的受害者？倒置的詞序，迴旋的動詞變化，純粹主義派的拼字法，例如柏拉圖（Plato）要拼成「Platoon」，導致那部講越戰的美國片[7]總是讓他想到希臘哲學家，而不是軍隊？

以上都沒錯，但德語真的是旅人所知現行語言中，唯一還保留了拉丁語系的義大利語和西班牙語已捨棄不用的字尾變化（declension）。不，是這個新雅典的主張，一個非常陰險的假設，因為最終會得出海德格宣稱的，西方哲學因虛無主義而沒落，蘇格拉底之前的哲學家對於神秘的存有（Being）所持的初期朦朧幻想，已被極權主義的技術所推翻，海德格本人呼籲把歐洲文化帶回最初的神秘，且德語在這個「anderer Anfang」——新的、第二個開始——應該扮演決定性的角色，因為它與埋沒在過去歲月裡的「erster Anfang」——第一個開始——所用的語言有獨特的關係。[8]之後，彷彿終於找到少了的證據似的，旅人看到光榮廟（Ehrentempel）之一的照片。希特勒在國王廣場蓋了兩間「光榮廟」（temples of honor），以紀念當年追隨他但死於統帥堂（Feldherrnhalle）遊行的信徒。光榮廟後來被美國人炸毀，理當如此。相較之下，路德維希一世的希臘夢只不過是懷舊之情。希特勒的廟則明顯看出他的主張。那些堅硬的四方柱和其上的大寫字母，看起來或許動人地仿效多利安的過往，但廟代表的是新世紀法西斯主義，它宣稱和文明搭上關係，事實上它是要摧毀文明。

一如往常，旅人又滿腹懷疑。金色天使站在仿林地步道的盡頭，從高處向下揮手，他似乎聽得到風吹過她的（這位天使一定是女性）翅膀的聲音。他內心的衝突也越發動盪。即便他稱國王廣場「浮誇」，但他不得不承認，當他像一九三〇年代水彩畫的人物走在月光下的廣場，籠罩在黑暗中的肅穆給他一種超感官的情感，短暫地讓他以為自己身在他方，不只是他方，還是另外一個年代。他記得年輕時讀賽門．維斯戴克（Simon Vestdijk）[9]的著作《星星下的阿克泰翁》及《傷殘阿波羅》也想過，這位作家一定有某種神秘的心靈感應能力，才能身處古老希臘，而寫下這樣的句子：何只在場，更在當時。旅人站在波旁宮（Palais Bourbon）或瑪德蓮教堂（La Madeleine）前面時，從沒體驗過一樣的感覺，他閱讀如雕刻水晶般的高乃依（Corneille）[10]和拉辛（Racine）[11]時肯定也沒有，然而荷爾德林這幾行：「Blüht Ionien? Ist es die Zeit? Kommen die Kräniche wieder ……」（愛奧尼亞開花了嗎？是季節了嗎？鶴回來了嗎……）[12]大概是這樣的句子，仍然讓他一想到就如學生時期一樣陶醉。另一方面——現在他的內心辯論轉往較平實的方向——還不就是那些偏向德國的古典主義者念茲在茲堅持以「K」代替他的天主教的「C」，所以現在不只有笨蛋會唸成「基凱羅」（Kikero），害得哲學家的名字聽起來像什麼特別狂妄的足球選手，還有人會說「ekke homo」。[13]

忽然間，他在腦海裡看見他們：四十多年前教他希臘文和拉丁文的兩位僧侶。在旅人的回憶裡，希臘文老師只剩下「老爹」的綽號，因為他總是嘆氣對每個人說：「Ach, kind」（喔，孩子）（這是真的——在一去不復返的過去裡，旅人曾經是個孩子），他講話有種獨特的氣喘吁吁的方式，簡直就像荷馬史詩憑空刻在他面前，或是有個隱形的、像隻特別寵物的柏拉圖，正在給他提詞。拉丁文教師叫做盧戈洛斯・塞因斯特拉（Ludgerus Zeinstra），老邁、肥胖、白髮，他的僧侶袍上總是有灰。說實在話，他的拉丁語或許有弗里西亞口音（Friesian）[14]，但就算德國人把「Kaiser」重複個一百次，他也從不會假惺惺地用「K」來拼「Kaiser」和「Kikero」。就連現在，旅人也從不在乎誰才是正確的。羅馬性感的七座山丘不會允許「K」這樣刺耳的短音，就這件事，旅人就說到這兒，假如盧戈洛斯・塞因斯特拉曾經被迫在祭壇上說「Ekke kalix sanguineis mei」[15]，完全是一件讓人想到就要咒罵的事。同樣地，旅人也無法想像擔任過童聲男高音的自己，站在其他童聲男高音之間，萬一曾經得用他們的高音（用以代表純潔）唱出「Regina Koeli, laetare, alleluia」[16]會是什麼情景。至此他把自己的一連串思維（可說是思維）做個總結，因為他現在已進入天使的地盤，他的過去使得他即使人在這裡，也不能隨心所欲去思考。

在他身後，嚮導的碎念又開始。不只喋喋不休，聽起來更像念誦。他眼前看到的是光榮的攝政王街（Prinzregentenstraße），一切都是隱喻，彷彿後現代主義比現代主義還早出現。空虛的標籤。他看到獨特的進展和技藝：在上世紀末還算新的、以古老主題為風格的建築物，雖有希臘、古羅馬、佛羅倫斯等各式參照，不可否認，現在看起來就是有種 fin de siècle（世紀末）[17]的味道。眼睛不會被欺騙。同樣，雖然有表面上的多重相關性，後現代主義建築總有一天看起來不再新穎，而是會反映出他曾經活過的年代。這是一種污染。當然，任何一個存在的東西都包括了借用，只除了當年還沒有東西可借的年代以外，然而現在他走在這裡，在這些重新創造物之間，又是哥林斯柱（Corinthian），更多的獎章、馬賽克、半露方柱（pilasters）、佛羅倫斯造景，這一片重複的、補綴起來的既視感（déjà-vu），這些東西拆開來單獨看他都認為是「美的」，卻讓他感到一股怨憤油然而生。而不可否認的是，它的確是美的，最蠢的是它還會越來越美。再經歷一個世紀的雪、冰雹、焚風、伊薩爾河的霧氣和阿爾卑斯山的陽光，隨著知情的人越來越少，這些建築看起來就無可想像地、無窮無盡地古老，讓人想到遙遠史前的神話人物：俾斯麥、威廉一世、毛奇（Moltke）[18]。他們說不定還加入那不可思議的行列，與八位迷人的女神柱（caryatids）一起支撐金色天使[19]，只不過她並非天使，而是來自奧林匹亞的勝利女神尼刻（Nike），從西元前四百年借來的分身。這個長翅膀的女人本是和平的化身，但和平之後接著是戰爭，戰爭之後還有戰爭，那段「之後」對他而言是過去。他糊塗了。

陽光為馬賽克的破碎光澤塗上厚厚的金色，他對金色最沒有抵抗力——他最愛的顏色——一如固定的女神柱上的女子們讓他無法抗拒。要是她們往旁邊踏出一步，整個建築物，包括其二十三公尺高的柱子，就會倒塌，那座又比他想像中還巨大的金色雕像，會在他的腳邊摔成碎片，死亡，墮落天使。夠了，他心想，於是他在公園長凳坐下，坐在里爾克的玫瑰之間。他的四周飄著花香，如一千首十四行詩令人無法抗拒的感官享受。紀念碑的古味彷彿延伸到日常生活，隔壁長凳上，啤酒瓶掉到碎石路上的流浪漢不只是普通流浪漢，而是神話故事裡的浪子。他已經踢掉了穿爛的鞋，躺在他塞滿東西的塑膠袋旁，他的睡眠，他纏結的頭髮。在修剪過的刺槐和古典月桂樹背景下，他有種超脫世俗的吸引力；或許他會忽然坐起來，開始朗誦關於比武大會、苦情戀人和奇蹟的長詩。旅人現在也躺下來，透過眼睫毛凝視著天使。這樣很危險，因為他很容易會被吸引上去，誰知道會發生什麼事。這位天使畢竟是女性，而這點很奇怪。以性別而言，天使通常是中性的。他曾好奇天使的骨骼是什麼樣子，解剖學能否示範出翅膀關節和天使的其他骨頭是怎麼連結的，但長生不死者當然沒有骨頭。永遠看不見的東西都不存在。

上方的女人被安在一座紀念碑上，今天內他第二次想要起飛，升起，雖然有危險性。看得出來風吹著她。她躍過伊薩爾河往城市加速而去。速度快到令她的金袍子緊貼她的腹部和乳房，折入金色大腿之間，一個浸泡在陽光裡的女人。是哪個金色男子在夜裡與她在空中交合，如鳥兒般？如果他瞇著眼睛，就能把金色雕像變成長而銳利的閃電，幾乎讓人目盲的滿天繁星。玫瑰的芬芳，金色星星；不久他就會變成廉價詩選裡的蹩腳詩人，李希特・馮・恩格斯坦（Richter von Engelstein）（慕尼黑，一八七六—一八九九）。

嚮導抖抖他的衣袖。還有別的。他們有工作要做。他們在柱子底下站了一會。女神柱沒有移動。「和平、戰爭、勝利，」嚮導喃喃說，指著，「文化的恩惠。」可是旅人又不看人家要求他看的地方。一如往常，他的注意力又被吸引到象徵無物的東西：空的裝飾和花型飾物、裡面沒有頭的頭盔、裡面沒有身體的胸甲、背後沒有眼睛的面甲，這些是英雄的制服，但是英雄不在場。東西圍繞著某物，但某物為無物。彷彿在一瞬之間，他回到了自己的年代。就應該這樣。現在他要過橋，往城裡前進，不再管那些代表德國人民的石頭。慕尼黑還有別的東西要看。

註釋

1 典出普希金的劇作《石客》（*The Stone Guest*），改編自西班牙情聖唐璜的故事。唐璜殺害德沙瓦指揮官，引誘指揮官的遺孀唐娜安娜共度春宵，還傲慢地要求指揮官的石像當守衛。當晚兩人聽見石像的腳步聲，石像果然出現，還伸手與唐璜握手。唐璜接受，與石像一起陷入地底下。

2 匈牙利作曲家李斯特（Franz Liszt）的鋼琴名曲。

3 慕尼黑（Munich）德文為München。

4 根據希臘神話，雅典娜及宙斯所持之神盾中間鑲有戈耳貢的頭（即蛇髮女妖）。

5 Pieter Cornelis Boutens（1870-1943），荷蘭詩人、古典學者。

6 J. H. Leopold（1865-1925），荷蘭詩人、古典學者。

7 *Platoon*於一九八六年上映，中譯《前進高棉》或《殺戮戰場》，奧立佛．史東執導，榮獲四項奧斯卡獎，包括最佳影片、導演、音效、剪輯。

8 原註：哲學家是這樣構思他的想法的：「我想的是德語與希臘人的語言和思想之間的關係。法國人再三跟我確認過這點。

當他們開始思考時，說出來的是德語。他們向我保證用他們的語言無法做到。」譯自海德格的訪問（《只有上帝能拯救我們》〔*Nur noch ein Gott kann uns retten*〕），《明鏡週刊》（*Der Spiegel*），一九七六年五月三十一日出版。

9 見詞彙表。

10 Pierre Corneille（1606-1684），法國古典主義悲劇代表作家。

11 Jean Racine（1639-1699），法國劇作家，與高乃依、莫里哀合稱十七世紀最偉大的三位法國劇作家。

12 原註：出自「Der Archipelagus」。

13 此兩例的「K」一般用「C」來拼。西賽羅（Marcus Tullius Cicero，106 BC-43 BC），羅馬共和國哲學家、政治家、律師、作家、雄辯家。「Ecce homo」為拉丁語，出自《新約聖經．四福音書》之《約翰福音》第十九章第五節，是彼拉多令人鞭打耶穌基督，向眾人展示身披紫袍、頭戴荊棘冠冕的耶穌時說的一句話，譯為「試觀此人」。

14 弗里西亞（Frisia）是一個地區，北起丹麥西南部海岸，向南經德國西北部延伸到荷蘭海岸的地區。

15 一般拼法為「Ecce calix sanguineis mei」（這一杯就是我的血），天主教感恩祭之祭獻用語。

16 一般拼法為「Regina Coeli, laetare, alleluia」（天上聖母，歡慶，哈雷路亞）。天堂（Coeli）是C開頭的單字。

17 特指十九世紀末，一個時代的傾頹但也是新時代的開始。世紀末的精神指的是一八八〇年代及一八九〇年代的文化指標，如犬儒主義、悲觀主義，相信文明即將衰退。世紀末一詞大多應用在發源地的法國藝術界，但其影響遍及歐洲各地。

18 見詞彙表。

19 此處指的是慕尼黑近郊的和平天使紀念碑（Friedensengel），近馬克西米利安紀念館和伊薩爾河。

第二插曲：古代

有些城市盡了義務。它們把旅人心中對該城市的印象呈現給旅人看，即便是錯誤印象。旅人現已把和平天使拋諸腦後（他還感覺得到背後的金色揮別），現正漫步經過翠綠誘人的英國花園，朝攝政王街前進，他對周遭城市裡的軍事成分很敏感。陸軍元帥廳（Field Marshals' Hall），勝利門（Victory Gate），名人堂（Hall of Fame），黑色大理石製的路易四世紀念碑（Ludwig the Bavarian），雕刻家口中的「castrum doloris」，一座「悲痛的城堡」——軍事一直在身邊，甚至反映在路人的衣著，他們充滿戲劇張力的帽子，羽毛和毛皮類的戰利品，綠色的羅登呢（loden）[1]大衣。也許正因為穿這類衣著的人是少數，他們在城裡移動彷彿有戰略目標，各有各的任務。即便一位德國友人解釋過這不是制服，而是傳統服裝。這些人看似穿著鐵甲，外覆羅登呢。

他們被古時的氣氛籠罩著。呔嗬（tally-ho）[2]，黑森林裡隱約的槍聲，夜裡的營火，聽不懂的歌曲。旅人看過一張海德格穿傳統服裝的照片。他沒打算做任何時尚方面的評論；畢竟，他自己曾經穿上沃倫丹（Volendam）[3]市民傳統服裝拍照，他覺得自己看起來除了滑稽沒有別的。海德格看起來可不滑稽。有沒有可能有一種制服，是思考的時候穿的？這個人是否真的論述過厭煩、畏（angst）與時間，而且還是把一堆詞語跟das Nichts（虛無）綁在一起的同一個人？

你會看到的東西就是你想看的，他的友人說過，這就是重點。把自我從方程式裡剔除是很困難的，在你還沒想看某個東西之前，過去看過的東西的記憶便強行出現：別種制服，在一樣熟悉好認的這些場景裡，那些遊行，那些示威。當他聽到從王宮花園（Hofgarten）的方向隱約傳來閱兵音樂，他加快腳步。旅人羞於承認，但軍樂總是讓他興奮。他走過大路上的便橋，來到一處廢墟。音樂停止了；一群年輕士兵站著，一動也不動。字詞飄向他：死亡與紀念。它們要說的是拒絕死亡的戰爭，只有在親身嚐過戰爭味道的最後一個人也死了，戰爭才會消失。在那之前戰爭是不會消失的。他看到也有老人在場，這些人看起來絕對不可能年輕過，他們不是戰時廣播裡的那些人，不是他小時候在街上看到的，跟隨同一顏色的軍旗、同樣的旗幟的那些人，相同但又有所不同。這面旗子上的老鷹是銀色的，但那個神秘標誌已經從鷹爪掉落。那個標誌已經不存在。他感覺自己的年紀和那邊站成四方隊形的老人們相符，他跟那些老人的共通點比跟年輕士兵還多，很奇怪。他聽不清楚字詞，但也沒有必要；反正他都知道了：榮耀、忠誠、悲痛、犧牲、一度、當時。這些人養育了一段過去，所以才有今天，那段過去以花朵、旗幟、藍白緞帶的形式呈現。這一切發生在一個圍欄裡，在一個洞穴旁邊，廢墟的前面——笨拙地拉扯時間的人們。

旅人慢慢步下階梯，走向王宮花園，結果發生一個巧遇。當他走到階梯最下層進入王宮花園時，年輕士兵們正繞過轉角，只有軍人才會這樣走：不似一般人走圓弧，而是轉九十度角。不，他們穿的是不一樣的制服，然而，沒錯，手上拿著陽光反射的銀色老鷹軍旗的那個人，還是高大金髮，不，命令不是厲聲咆哮出來，而是幾乎用說的，不，音樂聽起來沒有軍事的感覺，而是 en sourdine（以弱音方式呈現），庫佩勒斯（Couperus）[4]就會這麼形容——悶著、罩著——不，他們沒有大步跺腳，因為當音樂停止，他看著大而粗獷的鞋繼續按照拍子前進，半試探性地踏上碎石步道，那聲音可說是富有節奏的窸窣聲。他回想起自己的早年，距離現在幾乎五十年，士兵在行軍，人數更多，制服是更深的、更基本的灰色。當時那些人的頭盔幾乎遮住眼睛，讓他們臉上的表情消失無蹤，個人特徵都沒了，剩下令人無法忍受的相似性，每個人都成了別人。

然後，旅人回想當年——同時他也感覺到時間正在把他的頭髮染灰、壓著他、老化他的骨頭、遮著他的眼，直到他成為望著水平線尋找自己來處的人——他想到當年軍旗舉得更高，也有銅管樂隊，那些嘴巴就著曲調唱出的東西讓他終生無法忘記。現在這些頭沒戴頭盔，他們幾乎是 pueri imberbi（還沒長鬍子的少年），或至少在他看來是還沒長鬍子的少年。他們不會踏整齊的步伐，制服是來自某個很小的、被遺忘的公國，灰色的顏色太淺，合唱的部分感覺應該要唱，但沒有人在唱，匆促的腳步和害羞的臉龐從他面前經過，站在他前面的老人摘下帽子向旗幟鞠躬。那人直起身以後，旅人感到自己的脊椎也是一陣劇痛，因為那個疼痛顯然超過另一個背所能承受。然後就結束了。他退一步到修剪過的水蠟樹旁，被截肢過的花和植物在這裡要表現的是國家的顏色，他讓那些沉浸在自己模糊、不能翻譯的思想的老人們經過，然後轉身。奉告祈禱的鐘響了，他發現自己用拉丁文在思考一個句子。他的生命似乎就是不願前進到之後的東西。

旅人經過長板凳，人們坐著曬秋陽，彷彿要趁阿爾卑斯的冬季來臨前先做好儲備，人們看起來很平靜，沈浸在夢或是冥想裡，閉著眼睛。不久，他們也會變成無名氏路人，但此刻，正無助地把臉屈服在陽光下的他們，仍然保有脆弱的自我，他們是花園裡的大城市居民，而花園是對大自然嚴密控制的模仿。他轉身走向柱廊，去看看牆上的詩，有一個幽靈跟著他，為新的下午增添不一樣的色彩。這又讓他想到過去，也就是他大多數參照的根基。但這個人也來自不同年代。他戴白色草帽，穿灰白色衣服，帶著一隻毛茸茸的狗。兩個人像熟人一樣打招呼，或至少知道彼此是同一種人。「真是荒唐。」老人說，旅人知道他指的是軍事典禮。

我在哪裡認識他的？旅人心想，他很快明白這人對他而言不是一個人，而是一個想法，一種典型，一個種類，看要怎麼形容。不是會絕種的那種種類。也許他是個演員。大道劇場，輕歌劇，或是——誰知道？——也許他是史尼茲勒（Schnitzler）[5]。一個撐過一切活下來的人。他的腦海出現一些照片，一定是他從前看過的，在戰爭時期。彩色；就算在當年，白色棕櫚海灘西裝扣眼上的玫瑰也一定是紅色的。他也聽見名字：漢斯．莫瑟（Hans Moser）[6]、漢茲．魯曼（Heinz Rühmann）[7]……莫瑟的鼻音，他奇怪的維也納口音。他沒有回覆那個人，也沒必要。回憶。保羅．史丁伯根（Paul Steenbergen）[8]演出阿諾伊（Anouilh）[9]的劇作，那是荷蘭舞台劇的輝煌時期，現在似乎墮落到天才兒童的手中。老人微笑，彷彿知道旅人在想什麼。他有張高貴、歡喜、挖苦的臉。他們講了幾句某人事先為他們寫好的句子，僅代表他們很高興能演出這段表象對話。然後那人摘下草帽，在空中揮了一下，說了一句「Sehr verehrt」（我的榮幸）或諸如此類的，轉身，就在寬闊步道的正中央，彷彿有導演的指示。步道上沒有別人。狗跟在他背後，旅人目送他們，他們沿著樹影和日照區塊的直線走遠，兩旁的大片草坪把他們夾在步道正中間。這人知道自己從背後看起來的樣子；他知道自己的Platz（位置）。他也知道如果他東張西望，或走在步道的一邊，會破壞離開的效果。到底是什麼讓旅人這麼感動？是從消失的世界來的亡靈嗎？他想到自己認識的其他老人，有一位剛過世，是朋友的父親，猶太人，見多識廣，和這個世紀一樣古老，來自這個國家，說不定就是這座城市，一九三〇年代被迫離開，趕他走的那些人的回憶仍縈繞在此地。也許讓他感動的是大量的回憶——許多的想法停駐在名稱、公園、雕像、凱旋門，也介入了他自己的過去，到最後，彷彿他在這片大陸、他的世界裡，每踏出一步都會碰見讓人哀悼或思考的碎片、典故和訓詞。

把過去當作職業——肯定是一種疾病。正常人關心的是未來，或是所謂人生的那塊浮冰，人生就是不屬於任何地方的移動車站，不斷在移動。他正站在那塊浮冰上回頭看。歐洲的一切都是古老的，然而在這裡，歐洲的中心，年代的相對密度似乎不一樣。他正走過一個已消失的王國，但這件事本身不引發特別的情感——沒有。假如他繼續往東走，那裡才是一切開始的地方，那個被毀壞的世界是穆齊爾（Musil）[10]的，是奧匈帝國的，那麼多殘骸和碎片，權力變成無能，波蘭和捷克被封閉起來，彷彿從這片大陸撕裂，還有塞爾維亞、克羅埃西亞、斯洛維尼亞、第里亞斯德（Trieste）[11]，本世紀已發生的、正在發生的引力對那些地區的影響，以撒·辛格（Issac Bashevis Singer）和納博科夫（Vladimir Nabokov）、卡夫卡（Kafka）和里爾克（Rilke）、洛斯（Roth）[12]和卡內蒂（Canetti）[13]等人二次失落的世界。他感覺這裡是深入觀察時間的絕佳位置，看看這一大片遙遠區域曾經有所歸屬，傷痕是多麼地深。把它們收回來，意味著降到礦坑深處。他在法國、在義大利、或在自己的國家都沒有這樣的感覺。這些地方也有悠久的歷史，但可說已有條有理地轉變成現在。這裡的轉變尚未完整。過去卡住了，陷入泥沼，凝固且凝結了，被撕開。但它還在。也許它只是在等待。吹到他臉上的風來自那個方向，溫暖而灼熱，彷彿風也有話要說。老人早已消失不見。「真是荒唐。」他剛才說，現在他走了，穿著他輕鬆的偽裝離開，他的話還飄在空中，比方才他說出口的時候還不單純許多。這裡，這個城市，當初六十多年前發生的事，絕對無法用Unsinn（荒唐）來形容，除非把荒唐「nonsense」照字面拆開來解釋，non-sense，無—意識，對意識的否定，與Wahnsinn（瘋狂）完全無關，雖然人們通常用這個單字來形容那個年代，把字義裡的「錯亂」當作一個藉口。曾經的、一度的，意識的缺乏。當初那是一個結局，這個結局仍在持續中，要是他相信友人們的說法，那個結局會變好。但過去的僕人並不是優秀的未來旅客，旅人心想，他往鐵阿提納教堂（Theatinerkirche）的尖塔前進，它的顏色讓旅人想到寄宿學校的蛋奶凍，學生們總是說廚房在一月一日做一大堆，吃個一整年。

寄宿學校，奧古斯丁修會會士，蛋奶凍，食物。諾伊豪澤爾大街（Neuhauser Straße）上，奧古斯丁餐廳拱形毛玻璃之下的熱鬧忙碌。女服務生著傳統服裝，低胸、白色膨鬆上衣。她們把帳單塞進緊身馬甲，巴伐利亞胸脯之間。刺繡圍裙，紅色飾帶，泡泡袖，《吉普賽公主》（*Die Csárdásfürstin*）大合唱。旅人似乎對女性穿傳統服裝沒有異議。

啤酒鯉魚，黑啤與香料調味，配奶油馬鈴薯。萵苣沙拉與馬鈴薯切塊。弗蘭哥尼血腸，弗蘭哥尼馬鈴薯湯加牛肝菌菇和墨角蘭菜，四分之一弗蘭哥尼烤鵝配馬鈴薯餃子，紅高麗菜或芹菜沙拉，三片薯餅搭配蘋果醬及蒸蘋果塞料。[14]

大城市的農家菜——他的國家這年頭沒有這種東西，但他的國家所剩的真正的農村也不多了。菜名聽起來像國家特色的體現。為什麼會這麼讓人反感，卻又吸引人？Volkseigen（國有、公有）：人民特有的，全民所有——這個字也可指疥瘡，但也指傳統，維護，保存上的保守主義，不丟掉東西，讓東西留著很長一段時間，延緩熟悉的世界之滅亡。為什麼某些形式的保存被允許（西班牙的棕熊、荷蘭的蒼鷹與獾），其他的（傳統服裝、語言、舞蹈、食物）卻遭到懷疑？兩種保存都是與時間的頑固對抗，無力的孤注一擲的拼搏。可疑也許是因為牽扯到人的事件而帶來的麻煩，或是提及「Blut」這個單字和它的雙胞胎單字「Boden」：血與土地。要思考這些事，似乎不能不先想通他所謂的「全部作品」（repertoire）。管轄思考與感覺的心智（mind），必先等到無意識的表面——也就是全部作品所在之處——先啟動並滿足了之後，才能開始運作。全部作品包含的是idées reçues，眾人對一切事物的看法，連串的陳腔濫調得先想通並拋棄，真正的思考才能開始。

他知道那天下午他是沒辦法達到這個階段的；可看的東西太多，而觀看就是把東西做膚淺的分類，隸屬於全部作品。餐廳裡有個年輕的龐克，她天真的臉上是一頭硬挺的黑色龐克頭：一個打扮成羅馬戰士的胖女孩。他發現她不斷要更多蘋果醬，兒童的食物。女服務生對她很好，很有母愛。類型（categories），他所謂的思考的未定狀態。觀看是他來這裡的目的。一個穿傳統服裝的老人，面前一本厚厚的書和滿滿一個聖水盆的啤酒。如果他看得夠久，就可以看遍所有人，像一齣劇本裡的角色名單：「一些士兵，牧師，貴婦人，一個貴族家庭。」他看著沈浸在書裡的老人，自然又讓他想到海德格。傳統服裝也許不外乎就是比較不嚴重的落伍：某些人穿著別人不再穿的衣服，雖然從前大家都穿過。海德格不承認時間就是一連串當下的集合，而是將時間視為一個連結，把過去當時曾經發生過的，和即將在未來某個時候發生的做連結。「當下」從未讓旅人覺得自在，因為他本來就認為當下總是受到過去影響，由過去所決定，他可以認同海德格的想法。即便是與你個人生活無關的過去，還是對你的生活多有所求。這是無可避免的，不過大多數人似乎都有能力不想到過去而活著，國家也可以視情況需要，而輕鬆忘掉自己的過去。對於未來，他能說的就是無論過去看起來多麼黑暗，他永遠不可能是悲觀主義者。在他看來，人性是許多突變體的集合，朝著一個可能根本不存在的隱形目標前進。問題是這些突變體朝目標移動的速度不一，某人可能還卡在中世紀基本教義，另一個人正在用電腦工作或上火星。這沒什麼不好的；是兩種情況的混合才會那麼具爆炸性，一個人的工具交到另一個人手裡，恐怖份子以自殺攻擊來除掉敵人，因為他認為這樣可以讓自己上天堂。

但當下真的讓他從來都不自在嗎？這樣說就變成幻想了，而且孩子氣。應該是說，當他處在只有在當下才會自在的人身邊，讓他覺得不自在，這種人對當下的期望太高。如果你無法從當下抽離自我——聽起來可能矛盾——你就無法真正地體驗當下。過去經過脫水的過程，多餘的一切已經被剝除；當下就不是一樣的狀況。旅人最後又想到一次（只因為穿傳統服裝看書的人就坐在他對面）海德格穿特殊服裝的照片。尼采說過，哲學通常源自生理因素，旅人好奇哲學家的身體穿著傳統服裝時是否舒服，如同他的學說，傳統服裝也如此執著於過去。他可能想過頭了，現在他點了一杯 Oberberger Vulkanfelsen，回到血和土地，因為葡萄酒是血紅色的，加上酒名有火山和岩石，讓他覺得自己喝的是土地。把酒視為血——一定是因為他的天主教背景。為什麼他選了這支酒？語言反映了心靈：畢竟他大可點八六年份的 Randersackerer Ewigleben，或是 Rödelseer Schwanleite。解構酒名——應該有人來做個研究。他看著蕨類植物，青銅半身像，天花板懸吊花籃裡的阿爾卑斯山乾燥花。鹿角，室內植物，貝殼裝飾。他身在另一個地方。他聽著身邊的巴伐利亞德文，頭一次發現，德文是他這輩子聽到的第一種外語。

十六年前，在緬因州一間鄉下的白色小木屋，一位白髮老者，看起來像他友人已過世的父親，因此也像方才在公園和他打招呼的老人，要求旅人朗誦里爾克給他聽。那人說英文的口音跟他友人父親說荷文的口音一樣。德國口音，但不只德國，整個中歐的歷史都包含在那根深蒂固、厚重而吸引人的口音裡；就連他在荷蘭居住已久的友人，講話也還有一點該口音的痕跡。當年在緬因州碰到這個請求，讓他吃驚，不只因為讓他滿心仰慕的這位主人才剛以生化學發現獲得諾貝爾獎。一聽說旅人來自荷蘭，這位科學家立刻聊起穆爾塔圖里（Multatuli）[15]，忽略了在座其他的美國人。旅人常碰到八十歲以上的人和他聊起穆爾塔圖里或庫佩勒斯（Couperus）[16]；荷蘭真的是存在於過去。里爾克，他的主人堅持。旅人抗議說他的德文不夠好，但老者不接受。感恩節，十一月，秋老虎，花園延伸到佩諾布斯科特灣（Penobscot Bay），火紅的樹葉。旅人翻開泛黃、脫落的書頁，每一頁都是鄉愁的記號，他開始讀。美國人都很安靜，他聽得見柴火在壁爐裡劈啪作響，但他不是為了其他人，而是為了低垂的白頭而讀，沒人能知道他在想什麼，也許是五十年前、在他被放逐或逃亡之前的事，古老的事，隨著他繼續讀，彷彿有一個內含古老空氣的氣泡破掉了，就像穆里施（Mulisch）[17]筆下的故事，旅人的聲音和稀有的空氣混合，第一次傾瀉出來：

主啊：是時候了。夏日曾經輝煌。
讓祢的影子落在日晷上，
讓風吹過田野。

讓最後的果實壯大；
再給予最後兩個南方的日子，
催促它們臻至完美
把最後的甘甜逐入濃酒。

沒有屋子的人不會再造屋。
孤獨的人維持孤獨，
就等待，閱讀，寫長信，
躁動穿梭在街道上，落葉各處紛飛。

Herr: es ist Zeit. Der Sommer war sehr groß.
Leg deinen Schatten auf die Sonnenuhren
Und auf den Fluren laß die Winde los.

Befiehl den letzten Früchten voll zu sein;
gib ihnen noch zwei südlichere Tage,
dränge sie zur Vollendung hin und jage
die letzte Süße in den schweren Wein

Wer jetzt kein Haus hat, baut sich keines mehr.
Wer jetzt allein ist, wird es lange bleiben,
Wird wachen, lesen, lange Briefe schreiben
Und wird in den Alleen hin und her
Unruhig wandern, wenn die Blätter treiben.[18]

那個傍晚，他願意再多讀一點，但當他讀到那首詩的最後幾行，他看見主人的嘴唇跟著自己在動，當時的情緒現在也湧向他，彷彿那個當時和他的現在沒有斷裂。那位老者已逝，他友人的父親也是，另外還有其他幾位同類型的男人，生命彷彿經常把他們安插在他的道路上，像某種奇怪的宿命。他們都活到八十好幾。一位是大提琴家，一位是修復畫家，另一位銀行家。生存如第二個靈魂蕩漾在他們身邊，但不是生存本身，因為五個人都過世了，他們究竟活過了什麼，五個人沒有一個跟他提過。

這裡不是慕尼黑嗎？他來此地不是為了回想，而是觀看，但就在他拿著火山酒靜靜坐著的時候，他發現自己身處回憶的風暴。真是奇怪。時間，沒有重量的東西，無論再怎麼去定義或試著固定它，都只能往一個方向前進；至少這點看起來是確定的。沒有人知道時間為何物，就算全世界的時鐘都做成圓形，時間還是走直線，人類一想到這條直線若有盡頭，就覺得頭暈目眩。所以，記憶是什麼？拋諸腦後的時間，之後會追上你，或說讓人可以把不可能化為可能，逆著時間流把過去的時間拉向你。不只你自己的記憶，還有別人的。他友人的父親跟托勒爾是朋友，他跟旅人說，托勒爾失敗的慕尼黑革命，他在場——慕尼黑，旅人現在身處的城市——見證了隨之而來的暴力、呼喊和死亡。托勒爾後來流亡，先去倫敦，後至紐約。有一次在紐約，旅人的朋友曾指著五月花飯店（Mayflower Hotel）[19]跟他說：「托勒爾就是在那裡自殺的。」而最最諷刺的，托勒爾身亡多年後，友人的父親在阿姆斯特丹看了一齣講托勒爾的戲。倖存者去看一個演員飾演他已過世的友人，而當晚「番茄行動」（Actie Tomaat）[20]的成員包圍了劇院——抗議者叫嚷、催淚彈、演出取消——老人眼裡含著淚離開劇院，真正的革命被模仿的革命所取代。旅人現在還記得友人父親的模樣。就算八十好幾了，還是一位會讓人眼睛一亮的帥氣男士，微微駝背，深色眼睛，有張美國原住民長老的臉孔，滿頭濃密的銀髮。托馬斯．曼常在日記裡提到他：「L博士來訪。我們享用美味的菠菜。」

「對，」他的兒子說：「但你們聊了什麼？日記沒有講。」

當一段回憶沒能出現，就像是創造回憶的那段時間不存在一樣，或許這是真的。時間本身什麼都不是；只有時間內的體驗才算數。當體驗消逝，就成為一種否定形式，生命有限的象徵，在你失去一切之前，就已經失去的東西。當他的友人跟父親講了類似的話，他的反應是：「要是什麼都留著，你會爆炸的。根本沒有足夠空間來裝所有東西。遺忘就像藥，需在對的時間服用。」

對的時間。時間。他穿越偌大的用餐空間往外走，忍不住笑自己。一個以千百種方式出現在語言裡、如此混淆人對其想像的概念，要怎麼去琢磨？時間以及用來測量時間的儀器，兩者向來被混淆。向來。在北歐語言之一，「向來」（always）這個單字是以「全部的時間」來表達，彷彿尚未完整的東西真能這樣描述似的。人類時間，科學時間，牛頓的時間均勻地前進，不參照任何外界的物體；愛因斯坦的時間允許自己被空間所蠱惑。然後還有微乎其微的微小粒子的時間，粉末化，縮小到無法測量。他看著其他人在諾伊豪澤爾大街穩健地移動，各有各的內在時鐘，他們手腕上的小時鐘想要對內在時鐘下指令，但徒勞無功。手錶是懶散的吹牛皮者，自稱代表官方發言，但從未有人看過那個官方。但手錶可以通知他教堂何時開門，一會兒之後（之後——怎樣就是避不開那個暴君）他站在聖彌額爾教堂（St Michaelskirche）的涼爽空間裡。他首先讀到的單字之一就是，當然了，Uhr，小時：「Am 22.11.44 kurz nach 13.00 Uhr wurde die St Michaelskirche von mehreren Sprengbomben eines amerikanischen Fliegerverbandes getroffen」（一九四四年十一月二十二日十三點鐘過後不久，聖彌額爾教堂遭到美國轟炸。）——想到美國炸彈擊中教堂，更多回憶擊中他的要害，大戰時轟炸機在頭頂上嗡嗡作響，大人們欣喜若狂：「是美國人。他們來轟炸該死的德國佬。」那聲音是永恆的背景音樂的一部分，死亡和復仇的伴奏曲，不間斷的低音填滿整個天空，寫曲的音樂家決心要毀滅。但他現在不要去想這個。逝者已逝，教堂已重建，一個女人正走過灰白空間的過濾光線，朝著目標直直前進。她的打扮無懈可擊。她穿了一身黑，秀髮在後面盤成一個髮髻，用黑色絲絨緞帶繫著。她跪下來，把臉埋在手心。她的漆皮鞋沒有碰地，而是稍微懸空。在這一刻，陽光不見了，灰泥拱頂黯淡下來，旅人看見三個日本人盯著那個女人。教堂後面有一尊青銅天使倚著大型洗禮盤，隨性的姿勢，彷彿某人走過一台鋼琴，停下來彈了點什麼。他看到四處是禱告的人，確認了這棟雄偉建築物的規模，讓身穿紅色、深綠色的哀求者顯得渺小，一個穿傳統服裝的男人把手放在心口，對著一座雕像說話。旅人走到天使旁邊停下來，也不過就是兩個來上教堂的，一個人和一個天使，一個有翅膀，一個沒有。天使比較大，青銅發著微光，但這不是重點。他看看天使張開的手指，然後看看翅膀。這是他今天遇到的第二個天使，但這位不是女性。

理論上天使是男性。他們有男性的名字——路西法、加百列、米迦勒——但他們卻不是男性。他學到天使有無數個，而且有許多種類。黑暗天使、死亡天使、光明天使。守護者、使者。天使還有等級：智天使（cherubim）、熾天使（seraphim）、能天使（powers）、座

聖彌額爾教堂，慕尼黑。

天使（thrones）。天堂的兵團。他記不得自己是否曾相信天使存在，但他覺得沒有。不過這是引人入勝的概念。不必當人，但看起來仍然像人，不需要變老，並且會飛。當然了，他們不能做的事情很多，就他們與上帝相近的程度而言，也是公平的。他喜歡的一點是天使仍在周圍，而且不只在教堂裡。木造的，石造的，青銅造的，在逝世紀念碑或和平紀念碑上，在非宗教的建築物上；他們在各處保持了自己的地位。阿拉伯人也有天使。這年頭人們還看得見天使嗎？還是天使都變得看不見了，儘管他們的比例和存在感都過於常人？他覺得不是，但也許其他人不像他一樣，會特別努力要把天使找出來，刻意要看見他們，其他人只把天使當成夢裡出現的東西，於是有翅膀的他們得以進入秘密的內在空間，那是無名祖先的住所，做夢的人永遠沒注意過的。這又讓他想到時間的概念，但他真的不想再去思考這個題目了。他承諾過自己當天還要再去一間教堂，他覺得那間教堂跟城市本身的關聯，超過與重生、受傷的雅典的關聯（被謬誤鄉愁所啟發），他打算往那裡去。那間教堂在森德林格大街（Sendlinger Straße），但他的嚮導又跳出來，試圖把他送往另一個方向。

他對嚮導發火。「你現在又要我去哪裡了？」旅人用餐時嚮導一定是躲在桌子下，因為他已把他忘得一乾二淨。這種嚮導能否聽到飄過腦海的每一個想法？

「穀物市集（Viktualienmarkt）。」嚮導說。

市集和教堂墓地是旅人的弱點，於是他毫無怨言地改變計劃。吃或許是最不邪惡的行為。小蘿蔔、蘿蔔、乳酪、麵包、蘑菇、南瓜、蛋喚起的是大自然的概念，所以也是平靜與耐心，在城市中央讓城市回想起自己是從農村市集發源而來。旅人花了半個多小時遊蕩在堆高的貨物間：新鮮的香料、種類多到無法想像的香腸、柔軟光潔的培根、來自河與海的魚，一千年前看起來也一模一樣的東西，塊莖、鯉魚、洋蔥的千年帝國，一再地投降，毫無反抗，在人類臼齒的石磨之間碾碎。

教堂外的街道繁忙，但他走進去後噪音便消失。「臬玻穆的若望（St John of Nepomuk）。」嚮導悄聲說。一位波希米亞聖人。旅人愛這個字：波希米亞（Bohemia）。不只愛它聽起來很美，也愛與它相關的所有誤解。法國最早的吉普賽人被視為揚．胡斯（Jan Hus）的追隨者，也就是那位波希米亞異教徒，因此部分畫家和詩人到今天仍被稱為波希米亞人。奠基於誤解的偏見組合——還有更妙的嗎？詩人被視為流浪漢、吉普賽人和異教徒，從來就是無害的。

「臬玻穆。」嚮導重複。他一度是巴伐利亞最受歡迎的聖人，僅次於聖母瑪利亞。殉難者，溺死於伏爾塔瓦河（Vltava），六百年前。旅人有一點覺得自己來自波希米亞，於是決定把臬玻穆當成自己的守護聖人。嚮導現在想告訴他聖人的生前事蹟，那些全都刻在教堂入口處的木門上，但旅人正醉心於不可思議的周遭空間。他待會再聆聽和閱讀，現在不要。現在，他想沈浸在被他輕蔑地稱為俗麗而過分的裝飾裡。巴洛克風格，和歌劇一樣，都是他晚年才發現的東西；有一段時間他不明白人們從中看到了什麼，就連現在，他也難以用文字形容。他無需為自己的失誤而感到困窘，人人都會犯錯。但這個地方呢？也許是全然鋪張和容納奢華鋪張的刻板架構所形成的對照。華麗。繁茂。或許還有欣賞羅馬式教堂的人最難承認的一點：生動。就算你一個人在這裡，仍然感覺到周遭的各種動靜：天使在推擠，衣服在飄動，風拍打著石頭，大理石，鍍金灰泥，忙忙碌碌，熙來攘往，這個洞穴裡的每一根鐘乳石和石筍都掛著信仰和虔誠。花綵，扭轉的柱子，鋪張的地下墓穴，曲線。也許他到這裡才初次看見巴伐利亞人的靈魂。國王廣場的雅典是從外強加的，是別人的夢想，然在這裡就算唱起約德爾調（yodel）也無妨，因為建築物本身也在做類似的事：顫音、歡慶、瘋狂高音。祭壇裝飾也是紀念那位波希米亞聖人，多采多姿的列傳，但敘述者沒有朝目標直直前進。雕刻、拋光、美化、裝飾、打岔——雖然祭壇裝飾完全靜止，卻充滿生命力。其實它就像天堂路口一樣忙碌。戴著王冠的上帝低頭看十字路口，兩個天使在祂的兩側，翅膀像驢耳朵一樣尖端向上。旅人附近沒有別人，於是他從祭壇倒退著走，抬頭看上方。他發現當他向上直視，越過壁柱、越過金色的大寫字母、越過花環的花和欄杆的圓肚柱，慢慢把頭往旁邊轉的時候，視線裡會出現越來越多那些純真嬰兒的頭。他們就住在那裡。他動，他們也跟著動，灰泥臉上狂喜過頭的表情盯著他看，那表情太古老，太知情。彷彿，他想，高處的牆開始泡沫化，而泡沫幻化成人形。哥德的一句詩不知怎的忽然跑進他腦海，他是從舒伯特的歌才知道的：「Was bedeutet die Bewegung?」，「這運動代表什麼？」或許這裡的答案是，運動只代表運動本身。這就是用無法移動的物質來複製運動的極限了：運動和靜止，無窮精力的固體化。

現在他比較了解這座城市了嗎？他不認為，但他決定現在是離開的時候。去哪裡？南部，跟隨早上召喚他的鳥。去一個波希米亞的地方，山上，歐洲的分水嶺，那裡的語言、省份、河流流向各個方向，那裡讓他覺得與自己的大陸最親近，戰敗王國的混亂，被征服的領土，互相矛盾的語言，互相抵觸的體系，山谷與山脈的抵觸，那古老、破碎的中間王國（Middle Kingdom）。他走過英國花園的草坪，看著最後的火紅秋葉，餵過天鵝，躺在草地上看著雲往阿爾卑斯山的方向去。不，他還不認識這座城市，但別的城市正在召喚他，是其他人都聽不見的呼喚，波希米亞人的秘密唱誦，是他無法抗拒的一種。

註釋

1 一種防水的羊毛布料，最早為奧地利農夫所製作，傳統上多為藍綠色或橄欖色。

2 原為獵狐時看到狐狸出現的用詞，引申義為「目標出現」。

3 位於荷蘭北部的小鎮，以老漁村和傳統服裝聞名。

4 Luis Couperus（1863-1923），荷蘭作家、詩人，現代荷蘭文學名家。

5 Arthur Schnitzler（1862-1931），奧地利作家、劇作家，作品著重在性的描寫，納粹政權時期是遭焚書的作家之一。

6 Hans Moser（1880-1964），奧地利演員，大多演出喜劇片，作品超過一百五十部，是維也納影片（Wiener Film，以十九世紀、二十世紀初維也納為背景的電影類型）的代表演員。

7 Heinz Rühmann（1902-1994），傳奇德國演員，作品超過一百部，多詮釋喜劇角色。

8 Paul Jozef Steenbergen（1907-1989），荷蘭演員、劇場導演。

9 Jean Anouilh（1910-1987），法國劇作家，創作生涯超過五十年，代表作是改編自同名的古希臘悲劇《安蒂岡妮》（*Antigone*）。

10 Musil 是捷克姓氏，此處指的可能是奧地利作家 Robert Musil（1880-1942），作品《沒有品質的男人》（*Man Without Qualities*）被視為最重要的現代小說之一。

11 第里亞斯德是義大利東北部的港口城市，地理上屬於南歐，但語言文化有明顯的中歐特色，一次世界大戰結束後奧匈帝國瓦解，第里亞斯德才併入義大利。

12 Joseph Roth（1894-1939），奧地利猶太記者、作家，小說《拉德茨基進行曲》（*Radetzky March*）以一個家庭為背景描述奧匈帝國的崩潰。

13 Elias Canetti（1905-1994），保加利亞出生的德語作家，一九八一年獲諾貝爾文學獎。

14 「Karpfen im Bierteig, aus dunklem Bier und Kräutern, mit Butterkartoffeln. Rapunzelsalat mit Würfelkartoffeln. Fränkische Blut- und Leberwurst im Naturdarm. Fränkische Kartoffelsuppe mit Steinpilzen und Majoran, 1/4 Fränkischer Gansbraten mit handgeriebenem Kartoffelkloß, Blaukraut oder Selleriesalat, 3 Stück Reiberdatschi mit Apfelmus, gefüllte Dampfäpfel.」

15 本名 Eduard Douwes Dekker（1820-1887），荷蘭作家，以批判荷蘭在荷屬東印度（今印尼）殖民主義行徑的諷刺小說 *Max Havelaar* 出名。

16 Louis Couperus（1863-1923），現代荷蘭文學重要作家。

17 Harry Kurt Victor Mulisch（1927-2010），荷蘭作家，出版三十多部小說、戲劇、隨筆、詩集與哲學論集。

18 〈秋日〉，里爾克。

19 現已拆除，改建為高級住宅中央公園西十五號（15 Central Park West）。

20 六〇年代時，荷蘭戲劇學生為反對政府介入以及劇場界的菁英走向，向台上演員擲番茄，是為「番茄運動」，與六〇年代青年反動思潮相關。

9

1990/January

我又沒有做答應自己要做的事，因為我往北開。我的「第三人稱」想要前往這個世界所有的波希米亞地區，我知道要往哪裡找，即使是存在於過去的區域。至於我，現在是一月，而且是一九九〇年；我必須去雷根斯堡（Regensburg）和紐倫堡（Nuremberg），不是去波希米亞。要想的已經夠多了。過去要想的，現在要想的。現在正是令人振奮的日子。我常聽到這句話：「我們活在具有歷史意義的時刻。」我逮到自己不只說了這句話，還露出一點通常跟這句話連在一起的沾沾自喜的樣子，彷彿自己忽然變得更重要了一點，因為我們再也趕不及事件發生的腳步。每個人都知道統一就要來臨，但大家還是日日都為它發生的速度而訝異，彷彿這些發展有自己的力學，不受任何控制。昨日無法想像的，今日有人提議，明日就修訂，我現在寫在這裡的，到出版時已成了舊聞，只不過是旋轉不停的萬花筒中的一個小碎片。最安靜的或許是組織幹部和企業家，他們正忙於政治交涉，好在東德分一杯羹，同時也密切關注新聞。把頭條像一副牌一樣攤開，牌的組合讓人不解。全都是王牌！前一天被《南德日報》（*Süddeutsche Zeitung*）稱為「無地王莫德羅」（Modrow ohne Land）[1]的男人，隔天在自己黨員的驚愕下欣然接受德國統一，但持中立的立場，再隔一天，又宣稱他補充的中立部分，只是為了有討論空間。「莫德羅投降」，《每日報》（*Die Tageszeitung*）如此宣布，但隔天又被另一則新聞蓋過：「北大西洋公約組織在東德尋找 Lebensraum（棲息地）」。同時，西德政治人物湧入未來新的 Bundesländer（聯邦州），好為自己的政黨卡位。不知道是否因為這麼多動盪和歷史覺悟很明顯仍在進行中，事件合謀讓人覺得彷彿當下已不存在：各種短暫的急轉彎、交涉、決策和衝突看起來已屬於歷史書，或已被貪婪的未來一口吞下，只有更多改變才能滿足它。柴契爾和密特朗還不如住在澳大拉西亞（Australasia）[2] 算了，就連周圍的國家也消失在濃霧裡。只有戈巴契夫的孤獨探險還有人在注意，因為這裡的所有人，根據 Gleichgewicht（平衡）的古老定律，都很清楚戈氏仍管轄的地方是歐洲的另一個焦點。

我在雷根斯堡，從慕尼黑回柏林的路上。新的歷史仍在鍋裡煨燉，或許已在沸騰，我在這個還認識不深的國家搜尋，試圖找到過去的殘跡。畢竟，這塊從前合稱德國、經過一點小調整之後很快也再次稱德國的集合區域，五十年前也干預過我的生活，我這一趟歷史朝聖想探訪的建築物和城市，是我正在閱讀的故事的插圖。我所謂的「小調整」，當然會牽涉到國界，目前已經引起諸多討論和諸多沈默。《每日報》頭版的地圖描繪出完整的德國，位置本就古怪的柏林，看起來忽然離東邊的國界很近。

「它後面應該再有一大塊土地吧？」拿給我看的人開玩笑說：「首都應該離中央近一點，不覺得嗎？」從其他地圖裡，可以看到中央大概會在哪裡，虛線指出的是懷舊少數人的主張。

這些日子，這個外國人對於某些德國啟蒙團體而言有個奇怪的角色：他們想要知道他是怎麼想的，好把自己的不安、厭惡或憂慮拿來與這個外國人的反應做衡量，他們料想，從史實的理由來看，他對於「危險的發展」在某種程度上會自然產生厭惡。彷彿，他們都在害怕自己，想要從外人身上證實這個恐懼，但或許又不想。但再危險也不會比操縱國界者以及共和黨（Republikaner）[3]更危險了，儘管他們已經引起歷史反射作用和噁心。就這點而言，我喜歡在《法蘭克福匯報》讀到的一句話（雖然它講的其實是另一件事）：「歷史迴避重複。」大多數跟我聊的人都不同意。害怕自己的同胞一定是奇怪的感覺，但在這裡不罕見。那種恐懼，有時伴隨對東德忽然間的崇敬而來，彷彿「無論如何」，某種烏托邦曾經存在那邊，雖然「無可否認，情況可能不太對」，但是生活「從某方面來說」更簡單、更人性，沒有被貪婪、物質主義、俗氣的西德所腐化。從這個角度看，想要把東德移交給一個統一的德國人，當然是叛徒。但說這些話的人通常已經身在西德，這些偽善的人不了解的是，幾十年來另外那些人付出多少代價，才有他們心中被褻瀆的烏托邦，

雙關語總是討人厭，特別是關於大自然，但雷根斯堡當然要下雨，雨的城堡。[4]不過，這是個舒服的城市，而且毅然地古老。我看著主教座堂（Dom）的滴水獸，從建物向外延伸、由咽喉滴下雨水的怪獸，我看著羅馬教堂高塔的石頭，然後在主教座堂一道隱蔽的側壁上，看見像疝氣一樣鼓出、另一座更古老的教堂的粗糙遺跡，被魔鬼放在那兒、形狀不規則的巨石。我也找到歐洲其他地區遺忘的食物：多瑙河的鯰魚、燒烤的心、燉煮的肺。吃東西也可以是生態議題：我不懂一個願意奉獻生命保育十二趾薩克森輪蘚老鷹（twelve-toed Saxonian Ringworm Eagle）的前衛保守主義者，怎麼可以容忍麥當勞把肺臟從他的餐盤裡拿走。

我在一間書店的時候，瞄到類似古希臘賽傑斯塔神廟（Sagesta）的東西，那是位在西西里島偏遠海岸的巨大建築物。在這裡，它屹立在北邊綠地，高於多瑙河，叫做瓦爾哈拉神殿（Walhalla）。一開始我拒絕相信我的眼睛，然後我決定馬上過去看看。佛烈德·史卓邁爾（Fred Strohmaier）提議開車載我過去，他是亞特蘭提斯書店（Atlantis Buchhandlung）的老闆。

瓦爾哈拉神殿似乎更像亞特蘭提斯[5]，但後來雨就停了。最後一段路要走路、爬樓梯；這裡的高度沒那麼容易征服。下方遠處的風景閃著微光，看得到雷根斯堡的高塔，如熨斗一般橫臥的河，還有透過光禿禿的樹在發光的，又一個皇家夢的大理石雕像。國王與他的建築師——當年希特勒與斯佩爾（Speer）在夜裡靠著繪圖桌站立時，一定也有類似的想法。這是繼古代雕塑展覽館之後，我在這週內第二次參觀這兩位先生的建築作品。

一八〇七年，國王尚未登基為王。他的父親在萊茵邦聯（Confederation of the Rhine）與拿破崙站在同一邊，彼時皇帝已征服普魯士，橫掃歐洲。四個國王及三十個諸侯被召至埃爾福特（Erfurt）覲見——也是一九七〇年時，維利・勃蘭特與維利・斯多夫在東德會面的同一個埃爾福特，為他的Wandel durch Annäherung（透過建立友善關係來改變），奠下第一塊磚，其Ostpolitik（東進政策）影響力之遠大，超乎任何人想像；也是在同一個埃爾福特，那位年老的遠見卓識者，在這個禮拜獲准回來對他既新且舊的政黨談話。德國統一的夢，也在那位巴伐利亞太子的夢中。這座德國神殿一定要大。「不只空間龐大。偉大必須是設計的要素，結合了輝煌的極簡。」但這裡缺少眾神，誰應該住在這瓦爾哈拉神殿內呢？「瓦爾哈拉的成員應說德語……擁有卓越成就、值得表揚的德國人。」於是，當我滿懷敬畏地踏入，遇見的是一群高貴人士的石頭面孔：枯瘦的康德（Kant），年輕而稍微浮腫的歌德，他看起來像個電影製片，雙下巴和一頭蛇髮女妖式的捲髮。一排接一排，半身像佔據了克蘭茲（Klenze）[6]設計的明亮寬敞的空間，盲眼看著漫步移動的後代子孫。在克蘭茲心中，王室創立者已併吞荷蘭，因為我碰見了布爾哈夫（Boerhaave）[7]、奧蘭治親王（William of Orange）[8]、胡果．格勞秀斯（Hugo Grotius）[9]、馬丁．特洛普（Maarten Harpertszoon Tromp）[10]，陪同他們的是巴哈和萊布尼茲、莫札特和帕拉塞爾蘇斯（Paracelsus）[11]、被記得的將領和被遺忘的 Kurfürsten（選帝侯）。漂浮在最上面的是沒有臉孔的英雄和聖人，關於他們的回憶只有字母：Eginhard、Horsa、Marbod、Hengist、Teutelinde、Ulfila。我不知道他們是誰，但我能為他們想出最美的音樂伴奏，作曲地點是拜律特（Bayreuth）[12]。國王本人也在上面，以大理石像盡可能最輕鬆的姿勢坐著，頭戴桂冠，赤腳穿著涼鞋，袍子隨意披著，像個羅馬參議員，長翅膀的獅子守護在兩側。蘿拉．蒙狄茲（Lola Montez）[13]和一八四八年的革命迫使他放棄王位，但他的瓦爾哈拉神殿仍屹立。室外，三百五十八級大理石階梯回到下面，很容易看出希特勒為何不喜歡瓦爾哈拉神殿：這裡沒有讓群眾聚集的地方，無法戲劇性地出場。進到這個大理石墳地的人，該做的都做完了，眼下還有很多事要做

瓦爾哈拉神殿，雷根斯堡。

的不會進到這裡。一旦進了瓦爾哈拉神殿，就無法脫逃。

希特勒處理事情的方法不一樣。我曾看過紐倫堡黨代會（Reichsparteitage）的黑白影片，年代久遠而模糊的返祖現象儀式。無需去描述影片；它屬於我們永恆的哀愁。當然，既然我已身在世界的這部分，我必須去一趟，而當然了，一旦站在那裡我什麼也想像不出來。其他人都已經離開——就是那種感覺。空蕩蕩的地方，領袖離去了，消失了，但努力回想，還是可看見他的影像，以及對他的聲音的記憶。一個在嘶喊的聲音，有名字的聲音，然後是那些無名的聲音嘶喊回應，一首古老的合唱曲，長度有限的劇本。我老了，但我還聽得到那聲音。它來自電木塑膠（Bakelite）收音機；大人把它關掉，但別處總有人繼續播放，嘶喊漸歇又大聲起來，無止盡的浮誇言辭。當時我還是個孩子所以聽不懂，但它和毀滅相關，也和興奮相關。在下雨的今天，它已無任何殘留。我一個人來，其他人都死了，或老了。二十五萬人曾經聚集在這個地方，一座光的大教堂在他們周圍築起，他們在一起，因此他們更加開心。旗子；步兵隊，一列十二個人；標語；一個要向命運施法的狂熱教派。我可以想像這個空曠地方再次擠滿，過去的鬼魂湧入那個龜裂、骯髒的講壇，和其他鬼魂一起等待那一個人，等待一個精心安排的時刻，射精，世界偉人的高潮。

歌德，瓦爾哈拉神殿，雷根斯堡。

現在只剩地方本身還存在，為了展示缺席。這個地點的 genius loci（守護神）讓人同情。我爬過一道壞掉的圍欄，上階梯走到他們坐著和站著的地方。啤酒瓶，像骯髒舊抹布一樣濕透的《圖片報》（*Bild-Zeitung*）[14]，油墨暈開，像被血跡和鼻涕覆蓋。我個性裡華特．米提（Walter Mitty）[15]的部分，讓我克制

講壇，納粹黨集會廣場，紐倫堡。

不住地爬上講壇，走到破爛不堪的青銅大門前，上面有人潦草寫了「尼祿」（Nero），接著我再步下幾級台階，到他曾經站過的演講台。我的觀眾，我的人民，包括了我的愛妻以及兩個正在鬆開台車拖鉤的卡車司機。他們在柏油碎石路上慢條斯理地工作，忘記要注意我這邊。其他就沒有了，只有灰色的雲，光禿禿的樹，靈魂的秘密，妄想。

我回到市中心，回到真正的中世紀，從歷史回到更古老的歷史。教堂散佈在市中心像航行中的船，但海早已不見，船隻擱淺在一個已無法察覺偶像的世界。這年頭誰還知道聖母堂（Frauenkirche）入口的眾女像是誰？專注在內心的虔誠面容，讓它們被周遭世界排除在外；它們已經好幾個世紀沒聽見市場小販的叫賣聲。它們跟我們一樣也有面孔，但有種不同的樣子。它們遙遠又專注於自身，像女菩薩，才能不受時代動亂的干擾。聖母堂、聖塞巴都堂（Sebalduskirche）、聖勞倫斯堂（Lorentzkirche）：巨大的哥德式空間一再把我的思緒往上帶到尖頂拱、三角壁、有稜紋的拱頂和拱心石——這些位於高處的東西都在我的身體碰不到的地方，因為牛頓聲明過身體必須待在地上。柱子旁，拱門下，窗戶裡，壁龕內，一個石像的國度在身邊，與我們平行生活，聽不見也看不見我們；動物形體的彩繪玻璃福音傳播者；在墳墓上休息的主教；圓形監獄裡是殉節和猶大之吻、神話生物和戴皇冠的頭、暴君和有翅膀的人物：一種只能自言自語的語言，因為聆聽的人幾乎沒有了。

我好奇這些影像停駐的地方，會是怎樣一個異教的古代雕塑展覽館，當天下午，我在日耳曼國家博物館（Germanisches Museum）的聖像雕塑和墓碑找到答案。它們無助站在那兒，被奪去脈絡，過時，藝術品。我現在又回到我起程之處，因為博物館有一個 entartete Musik（頹廢音樂）[16]的展覽。我的大腦不想在一天裡驟動兩次——我可以感到它在畏縮——但身邊學童和學生熱切的臉讓我留下來，我看他們看著世界的邪惡，看著可悲的不公。這不是可以分享的東西，我們都必須自己去看、去讀、去處理，在沈默中進行。他們跟我一樣，讀著華格納寫給梅耶貝爾（Meyerbeer）的可鄙的信，他在信中把自己當奴隸奉獻給對方，之後，當他不再需要對方，又發表同樣可鄙的反猶宣言，批判梅耶貝爾和孟德爾頌，這篇〈音樂中的猶太文化〉[17]和華格納的名字一樣，將永留臭名。不，這不是個愉快的經驗。荀伯格（Schönberg）和阿多諾（Adorno）、威爾（Weill）[18]和艾斯勒（Eisler）[19]的照片，糟糕的諷刺畫，偏執的規定，執迷不悟的心態，認為必須摧毀才能生存。現在那些都不剩了，留下來的只有悲痛、死亡、空無和分裂，當然，還有一排排的展示櫃。你站在前面是為了了解，但還是很難懂。為何邪惡比善良還要難懂得多？寫過《最後四首歌》（*Vier letzte Lieder*）的史特勞斯，怎能站在希特勒身邊？為何華格納的音符在他寫完那篇可怕的胡扯之後，聽起來就如此惡毒、不和諧？我不知道，在我身旁站在展示櫃前的女孩也不知道；我可以從她站著的方式得知。現在我肯定沒心情再看洛可可式餐具、圓環裙、盔甲和娃娃屋了。我開車到班貝格（Bamberg），在河水流速很快的一條河邊的旅館睡覺，聽著夜裡的鐘聲，在雨中和寧靜中散步，看著電視上的科爾和莫德羅，我知道我必須回到呼喚我的現在。我向班貝格騎士（Bamberger Reiter）[20]——一位用困惑表情看著二十世紀的嚴肅年輕騎士——道別，回到東德。

現在從班貝格到威瑪可以開支路了；科堡（Coburg）是到邊界前最後一個城市。我得看看我能不能從這裡過邊界，據A.D.A.C.——德國汽車俱樂部的說法，應該不是問題，但我到那邊的時候，邊界守衛對荷蘭護照和柏林居留證的組合似乎頗不以為然。他們把那張紙翻來翻去地看，盯著我然後盯著我的大頭照，不問我任何問題，而是自己討論了很久。一度，感覺好像舊時光又回來了，但接著他們便放我通行。之後，一切都不一樣，一切都是真的。這是我第一次沒開在公路，而是穿越鄉下，感覺像有一層悲哀的面紗落在車上，幾乎像多了一塊擋風玻璃，世界看起來更黯淡、破爛。樹也給人這種感覺嗎？偉大的旅人？不，樹沒有給人那個感覺，然而啊，親愛的朋友，道路和樹木、房屋和樹木，都有一點不同，樹木繳械一小部分不朽的自我，納入了周遭的顏色。連森林也是？不，森林就沒有。雪、濕雪、全景、美、石板屋、少數幾輛車子、艾斯費爾德（Eisfeld）[21]、薩爾費爾德（Saalfeld）[22]、魯多爾施塔特（Rudolstadt）[23]、卡拉（Kahle）、工業、黑煙、剝落的油漆、田野上的牛隻、一個沒有顏色的世界。我告訴自己現在是冬天；等到陽光普照，看起來就不同，再過幾個月，樹又會翠綠起來。但住在這裡的人連幾個月都不想等。

註釋

1 典故來自英格蘭國王約翰，從一一九九年到一二一六年在位。早年他的父王亨利二世把在法國的領地授予他的幾位兄長，他無領地可繼承，因此被父親戲稱為無地王（Lackland）。

2 泛指澳洲、紐西蘭及附近南太平洋諸島。

3 見詞彙表。

4 Regensburg德文為Regen（雨）和burg（城堡）兩個單字結合。

5 亞特蘭提斯（Atlantis）是傳說中擁有高度文明發展的古老城邦，後沉入大西洋底。

6 Leo von Klenze（1784-1864），德國新古典主義建築師、畫家、作家，巴伐利亞國王路德維希一世御用建築師，希臘復興式建築的代表。

7 Herman Boerhaave（1668-1738），知名的荷蘭植物學家、人道主義者、醫生。

8 即威廉一世（1533-1584），帶領荷蘭反抗西班牙哈布斯堡王朝統治的領導者，荷蘭皇室的祖先。

9 Hugo Grotius（1583-1645），荷蘭法學家，國際法及海洋法鼻祖。

10 Maarten Tromp（1598-1653），荷蘭海軍上將。

11 Paracelsus，原名Philippus Aureolus Theophrastus Bombastus von Hohenheim（1493-1541），瑞士德籍哲學家、醫生、占星師、煉金術士。

12 巴伐利亞的一座城市，以每年一度的拜律特音樂節聞名於世，作曲家華格納從一八七二年在此地住到一八八三年去世為止。

13 本名Marie Dolores Eliza Rosanna Gilbert（1821-1861），愛爾蘭舞者、女演員，巴伐利亞國王路德維希一世的情婦。

14 一九五二年創刊的德國小報，內容包含八卦、犯罪、體育、政治分析，語言淺顯但缺乏可信度與客觀性。

15 華特．米提是一個愛做白日夢的虛構人物，出自短篇小說《華特．米提的秘密生活》（*The Secret Life of Walter Mitty*），作者為詹姆斯．索伯（James Thurber），一九三九年刊載於《紐約客》雜誌，後兩度改編成電影。

16 納粹德國政府對某些音樂形式的稱呼，認為是有害或頹廢的，多位音樂家因此被迫害或流亡，如文後提及。

17 〈音樂中的猶太文化〉（*Das Judenthum in der Musik*）是華格納於一八五〇年發表的論文，攻擊猶太人及作曲家梅耶貝爾和孟德爾頌，一九六九年擴充後再次發表，是德國反猶史重要的一頁。

18 Kurt Weill（1900-1950），德國作曲家，一九二〇年代活躍於德國，後流亡美國。與布萊希特合作的社會批評的荒誕音樂劇《三便士歌劇》，其中包括名曲「刀客麥克」（Mack the Knife）。

19 Hanns Eisler（1898-1962），奧地利作曲家，東德國歌作者，與布萊希特長期合作。一九三三年其音樂遭禁後開始流亡，最後落腳美國。

20 班貝格騎士是位於班貝格大教堂的真人尺寸中世紀雕塑。

21 位於德國中部圖林根州（Thuringia）的市鎮，人口五千多人。

22 位於德國中部圖林根州的市鎮，人口兩萬多人。

23 位於德國中部圖林根州的市鎮，人口兩萬多人。

10

1990/3/24

一九九〇年，三月九日。我現在所在之處，每個地方都有兩個名字。「奧得河」（Oder），我對眼前的水說，今天看起來特別藍；「奧得拉河」（Odra）[1]，橋另一邊的士兵這麼說。尼薩河（Neisse）—尼薩河（Nysa）[2]，列依達（Lerida）—列依達（Lleida）[3]，蒙斯（Mons）—貝爾汗（Bergen）[4]：同一個地方，兩個單字，兩種語言的呢喃混合，兩個都要不一樣的東西。主張和血腥歷史就隱藏在裡頭，懷舊與回憶。雙重命名，雙重意義，總是帶著渴望或嫌惡。我從東柏林灰暗的街頭開車離開城市，薄霧籠罩了最不堪之處。通往什切青（Szczecin）的高速公路，從芬諾（Finow）出口下，進入鄉間：鋪有鵝卵石的路、大自然、克爾克（Kerkow）、菲爾求（Felchow）、施韋特（Schwedt）、邊界、鐵橋。我沿路走到河邊，看著另一邊的村莊：霍恩克拉尼克（Hohenkr 到河邊，）、克萊依尼克格尼（Krajnik Górny）。雖然我常去另一邊旅行，但這次不行；我不能從這裡繼續前往東邊。波蘭村莊看起來沒什麼動靜，但這一邊有個人對另外兩人大吼大叫，被吼的人看起來有點為吼叫的人不好意思。作家有兩種：偷窺狂（voyeurs）和聆聽者（auditeurs）。和我一起做這次小旅行的阿曼多（Armando），是聆聽者，而且帶著一點字義上嚴峻、奉公守法的氣質：我看得出來他正在心裡錄下對話，關於四十年光陰被浪費掉的憤怒、咒罵、向河對岸的指指點點。奧得河－尼薩河；一匙焦油可以壞了一缸蜂蜜。雅魯澤爾斯基（Jaruzelski）[5]這個禮拜如是說。從側面看，橋是個高大的鐵骨架。當年一定有渡輪把軍隊運到另一邊：法國、俄國、德國的軍隊。作為邊界的河流、橋樑——在某些地方，國家命運以視覺形式來呈現。

天候變了，鉛灰色天空融合了天空下的衰敗。在史特拉爾松德（Stralsund），雨打在莫德羅、吉西（Gysi）[6]、科爾印在報紙上的臉孔，新統一的承諾。城裡人煙稀少，但旅館全被訂滿，連吃東西的地方都找不到。我們在暴風雨中看見教堂、商會、陳舊的呂貝克，從戰後就被時間凍結的城市。信念的力量：在如此明顯的失敗經驗的環繞下，是怎麼生活的？波羅的海飯店（Baltic Hotel）的一位櫃檯人員幫忙打電話去波羅的海的度假飯店，在呂根島（Rügen）。那邊有空房，但車程要一小時，房價將近三百基爾德（guilders），而且必須用西德馬克支付。當我嫌貴，她回答：「你等著看，你到了就知道。重要人物都住過那裡。昂納克、梅爾克……他們幾乎把整個地方包下來。」她說得對。飯店被賓士和寶馬包圍，每扇門上都寫了威脅性的告示：Nur für Hotelgäste（僅供房客使用）。一般人連叫杯酒都沒辦法，

奧得河上的橋，德國波蘭邊界。

但餐廳大到整個會議的人都可以在裡頭跳舞，價格是東德貨幣，意思是賓士們吃東西等於免錢。暴風雨現在變成颶風，我知道那看不見的海一定在外面某處。我看到科爾上電視，他看起來像一隻巨大有袋動物，可以輕易把整個東德放進袋裡，雖然拖著一個國家走，還是比他想像的更困難一點。

我醒來的時候，聽到一名女子的聲音在廣播裡焦急地問：「要是依照第二十三條款加入西德，墮胎會變怎樣？」「嗯，根據西德憲法，我們所知的墮胎在這裡會變非法。」與她對話的男人說。他接著列出其他會一併被丟掉的：日間照護、保障、女權。真實、嚴酷的資本主義社會就要來了，她只能學著共處。他的語氣近乎恐嚇，她覺得難以接受。「對，但……」她開口，兩難的困境和速度不斷加快的改變就包含在這兩個簡單的單字裡。一列疾駛停不下來的火車的比喻，這幾個禮拜經常被提到，但事實上有兩列火車：還有一列慢速火車由東往西開。十一月九日愛與團結的氣氛已經消失，東邊的人說西邊的人想廉價買下他們的國家，西邊的人則說東邊是個無底洞，他們辛苦掙來的馬克掉進去就不見。實際上正在發生的事當然非比尋常。威廉二世時期的德國快速邁向一次世界大戰，血腥敗戰後，受到殘酷又短視的懲罰。接著，受壓迫的勞動階級有了短暫的機會：威瑪（Weimar）[7]，良好的立意、混亂、通貨膨脹、算計政治家傲慢拒絕知識分子的獻策、法西斯主義崛起、希特勒、另一場戰爭。雖然第一次統一是在俾斯麥掌權之後才有的，但這裡一直是一個國家，一個民族；分裂是後來的事。然後一個變富有，一個變貧窮，一個接受幫助，一個被剝削，一個被迫背負過去的心理負擔，另一個是物質負擔，許多的相互憎恨因而產生。幾乎算是一個人民（但也不太算）的兩國人民，應該放什麼音樂來跳雙人舞？在新統一的激動華爾滋音樂巨大音量之下，另外一種音樂還在放，速度慢得多，那是四十年分離歲月的配樂，無論用金錢或法令都沒有人能忘，這音樂的舞步是另外一種的，不相容的，讓高傲的舞蹈教師的動作看起來不再那麼有威嚴。歷史是由自身構成的物質。如果不去看斷奏似的（Staccato）報紙頭條，而是仔細聽，你可以聽到巨輪以無比慢的速度在碾軋，歷史的轂子連一顆都跑不掉。

東部海濱度假勝地塞林（Ostseebad Sellin），東部海濱度假勝地賓茲（Ostseebad Binz）。我看著阿曼多熱切觀察度假別墅的垂死掙扎，其礦泉浴場看起來像沒錢買化妝品的老女人。「親愛的年金請領者，不要讓恐懼製造者有任何機會！接納自由和繁榮！」基督教民主黨聯盟（C.D.U.）用黑、紅、黃色字體大喊。「樂觀邁向未來：德國社會民主黨（S.P.D.）週日獲得百分之四十四支持率。」德國社會民主黨大聲反擊。身為外來者的我們，在風雨中開車尋找德國藝術的一個神秘地點，呂根島施圖本卡莫岬（Stubbenkammer）的科尼史圖白堊懸崖（Königsstuhl），一八一八年，卡斯巴・大衛・弗里德里希（Caspar David Friedrich）[8]畫了《呂根島的白堊懸崖》（*Kreidefelsen auf Rügen*〔Chalk cliffs on Rügen〕）：三個人物，兩男一女，一個坐著，一個靠著，另一個四肢著地，都背對觀者，左右是高大的白堊懸崖，畫面望向無盡的大海。歌德做了一件刁鑽的事：他把畫放顛倒，創造了一個陰森的冰窟，三個人物像蝙蝠攀附著鋸齒狀的洞頂。我想到就頭暈，我可不要去想像現在這個場景上下顛倒，因為西蒙娜在場，我們剛好就是三個人的組合，可以擺出一模一樣的姿勢。我一定是演那個往深淵貼近的好奇傻瓜；背後不以為然的德語叫我退回去：你不能那樣，規定不可以。我該怎麼解釋？我應該說這些欄杆當年不存在嗎？他們難道沒看見我的高帽子就在我身旁草地上嗎？不，他們看不到，一如他們看不到我的畫家友人銳利的視線，或是我妻子的紅色洋裝，以及海上的兩艘帆船，曾經，在一八一八年的那一天，在另一個德國，海在帆船的對照之下看起來大得多。

於是我們的 Winterreise（冬日旅行）繼續：廣播裡的丹麥語及瑞典語、燈塔、倒扣在海灘上塗了黑焦油的漁船。我漫步離開其他人，走到一條小路盡頭，站在一個有紅星的鐵門旁。我看不懂標誌，但沒必要看懂。我已經知道這是什麼：這是一個崗哨，裡頭有一個俄國士兵。他的遮蔽所的窗戶已被風吹走，只剩一塊不斷飄動的塑膠布為他遮擋刺骨寒風。他戴的冬帽上也有一顆星，他正看著我。我感覺得出來兩人都想說些什麼，但決定不說，一個守衛和一個漫遊者，兩個外來者在第三者的領土。

萊比錫，三月十三日。《萊比錫人民報》（*Leipziger Volkszeitung*）的短文：「匈牙利：

競選海報，呂根島，
一九九〇年三月。

蘇聯士兵返鄉。蘇聯自週一起從匈牙利撤軍，機槍隊遣返回國。」有些東西不斷返回，直到遇上自己的回音。我曾經談過這個概念，它似乎不願意離開我的系統。一九五六年，我去了布達佩斯。是巧合，也是為了探險，倒不是因為什麼明確的信念：有個攝影師打電話問我要不要跟他一起去，他聽說那邊發生暴動。我在幾天之後離開布達佩斯，比俄國軍隊早一步。我聞到戰爭的味道，發現那還是我熟悉的燃燒臭味。夜裡放在窗邊的蠟燭：為死者守靈。被吊起的拉科西（Rákosi）[9]胸像和史達林胸像。[10]三十多年後，我在喬治．康拉德（György Konrád）的小說《輸家》（*The Loser*）又遇上這個影像，在小說中與現實重逢——證實了我沒記錯。路邊橫屍，人們在其上吐口水。屍體嘴裡塞著鈔票，這些人是秘密警察的密探。之後，我看到他們行刑的照片，不堪描述的表情，手舉起來企圖擋住子彈的一瞬間。這個世界背後的世界，重現在彼得．納達斯（Péter Nádas）謎樣的小說《家庭史的結束》（*The End of a Family Story*），透過一個孩子的眼睛來看史達林主義的世界：背叛和死亡交織成的妄想，扭曲了成人的世界，無情地暴露其令人無法忍受的真相。

他們得留在那裡，而我可以回家。人們問我們何時再來，何時能幫忙，這些問題沒有答案，因為唯一的答案讓人說不出口。我們不會再來。我寫了生平第一篇報導，大概很差勁。

我用這句話作結：「俄國人，回家。」暴力和羞恥心為我上了一課。從此之後，除了東柏林之外，我沒有再去過東方集團國家；我辦不到。回到荷蘭，一片歇斯底里的氣氛，**真相**的組成遭到攻擊，那一類的事。我才剛加入的筆會（PEN Club）討論要驅逐共產黨成員。這彷彿是我才剛經歷過的事，只是規模比較小，而我反對。當驅逐還是發生了，我離開筆會。我才剛從那邊返家的中歐開始石化，那顆石頭一直到最近才粉碎。在未來的幾十年裡，將會出現那個年代的記錄——其中的屈辱、荒唐、背叛、卑鄙、恐懼和驕傲。但唯有在康拉德、海恩（Hein）[11]、莫妮科娃（Moníková）、昆德拉、納達斯等人的筆下，才能被留存得如此富悲劇性、憤世嫉俗、諷刺、嚴肅又滑稽。宿怨會解決，如同在每一次戰後，投機者和依附者會曝光。光鮮的新政黨創立者，是昨日史塔西（Stasi）[12]的線人；留下的人會攻擊離開的人，反之亦然。東德作家工會代表大會在電視上的畫面就是預告：先前的特權人士，迷惘地看著自己的房子、津貼及海邊避居處消失，不知道接下來會發生什麼事，嫉妒地看著那些已經以才華或政治勇氣在西德佔有一席之地的人。每個東歐社群都小到所有人知道所有人的事，然一旦塵埃落定，檔案、照片、備忘錄、報告都歸檔之後，還存在另一個世界，一個更為虛構、但也更易理解的，由信件、日記、回憶錄和詩構成的世界，小說的真相，顛覆性想像與反抗的最後庇護所。

在萊比錫，陽光普照。我走在舊市政廳前的市集，讀著金色字母列出歌德的公爵友人的顯赫頭銜，嗅著煙霧瀰漫四處的褐煤味，試著回想過去，但發現這裡有太多當下。我的回憶正確嗎？我不確定了。我仍然記得布達佩斯那個女孩的表情，非常熱切，問我們什麼時候會來。問的人不只她。「我們」是什麼意思？鉗形攻勢（Pincer movement），我記得那個說法。俄國坦克軍團執行鉗形戰術，把通往維也納的主要道路鉗住。是坦克軍團嗎？我本應該親眼看到，但在當時卻於我如無物；直到現在我才從文字裡讀到，有勞康拉德。戰前的匈牙利共產主義、合作、在東方前線的匈牙利人、投奔武裝抗爭、共產黨員彼此監視的恐怖——就連當時，戰爭發生的同時，俄國一樣不缺這些事——拷問、行刑、倖存者返家、強權、史達林主義、更多拷問、更多行刑。當我走在燒毀的車輛、槍戰、追捕叛徒的人們之間，一切都已經在進行。康拉德的書如此不尋常，不是因為他列舉人類的殘酷和愚蠢，而是他刻意的漠然語氣，暗示了無論發生什麼，生存是可能的。拷問和犬儒主義，深不可測的邪惡，都描述得如此生動，我常得放下書，無助地、有些可笑地用手摀著嘴，因為太難承受了。然而就像摩尼教[13]的神奇力量，全景恐怖之中，透著希望的光，彷彿有人一直在微笑，那個微笑可以癒療。現在我明白一九五六年我盲目經過的是什麼樣的世界，它從何處來，後來會發生的事。那個年代的結束帶來的喜悅，我這個外人無權享受，但我還是感到喜悅。

在市集廣場（Marktplatz），我周圍的人比我更有理由去思考他們的過去。我回到家後還是有選擇，這是自由。各方意見衝突，冷戰，持續縱容體系的人們，一些友人不知為何認為一切都會好好的，對柬埔寨和越南的前景感到失望。我們可以自由思考，如同字面上的意思，因為無論我們思考什麼，我們還是自由的。現在想來是好久以前的事，在荷蘭舞台上，右派與左派曾經大跳怨恨的芭蕾舞，但在這個市集，芭蕾舞繼續跳，且是第一次全本演出。大群人圍著正在爭辯週日選舉的小團體，關於吉西以及德國統一社會黨的黃金、關於波姆（Böhme）[14]、史努爾（Schnur）[15]和莫德羅，關於叛徒與剝削者、自以為什麼都懂的知識份子、史塔西和聯邦情報局、西德、西德如何大搖大擺地前來，關於金錢、房租和失業率。他們在科爾、勃蘭特、施密特的海報前，在西方報紙的報攤前滔滔不絕；他們興奮大喊，彷彿要彌補多年來的沈默。他們周圍的人喃喃贊同或是不贊同。

昨天的他們是誰？站在我身邊的是什麼樣的小說、歌劇劇本和日記？萊比錫的街頭繁忙，甚至快活。房屋的油漆斑駁，古老電車嘎吱駛過鐵軌，大群遊客行經巨大的車站要去

「哭牆」，萊比錫，一九九〇年三月。

商展。誰是去年的法官、線民和人民？這問題適用於這個國家以及另一個國家。當哈維爾（Václav Havel）在法庭上向法官用以下這句話作結：「因此我才相信，我再也不會毫無根據地被判刑。」但卻又給他判了好幾個月的那個法官，她現在去哪裡了？當她看見哈維爾與布希或戈巴契夫出現在電視上，她是怎麼想的？當年他從一九七九年坐牢到一九八三年，常決定不把他妻子給他的家書（「……因為，我被告知，你超出家事範圍多次向我捎來問候」）交給他的官員，都去哪裡了？克里斯塔・沃爾夫（Christa Wolf）[16]最新未出版的小說裡，那些「屋子前面坐在車子裡的年輕人」，都去哪裡了？他們看到她在電視上朗誦那個故事嗎？這種命運的轉換，只會出現在童話故事或十七世紀喜劇：青蛙變王子，囚犯變國王，鍋爐工變大臣，劊子手害怕，法官被起訴。童話故事都是可怕的故事：淪落到錯的一邊會致命。但撕下面具的一刻還沒到，也許人們不希望那一刻來臨；他們有別的事要忙。

很少小說能把事實成功地小說化，讓你很肯定曾見過書中主角，或覺得明天就會碰到他。這樣的角色之一就是歐爾騰（Orten），出自里布夏・莫妮科娃（Libuše Moníková）[17]的小說《表面》（*The Facade*）。畫家歐爾騰和友人展開瘋狂旅程，打算穿越蘇聯前往日本，但他們越接近，日本卻似乎越往後退。嘲笑不幸像是捷克人的特質，隨著他們的旅程被迫耽擱，能出錯的事全部出錯，但莫妮科娃所描繪的捷克—俄國關係、西伯利亞荒謬飛地上的俄國科學家、體系的無比愚蠢，再再讓我無法忘懷，我好希望歐爾騰可以在這裡告訴我布拉格的真正現況，只有模範書裡的虛構角色能做到——如同塞萬提斯的《模範小說集》（*Novelas ejemplares*）[18]——從現實的表象——也就是世界——來建構真相。

陳腔濫調意味著每個人都注意到、但還是需要說出來的東西。「感覺好像大戰剛結束。」星期六時阿曼多這麼說，在這裡也是一樣的感覺。不只是班駁油漆、老舊汽車和狀況不佳的道路；一定是別的，彷彿草雖然是綠色，屋頂磚雖然是紅色，拍出來還是黑白照片，彷彿這個世界還不想變成現在，當下。有的人還抱持一點懷舊之情，他們寧願保持現狀。也許這就是鈞特．葛拉斯（Günter Grass）[19]指的，這裡的人活得比較慢，而這正是莫妮卡．馬榮（Monika Maron）[20]抗拒的，一如她抗拒史蒂芬．海穆（Stefan Heym）[21]還夢想從惡夢般的過去搶救出什麼。我發現我也有同樣的想法，但這是不可能的。到了週日，人們會自己決定下個週日的可能性。「Die Stunde der Wahrheit naht」（真相時刻逼近），新聞節目「薩克森明鏡」（Der Sachsenspiegel）這麼說。沒錯，真相時刻正在逼近。現在還很早，但我還是去亞斯多利亞飯店（Hotel Astoria）的夜舞咖啡（Nachttanzcafé）喝杯咖啡。現在才早上十點，但舊時代又來了：穿白色西裝外套的男人們在演奏舞廳音樂，窸窣的打擊樂器，甜蜜的弦樂。我變成我過世的父親，在絨布座位坐下。大型椅子井然有序，排成角落，排成區域，絨布坐墊的酒吧高腳凳，五〇年代風格，人民共和國的版本，背景是旋繞的塑膠球，彩色霧玻璃的壁燈，長方形、黃色、血紅色。一個避難所，一台Kuchen（蛋糕）餐車，一個苗條的金髮女子，養尊處優的生活。我讀《故事現在開放》（*Die Geschichte ist offen*）[22]：沃克・布朗（Volker Braun）[23]、君特・德・布恩（Günter de Bruyn）[24]、莎拉・基爾希（Sarah Kirsch）[25]、莫妮卡・馬榮（Monika Maron）[26]、君特・庫內特（Günter Kunert）[27]。意見，異議。我迷上馬榮自傳性色彩的優美文章，下筆帶著無比清晰度和同理心，是我近期讀到的最成功描繪本世紀德國人將面對的未來：猶太祖父、天主教祖母、共產黨員、放逐、支持納粹但仍然伸出援手的鄰居、歷經一切但仍緊守老派共產信念的母親、分裂、有些人去西邊、有的留在東邊、再也沒有回來的祖父、和解、與失散的親戚重逢、命運、自我解釋的歷史。

室外，陽光否定過去。我穿越城市到聖多馬教堂（Thomaskirche）。巴哈葬在這裡，莫札特在這裡演奏過，舒曼也是。巴哈死後，孟德爾頌在此首次演出《馬太受難曲》（*Matthäus Passion*）。一張照片，威廉・皮克、瓦特・烏布里希特、蕭士塔高維契（Dmitri

Shostakovich）站在巴哈的墓前。勾起我的回憶：一九六三年的烏布里希特，他和赫魯雪夫在德國統一社會黨代表大會。邊境的雪，帶狗的男人，下著風雪的廣場，也就是去年我看到起義的廣場。國會大樓前，老婦人勤奮打掃紅毯，彷彿要把它舔個乾淨。那個尖細的薩克森嗓音，成千上萬的人，他們的掌聲。那個教堂已經瓦解，這個還屹立。能同時接納活人和死人的人會更長命。這裡的空間挑高而涼爽。我看著十八世紀 Superintendenten（教士）嚴峻的、神職人員的臉，著虔誠黑衣的男性，白色襞襟呈上他們的頭。有人在演奏管風琴，一種永恆的形式。然後有人說話，永恆旋即碎裂。我經過女性與環保（Women and Greens）的政治海報到書展，來自西德的出版商正忙著劃出自己的勢力範圍。樓梯上有克里斯塔・沃爾夫、克里斯多夫・海恩、海加・克尼格斯多夫（Helga Königsdorf）[28]、史蒂芬・海穆、華特・楊卡（Walter Janka）[29]的照片。我想到楊卡的審判，約翰尼斯・貝赫（Johannes Becher）[30]和安娜・希格斯（Anna Seghers）[31]的背叛，楊卡描寫自己獄中七年生活的《真相的困難》（*Schwierigkeiten mit der Wahrheit*），想到海恩懇求用關於那些年的真相來填補過去的缺口。Autoren als Vordenker und Wegbereiter des revolutionären Aufbruchs，照片旁斗大的字體如此宣告：「作家是革命覺醒的先知與開拓者。」這是真的嗎？或許。是不是其實他們獨自在家、身旁無群眾時寫下的作品，就是在之後、在某一天，抽象地稱為「人民」之中一樣孤單的成員，之所以會走上這個城市的街頭、用自己的方式去書寫的原因？

柏林，亞歷山大廣場，三月十六日。吉西要講話。我看見他穿越人群，身邊圍著一群攝影師。他比我想像中矮得多，那頂帽子幫了倒忙。是什麼讓他這麼有魅力？一定是他的勇氣；哪有一個聰明人願意承擔一個破產的國家？大家等著看他，群眾人數越來越多。都是年輕人，帶著旗子，把大廣場擠得看不到邊緣。那位矮小的男子被抬上卡車，我看見他櫻桃般的眼睛在眼鏡後面發光。Und doch wird dieser schlaue Judenjunge es nicht schaffen，我在西柏林聽到某人說：那個聰明猶太男孩還是沒辦法成功的。這是開頭，但我已經喜歡他了。可惜他是那個政黨的。另一方面來說，一個讓人一看就心情好的政治人物——這年頭這樣的事不多了吧？「所以你同意他嗎？」某人問我。「不同意，但他的幽默感不錯。」我說，這句話讓對方不是滋味。於是我補充：「你知道西德很多大牌律師事務開天價跟他招手？」氣氛好了點。一個以抗拒金錢為原則的人總是神聖不可侵犯。意思是他是認真的。

人群耐心十足，而且人數越來越多。看來他得到的票數會超過工會的百分之五。講者一

選舉，亞歷山大廣場車站，
東柏林，一九九〇年三月。

馬克思，牆面浮雕，東柏林。

個接一個，倒數第二個是楊卡，坐牢沒有讓他失去信念。然後是吉西。天色昏暗，大建築物擺脫掉壓抑不住的醜陋，在我們身邊映照出光環。他提到過去犯下的錯誤，黨的更新距離完成還有一大段路要走，過去四十年非常狀況下的成就，東德被迫付出賠償但西德則否，關於財產和房租管制，關於即將消失的一些確然之事。我看著身邊的面孔。大家都在聽，都一臉嚴肅。他沒有大聲，只是提出爭論，他不採取煽動群眾的手段，也沒暗示問題將會解決。這個人的談話對抗歷史洪流，但這不代表他背後什麼都沒有。

兩天後，我又看到他。牌已經重新洗過。基督教民主黨聯盟輕鬆贏得全國勝利。伊普拉罕・波姆（Ibrahim Böhme）[32]主導的社會民主黨，只得到對手囊括的百分之四十四票數的一半；他的眼神悲傷。[33]將近午夜，我再次前往東邊。查理檢查哨一片安靜。我不知道我期待什麼，但它不在這裡。中央委員會之前的總部有派對在進行。大廣場周邊有少數人群在走，而在共和國宮前，來自西德的電視台在收拾東西。我走過一道牆寫著 **nein nein nein nein**（不不不不），然後經過一塊上有很大的馬克思頭像的青銅匾牌，一堆小人從他下面經過。沿著腓特烈大街往回走，我聽見聲音從一棟大樓傳出來。我打開門，發現自己身處英勇的開拓者之間，盛大示威的小型派對，被選民拋棄的先驅者。一大群人包圍著一個我看不見的人。當我爬到一張椅子上，我發現是吉西。「你去年在哪裡？」某人對他大吼，喝醉而挑釁。他還來不及回答，另一個人站到講台上說吉西四年前替他辯護過。接著是一個想要支持吉西的學生，因為他多年前曾聽過他講出沒有人敢講的話。我不知道他為什麼還在這裡，怎麼還沒上床睡覺。經過這樣的競選之夜，他還有什麼話要對這一小群人說？但在蒼白的疲憊之下，我又在那櫻桃眼看見一抹笑，我知道這個男人，加上莫德羅以及他的認真，還是能擔任一個像樣的反對勢力，而且不只在這個德國。爭辯持續，一台無法關掉的機器。在查理檢查哨，只有我一個人通過。霓虹燈、守衛、過道、門、整個迷宮路徑都是我一個人的。Neue Zeit（新時代）的老派字體仍然高掛在牆上，但它也將在一年內消失。

註釋

1 Oder 為德語，Odra 為捷克語或波蘭語，皆指奧得河。
2 Neisse 為德語，Nysa 為波蘭語，皆指尼薩河。
3 Lerida 為西班牙語，Lerida 為加泰隆尼亞語，皆指西班牙城市列依達。
4 Mons 為法語，Bergen 為荷語，皆指比利時城市蒙斯。

5 見詞彙表。

6 見詞彙表。

7 指一九一八年至一九三三年共和憲政政體的德國，因這段期間實行的憲法是在威瑪召開的國民議會通過而得名。其使用的國號為德意志國（Deutsches Reich），威瑪共和國是後世歷史學家的稱呼。

8 Caspar David Friedrich（1774-1840），十九世紀德國浪漫派風景畫家。

9 Mátyás Rákosi（1892-1971），匈牙利共產黨政治人物，匈牙利共產黨總書記、一九四九至一九五六年間為國家實際領導人，掌權期間極力迫害知識份子及異議人士，一九五六年蘇聯政治局強迫其去職並搬到蘇聯，只有他允諾不再參與匈牙利政治才能返國，拉科希不從，後於一九七一年逝世於蘇聯高爾基。

10 一九五六年蘇共第二十次代表大會的最後一天凌晨，赫魯雪夫提出一份「秘密報告」，批判個人崇拜和史達林，震驚世界，從此開始去史達林化運動，造成重要的影響。

11 見詞彙表。

12 國家安全部（Ministerium für Staatssicherheit，簡稱史塔西，Stasi）是東德之國家安全機構，成立於一九五〇年，集秘密警察、情報偵察、犯罪起訴與審判功能於一身。東德有約六百萬人被建立秘密檔案，超過東德總人口三分之一。

13 摩尼教或稱牟尼教（Manichaeanism），由波斯先知摩尼（Mani）創立，將瑣羅亞斯德教（Zoroastranism）與基督教、佛教融合的宗教哲學，相信二元論。

14 見詞彙表。

15 見詞彙表。

16 見詞彙表。

17 Libuše Moníková（1945-1998），捷克作家，以德語寫作，一九六八年蘇聯及華沙條約成員國入侵捷克、斯洛伐克之後即赴西德。

18 又譯《訓誡小說集》，是塞萬提斯於一五九〇年至一六一二年間寫成的一本小說合集。

19 Günter Grass（1927-2015），德國作家、詩人、劇作家、插畫家、雕刻家，一九九九年諾貝爾文學獎得主。

20 Monika Maron（1941-），東德作家。

21 見詞彙表。

22 德國政治人物兼作家麥克・瑙曼（Michael Naumann）主編的論文集。

23 Volker Braun（1939-），東德作家、詩人。

24 Günter de Bruyn（1926-），東德作家。

25 Sarah Kirsch（1935-2013），東德詩人。

26 Monika Maron（1941-），東德作家。

27 Günter Kunert（1929-），東德作家。

28 Helga Königsdorf（1938-2014），東德作家、物理學家。

29 見詞彙表。

30 Johannes Becher（1891-1958），東德政治家、小說家、詩人。

31 Anna Seghers（1900-1983），東德作家。

32 見詞彙表。

33 此處指一九九〇年三月十八日的東德國會大選，是東德第一次也是唯一一次自由的國會選舉。

11

1990/4/21

一八一〇年，德．斯戴爾夫人（Madame de Staël）[1]抱怨柏林缺少哥德式建築物，覺得這個城市不夠古老：「...on n'y voit rien qui retrace les temps antérieurs.」（……看不到任何舊時的痕跡。）現在不能這麼說了：過去兩百年，尤其是最後五十年，這裡創造出多少歷史，似乎連空氣都滲透著歷史。我說的不只是蓋起來的東西，還包括消失的東西：空虛地方的力量，消失了的廣場、政府部門、Führerbunker（元首地堡）、拷問地窖、柏林圍牆周邊的無人之地、兩道柵欄中間稱為「Todesstreifen—死亡地帶」的致命沙州，消失所發揮的吸引力——這些地方曾經把人和記憶都吸走。柏林是負空間的城市、非也的空間、被轟炸殆盡的存在、封鎖區、神秘的禁地。其象徵就是經常看到的彈孔，微小的凹陷，原本應該有的石頭或磚頭，因為沒有了反而更引人注目，就像關閉的地鐵站裡沒有人影。經過這些車站，你會發現自己處在鬼魂的王國，所有人都逃了或是得了瘧疾死了。月台無人，怪異地亮著燈；就連在車廂裡面，也感覺到令人屏息的寂靜填滿了空間。你知道你如果下車，會立刻變成一個古人，提袋裡放著一九四三年的報紙。「古老」建築物，如國會大廈（Reichstag）或佩加蒙博物館（Pergamon Museum）[2]看起來有點奇怪，彷彿它們是很久以前就擱淺在水裡的石塊，彷彿它們不記得自己的過去和功能。

我出現這些想法時正在貝爾維尤宮（Schloss Bellevue），我在等里夏德・馮・魏茨澤克（Richard von Weizsäcker）[3]介紹他的來賓沃夫岡・希爾德斯海姆（Wolfgang Hildesheimer）[4]，他正要朗誦。為了看清楚點，我在後面找到位子。這裡不是我的國家，所以我幾乎誰也不認得。就是一大群抽象的女士先生們，他們看起來跟這空間的匿名感很相稱。其中一個男人戴了幾個大得離譜的造型戒指，最鋪張之處僅止於此。我看見史蒂芬・海穆像隻壞脾氣的老蒼鷺棲息在前排。他最近才提到西德的Freibeuterstaat（海盜州），現在人就在這裡，跟白髮主席聊天。在這禮拜的《時代週報》（*Die Zeit*）裡，瑪莉昂・登霍夫（Marion Gräfin Dönhoff）[5]寫了一篇關於魏茨澤克的文章，關於他的尊嚴，他的權威。希爾德斯海姆朗誦時，我趁機給主席披上一頂銀色假髮，讓他穿上無憂宮（Sanssouci）宮廷大臣的制服。他的莊重優雅不變，那種貴族氣派屬於早期的德國，希爾德斯海姆的故事的背景年代，關於一位英國貴族去威瑪拜訪歌德的偽傳記。我聽著虛構的對話，在讀過了艾克曼（Eckermann）[6]的《歌德談話錄》（*Convrsation with Goethe*）之後，故事聽起來完全可信，同時我想到身體的恆久性。主席的身體看起來結實，又脆弱；我難以想像，一九四三年在列寧格勒城外，他的靈魂就駐足於同一個身體。[7]我並不知道他的靈魂確切是什麼，但我想一定是待會我站在他身邊時看見的那對冷靜、明亮的眼睛裡閃爍的東西。恆久性——我想不出更佳的字眼。我指的是身體作為記憶和經驗的載體，它存在一個單一不間斷的線上，結合了關於戰爭以及他的兵團的記憶，軍團裡十九名軍官在暗殺希特勒失敗後被判死刑，絕大部分人戰死沙場，現在它站在這個當時被摧毀的空間，一手拿著香檳杯，微笑、說話、聆聽。

之後我才發現這個集會還有另一項目的，幾張我勉強認得的東德政治人物面孔，在朗誦開始前，在這裡進行了非正式討論會。我走到出口才看見莫德羅；他幾乎隱身在一群慢跑的保鑣背後。感覺一股寒意貫穿這個空間，不是因為那個人，是因為事件。他目前仍然是Ministerpräsident（首相），一切看在我眼中就像快轉的電影畫面：十二個人包圍著他，他被迫一起小跑步，從他淒涼的表情來看，彷彿他也覺得被逼地跑得太快。我從出口走出去時一定得走的台階，在不遠處等候的三輛閃閃發亮的黑色加長型禮車，車門重重關上，車燈消逝在車道，不真實，沈默。這個人會繼續統治東德一個禮拜，之後等著他的命運，大概跟西班牙的蘇亞雷斯（Suarez）[8]一樣，雖然這裡沒有國王可以封莫德羅為公爵。莫德羅下台，但少了伊莉莎白一世那種真正的皇家戲劇事件的華麗。他還在當下，還沒有完全消逝，伴隨他的是有如拜占庭珍奇櫃一樣集結了各個範圍的政治人物，及八位沒有代表作的部長。不，這不是一齣鬧劇。這個奇怪的朝廷帶來一個矩形圓桌，花了五個月把圓形變矩形，這段期間內徘徊在歷史的泥土上，懷裡抱著一個真正的國家，最後，在人民的要求下，把它放在西德的階梯上，旁邊還擺著一個撲滿。魏茨澤克、莫德羅：兩個過著平行生活毫不相關的德國人，只有在這了不起的一刻，雙方的道路才交叉。兩人在疏遠的雙生國家的制度裡，各自走了好長一段路，現在編劇在下一集給莫德羅賜死，但節目繼續下去。

車子消逝在遠處，我聽見身後的走廊傳來問句：「他們都是史塔西的人嗎？」另一個聲音回答：「不，裡頭也有六個是我們的人。現在雙邊合作。」

對話：憑空抓來的字句，就像有時候光是聽見幾個音符，就知道是哪首歌，字句也可以立刻放進更長的段落，因為是關鍵詞組：史塔西、一比一、波蘭、這邊、那邊。東德酒吧裡的老人：「他們要是用一比二來騙我們，一定會流血。你記住我的話。他們已經覬覦我們很多年，但不會再發生的，無論德梅齊爾（de Maizière）[9]做了什麼亂七八糟的事。昂納克比

夢想中的匯率，東德，一九九〇年五月。

起來還比較無害。我們會上街頭的，我跟你說。這次不會有蠟燭。我可以跟你保證。」

在西德，康德大街（Kantstraße）：

「真希望他們快滾，那些該死的波蘭人。到處看得到他們，什麼都被他們買光，你知道他們買東西比較便宜，因為不必付營業稅。你真該看看那些人！那麼多東西，錄影帶、收音機、電視，拿回家後再賣掉賺錢，人在這裡時就在門口隨地小便。」

「但這樣對店家好。」

「對，沒錯，但我什麼也不能做，哪兒也不能去。我在家附近的超市得排該死的一小時！那些人買的東西夠一整個村莊用。你應該看他們搬貨回去的樣子。」

史塔西大樓前，諾曼大街（Normannenstraße）。我站在對街看著它。復活節後的早晨，寧靜，建築物沐浴在陽光下，偌大而邪惡。對街的路人笑著大聲說：「他們在裡頭也有你的資料？」不，他們沒有我的任何資料。因為街道太安靜了，我可以想像從前是什麼樣子：以聲音的形式出現的背叛，被電話雜訊干擾的聲音，對鄰居、醫生、神父的指控和耳語，電傳機的噠噠聲，打字機的沉默機關槍，電腦的嗡嗡聲，觀察員的字句在室內迴響。史塔西的僱員比軍隊還多，撒下的網遠至最偏遠的村莊。誰都可以監視別人，任何一個單字都可以被另一個人傳遞到這裡，這棟建築物裡，然後被轉換成檔案、報告，和上膛的武器，甚至在局面改變了之後；這項武器，因為你使用過或允許自己使用它，現在也可以拿來對付你。你父親說了什麼？老師說了什麼？學生說了什麼？你部門裡那個同事說了什麼？字眼，指控，句子，真或假，包裹著人們，慢慢把人拉進這棟建築物，捏造出意義，決定了位置。她後來去哪裡？她通常在那裡停留多久？她跟什麼人見面？數十萬人被牽連。如果同時聽到全部的聲音，聽起來會像暴風雨，但重點就在這裡：背叛聽起來不是這樣。它聽起來像寂靜，千倍的寂靜，令人毛骨悚然的窸窣聲是名字和日期，凝固成一個擴張的資料庫。

這個星期我看見好多張臉：波姆、史努爾、賀許（Hirsch）[10]，無罪、可能有罪、的確有罪的臉，罪名是操弄、報復、謊言，也許還有另一份檔案，一層細細的灰塵滲透一切，懷疑、背叛、雙重背叛的灰塵。史努爾的照片最糟糕：照片裡，人高馬大的科爾站在陽台上，在德勒斯登或是萊比錫，底下的人民一定正大喊著：「赫爾穆特！赫爾穆特！」但照片裡看不見人民，科爾的體型映照在天空前，一個毫不寬容的剪影。在他背後幾公尺之處是史努爾，也是背影。他站得離科爾有一段距離，一個忠僕，正在執勤，雙手緊扣在背後。他知道科爾已經知道，再不久所有人也會知道——結束，恥辱。而賀許呢？波姆呢？有沒有可能自己做過某件事，但卻不知道自己做了？會不會有一個檔案，說明你其實不是你以為的自己？會不會找出一個你以為永遠不會被找出來的東西？或者，用來毀謗、破壞你的東西只是疑心？來自《圖片報》的人得意洋洋對賀許說，沒錯，但他們還是能再找到一個檔案，不是嗎？這是一個扭曲的世界才會出現的對話，四十年腐敗思想的遺贈；它存在語言、行為、記憶和檔案裡，它是為未來尋找基礎、強行進入當下的一段過去，衣櫃裡走出來的骨骸，它會吃會喝，會抽菸還會投票，在酒吧和人民議會裡就坐在你身邊。

我在這裡是外國人，但我試著了解。我和百萬個樞機主教坐在議會裡，聽辯論，讀文字紀錄，財政的神學論，政治的決疑論（casuistry）[11]，像做學問一樣比較基本法第二十三條與第一百四十六條。誰的教義才正確？誰是異端？哪個罪應該有什麼懲罰？標準貨幣兌換率是什麼？二比一意味著一個不滿的國家，而不滿的國家會變成險惡狀況。一比一意味著失業率，失業率意味著不滿。但部分不滿，總比普遍不滿好一點吧？人民要統一——難道有罪？我記得在一年前，還無法想像的時候，西柏林人會說他們不要跟「那邊的人」統一。現在，同樣一批人裡，有部分的人贊成聯盟，意思是這是史上不知第幾次去延遲、阻撓一個不可能免除後果就去阻止或否認的東西，那個慾望像河流一樣流經德國的過去：渴望一個國家，英法從中世紀以來就有的政治統一體，但德國一直到一八七一年才產生，且從未完全被法國接受。儘管如此，內部發展導致德國民主一直到一九一八年才正常運作，就連一九一八年之後，權力其實還是掌握在少數有權勢的軍人或實業家手上，在凡爾賽條約的羞辱之後，他們就是要復仇和重新掌權。他們肯定沒打算交出人民要的民主和統一，儘管這批人已經選出自己的領袖，在國會裡也把持了社會民主主義的多數。

有許多資料可供研究當年驚人的智識困惑，史賓格勒（Spengler）[12]、榮格（Jünger）[13]、希特勒等人的形上學之夢偽裝成世俗想法，馮・帕彭（von Papens）、胡根堡（Hugenbers）、提森（Thyssens）[14]這類人士的自私算計以及他們和國家社會主義的邪惡聯盟，從一九二九年開始，到一九三三年希特勒掌權之後——應該說，因為兩百萬票從他那裡流失到左派之後——達到最高點。在《現代德國起源》（*The Origin of Modern Germany*）一書，傑佛瑞・巴勒克拉夫（Geoffrey Barraclough）[15]說這是對德國人民的陰謀，那些一再重申德國人把票投給希特勒的人（甚至以此作為反對民主的論調），應好好再檢視一下數字。一九二四年，不到一百萬人投票給國家社會主義；到一九二八年，票數更少；一九三〇年，華爾街崩盤、德國工業垮掉之後，是六百四十萬；一九三二年七月，是一千三百七十萬（當時失業人口超過六百萬人）；到了一九三二年十一月，這個數字掉到一千一百七十萬。

社會民主黨和共產黨的票數在這段期間相對恆定，從一九二四年的一千零五百萬票，到一九三二年的一千三百一十萬票。天主教的中央黨（Zentrumspartei）也以四百多萬票維持穩定。其他中產階級政黨從一千三百二十萬票掉到四百二十萬票，但整體來看，一九三二年的最後一次自由選舉，總共有超過兩千兩百萬德國人沒有投給希特勒。

我們知道後來發生什麼事，也知道在那些事之後，我們仍稱為東德的國家發生什麼事，但問題是這層知識，贊成或反對統一的兩邊都可以拿來做辯論。有個事實值得一提，經濟方面的辯論總是被指為邪惡或可恥，彷彿它完全獨立於其他考量。就此而言，西德要求的，可完全視為渴望一個新的殖民地，而東德要求的東西很像是懷孕的後期，但目標相反：儘可能趕快進到裡面，必要時來個逆向的剖腹手術，好直接連到母體胎盤和羊水的神聖補給物。第二個觀點有種自然主義的意象，但牽涉到das Volk（人民），或許就不能用上「自然」的類目，因為思想家基本上不信任人民，甚至害怕人民——這是另一種可能性。因此贊成立刻統一（第二十三條）的人，被指控為德國馬克國家主義者（D-Mark nationalism），而支持第一百四十六條（Dieses Grundgesetz verliert seine Gültigkeit an dem Tage,an dem eine Verfassung in Kraft tritt, die von dem deutschen Volke in freier Entscheidung beschlossen worden ist：「本**憲法**在德國人民自由決定之憲法啟用時即失效」）之小心翼翼的少數人，被標記為擁護憲法的愛國者。這就立刻把另一群人變成不愛國的人，在字眼的戰爭中，若選擇了第二十三條的快速道路，彷彿過去的鬼魂都會被召喚來。「奧許維茲」（Auschwitz）這個單字經常出現，就算背後的目的再崇高，對我而言仍然有如褻瀆，因為那段過去不可碰觸，而人們想要藉著提起它來說明的事，也無法被證明。

也許比較好的方法，如格拉斯和哈伯瑪斯（Habermas）[16]提倡的，是讓所有德國人毫無顧忌地討論在單一、共享的國家，和由兩個現存共和政體組成聯盟之外的另一個選擇。畢竟，東德的經濟仍然癱瘓而且依賴，其社會架構和歷史包袱都不同，一千六百萬的人口在

Bundestag（聯邦眾議院）是少數，也就是說，沒有足夠的代表，可為前共和國的人民擋下各種不愉快。但如果選擇了這條路，至少會是在高度關注之下。少數派將有機會證明自己的位置，提供證明的文件會一直在桌上：看，我們大可這樣做但沒有。可是人民唱歌的速度比思想家還快；他們已經把前任領導唱入被羞辱遺忘的境地，而且越聽越喜歡自己的歌。誰又對歌唱者有足夠了解，敢宣稱這不是他們的歌？

現在下著太陽雨；套句荷蘭俗話，地獄正在辦園遊會。我站在絕佳位子，看著虛假的黃色陽光映在國家安全部大樓的黑色反光窗戶。很奇怪，我竟花了這麼長的時間，才注意到這棟大樓前面沒有門；這整面牆，現在被憤怒的字眼覆蓋，是用糞土色的斑點石塊砌到頭部以上的高度；再往上就是匿名窗戶的四層樓，彷彿建築師以設計來表達這棟建築物的功能，讓他有種邪惡滿足感：非人化、禍害、骨骸的所在。無法想像有人在這棟大樓裡喝水，但他們當然在這裡頭喝過水，也在賈克杜克羅斯大街（Jacques Duclosstraße）步下電車，然後沿著列寧大道和胡志明大街繼續走，經過有著「für die D.D.R.-Frau」（給東德女性）繡花字體的報攤，經過賣家電的紫色櫥窗，經過蘭妮的賣酒店（Reni's Getränkeladen），經過動物朋友（Tierfreund）櫥窗裡的鸚哥，也聽見漢斯佐許克體育場（Hans Zoschke-Stadion）傳來的聲

法爾克廣場，東柏林，一九九〇年四月。

音，然後從某個側門進來工作，平凡無奇，就像其他人。他們望向窗外，知道經過的人看不到他們；他們拿出卷宗歸檔，在檔案註記，聽錄音，喝咖啡；晚上回家以後帶小狗沃夫崗去散步，抽考孩子的回家作業。牆上寫著「Liebe und Wahrheit sollen siegen über Lüge + Gewalt（Václav Havel）」（讓愛與真相戰勝謊言和暴力　哈維爾），那時候沒有這些字。

兩個禮拜前，我去了法爾克廣場（Falkplatz），東德邊界軍隊最近才從這裡撤退。這個最悲哀的區域即將種樹；每個人都可以帶東西來種，普倫茨勞貝格公園處（Prenzlauer Berg）和其他機構要貢獻一百棵樹。同時間，還有單車騎士騎到亞歷山大廣場的示威運動，「特別招待」（Besonderes

Bonbon）是他們可以沿著先前的 Todesstreifen，或死亡地帶騎車，也就是兩道圍牆中間平坦光禿禿的空地，之前讓奔跑穿越這塊地的人成為守衛的明顯目標。陽光照耀，大家忙著挖土，就連人民警察也用麻布袋裝了有根的樹苗而來。氣氛友善，有人在吹長笛，放眼都是紫色，有些單車騎士的頭髮比三十個士兵加起來還多。一個穿連身褲的少年花了好幾個小時，試著用鐵鍬把民主社會主義黨（PDS）的海報從瞭望台挖下來，他還年輕，還不懂一切都會隨時間而逝。廣場周圍破舊建築物裡的居民坐在陽台上，臭著臉或是無動於衷看著底下的白痴揮汗把荒地變成公園。我沒什麼園藝天份，但覺得不同種類的樹種得太靠近了，可是泥土芬芳，女孩子用手挖出小洞種有黃花的小植物，一個騎單車經過的年輕人後座放了自己手做的瞭望台。歌唱與歡笑的背景，是佔據一切的柏林圍牆、被遺棄的瞭望台和周圍曾經致命的沙地，我站在圍牆屬於他們那邊的一側，往另一邊的我的世界看過去，我感覺到強烈喜悅，也許只是單純的快樂。我試著想像兩個地區依偎在一起，但我無法想像。挑戰性太高了。首先要撤的是瞭望台，然後圍牆，然後沙子，新的東西進駐，我現在還想像不出來的東西。我知道那個空間會被填滿，但我不知道怎麼做。我不是都市計畫者；我的任務是記錄。

這就是為什麼我現在回到那個地方，另外一個現在，兩個禮拜之後，所以我才在美麗堡

左：法爾克廣場，東柏林，一九九〇年四月。
右：死亡地帶，法爾克廣場，東柏林，一九九〇年四月。

大道站（Schönhauser Allee）下車，走哥本哈根大街（Kopenhagener Straße），穿過一個在雨中看起來更悲哀的社區，沿著柏林圍牆再次走到法爾克廣場。但這裡沒有人，沒有笛聲也沒有人聲；民主社會主義黨的海報還在瞭望台上向雨挑戰，年輕的樹也在，光禿、僵硬、笨拙，萊姆、雲杉、松樹和栗子樹，那一刻，我想著五十年或一百年後，我多麼想在等待著的森林大樹底下歇息，多麼希望種樹的人不會失望。

註釋

1 Germaine de Staël（1766-1817），法國女小說家。
2 位於柏林博物館島，興建於一九一〇年到一九三〇年。
3 見詞彙表。
4 見詞彙表。

5 Marion Gräfin Dönhoff（1909-2002），《時代週報》主編，出身貴族（Gräfin 為德文「女伯爵」之意），大力反對希特勒，戰後成為重要的記者、知識分子。

6 Johann Peter Eckermann（1792-1854），德國詩人和作家，擔任歌德的秘書而見證其晚年生活，寫成《歌德談話錄》一書。

7 此指列寧格勒圍城戰（Siege of Leningrad），二戰時德國為攻占列寧格勒而實施的軍事行動。

8 Adolfo Suárez（1932-2014），西班牙政治人物，佛朗哥獨裁政治後第一位民選首相，一九八一年由西班牙國王授予公爵爵位。

9 Lothar de Maizière（1940-），德國政治人物，東德最後一任總理。

10 見詞彙表。

11 或稱案例推論（case-based reasoning），是一種應用倫理學或法學的方法，以個案本質作為基礎，相對於以原則作為基礎。

12 Oswald Spengler（1880-1936），德國歷史哲學家、文化史學家，主要著作為《西方的沒落》（*The Decline of the West*），納粹宣傳部長戈培爾（Joseph Goebbels）將他視為納粹主義的思想先驅，但他本人並不支持納粹主義，且在一九三三年被納粹驅逐。

13 Ermst Jünger（1895-1998），德國小說家，著名作品為一次大戰回憶錄《鋼鐵風暴》（*Storm of Steel*），部分評論家批評其將戰爭美化為一種超越的經驗。

14 Franz von Papen（1879-1969）、Alfred Hugenberg（1865-1951）為二十世紀初德國政治人物，Fritz Thyssen（1873-1951）為企業家，前兩人輔助希特勒取得政治勢力，好把他當成「工具」，但最後被逼迫至權力邊緣。後者為出資贊助納粹主義的實業家之一，他支持壓迫共產分子、社會民主分子和猶太人但抗議天主教徒受壓迫，後因經濟政策與納粹不同調及反對參戰而被送至達豪集中營，戰後以支持納粹黨罪名受審認罪並服刑。

15 Geoffrey Barraclough（1908-1984），英國史學家，專長為中世紀及德國史。

16 Jürgen Habermas（1929-），德國社會學家、哲學家。

12

1990/5/5

政治推想小說——如果在一年前，寫一本描述一個有著法國姓的東德基督教民主黨聯盟Ministerpräsident（首相）飛到莫斯科，跟戈巴契夫談德國統一後加入北大西洋公約組織的可能性，就會是這種小說。想像一下一年前的昂納克，手中拿著一份今天的報紙，打開電視看到德梅齊爾在莫斯科從飛機台階走下來。什麼樣的現實既真實，又荒謬？我住在一座城市裡，我搭巴士，去國會大廈。布蘭登堡大門少了馬和馬車，被鷹架遮住，被去勢的建築物。周邊的廣場開放而遼闊；柏林圍牆在夜裡拆除。人們走過這個空間，穿軍靴的東德士兵，一個小孩，被風吹掃的人物，背景是夏里特教學醫院（Charité）。我走去另一邊，現在可以直接通過，我在一個小木屋把西德馬克換成東德馬克：三比一。你也可以用非法方式換錢，無論往哪個方向看，都有手上拿著大把鈔票的可鄙的兌錢商。跟他們換錢會多很多，但就是讓人不舒服；情況已經夠糟糕。你離你的家是十分鐘路程，這裡的天氣是一樣的，身邊聽到的是一樣的語言，但口袋裡的錢忽然神奇地成倍數增加，不只因為你的一塊錢值他們的三塊錢，而且一碗湯要價一塊五，一碗燉牛肉是三塊九五，一杯啤酒是一塊二，你還可以把以上的數額再除以三，感覺有點奇怪。走回室外再走進一間書店，一本精美的何內・夏爾（René Char）[1]雙語詩集是六東德馬克（Ostmark）＝二西德馬克（Westmark）。[2]這樣不對，但就是這樣。在大飯店只要付德國馬克（D-Marks）（Westgeld，西方貨幣）[3]，買汽油時有時候（但不常）得證明你是以正當管道換錢。詐欺、投機買賣和算計比比皆是。一切嚐起來、聞起來都是銅臭味。對話裡講到的都是錢，然後飄進恐懼和不安全感的範疇：即將到來的七月二日之後會發生什麼事，對每個市民又代表什麼？

穿越東德之旅。我開車走一條經常走的路去荷蘭，但現在我可以下公路了，可以進入鄉下。馬格德堡（Magdeburg）[4]，哈伯斯塔特（Halberstadt）[5]，大教堂，又一座大教堂，修道院，死掉的貴族躺在他們的墓碑上面，一個冰藏的世界，但現在正在解凍。不會真的如此吧？但為什麼是這個感覺？一場戰爭，轟炸，整修，這些教堂一直屹立不搖。奧托王朝某位貴族的英國妻子[6]在這裡躺了好幾世紀，隱身在一個謎樣的微笑之後，讓人覺得她可以聽到遠方的聲音，但會是什麼？雕刻家把她的墓誌銘設計成一個字畫謎，把代表她的頭銜和她的美德的字母交織在一起，但我還是能辨認出她的名字。我讀著她，如同我讀柱上的語言，讀唱詩班座位上的木刻圖像，這個語言在各處說的是同一個故事，在一個永恆分裂的歐洲，這些教堂便成為統一的表象。這片土地原本是封閉的，這些教堂似已不存在，但我感覺它們只是去了別的地方，現在才剛返回，彷彿它們從這些特殊的社會主義建築群重新拿回自己的位置：候鳥歸來，在破爛紙箱之間築巢；互相矛盾的形式，外來形體但屬於這裡。

我看著中世紀的面孔，高聳墓碑上霍爾拜因（Holbein）[7]的人物，烏黑鏽蝕的天使，高樓的黑色崖壁面。然後我跟著一群孩子，他們的老師正在導覽，我聽他用柔和悅耳的句子講先前那個帝國的故事。感覺起來還給這些孩子的不只是古老的故事，還有說故事用的德語，這些孩子已經有一段時間不會這種德語。因為就是聽不到。在使用的是另一個不同版本的語言，別的字彙已在其中生根，分歧的歷史自我隱

馬格德堡大教堂，一九九〇年五月。

藏，缺席，但從未真正消失。也許這就是我們正在體驗的：在物質交配和貪婪之下，一個淹沒、擱置的德國正在把自己交還給自己，沒有人確切知道該怎麼辦。但無論發生什麼，都會出現在語言裡，但不是「跟台灣訂購襪子」用的語言（彼得．斯勞特戴克）[8]，也不是《新德意志報》（*Neues Deutschland*）[9]兩年前社論用的語言，也不是那個共用的、三三年到四五年具有效力的另一個早期版本，它被用來說太多謊言，許多單字再也無法恢復先前的力量。缺少單字，言詞就結巴、失效，緘默、困惑、沈默的形式便逐漸產生。Sprechen、versprechen：說話（動詞）、做承諾（動詞）。說話和做承諾的關聯在德語才有，在荷語不存在。我們當然都知道「verspreken」是什麼，但這個荷語單字的意思只有說錯話、說溜嘴、講出會後悔的話。德國人當然也有這種能力，但當我們荷蘭人 verspreken 的時候，我們從來不帶承諾。那個「做承諾」的意味，也就是哲學家斯勞特戴克指的，身為德國人，意思是要比任何一國的人更留心對自己以及對世界能承諾什麼。[10]

我繼續跟著學童閒晃（他們現在走到聖莫里斯〔St Maurice〕[11]，老師說：「你們看過嗎？一位黑人聖人？」），我的思緒漂去我跟不上的地方：語言，以及用語言寫或說的一切，是否涵蓋了能夠寫或說出來的一切？如果是的話，代表什麼意思？有些語言是否比別的語言較無法表達邪惡？有些語言比較適合謊言嗎？是這樣的話，一個語言要多久時間才能從自身的謊言復原？或者，如果語言本身是無辜的，只是受害者，和其他受騙的人一樣，只是另一個受害者，我們要如何幫助她（語言一定是陰性）痊癒？誰又是癒療者？

孩子們不知道在笑什麼。他們高頻的笑聲響徹拱頂，被自己的音量嚇到了之後又噓自己，但因為他們在這裡，我也在這裡，他們的笑聲成為我思考的一部分，彷彿他們正在說：「你需要癒療者嗎？我們可以勝任。」同時我也想到（一如你忽然間發現自己能夠表達一件一直以來都知道的事），我們生在一種語言真是件獨特的事，彷彿各人在長短不一的生命裡都浸沒在一條河裡。但河一直在變，你也促成了河的改變。在你之後，河流再也不同了。對我而言，那條河是魯斯布洛克（Ruusbroec）[12]、哈德維希（Hadewijch）[13]、是反對奧登巴納維（Oldenbarnevelt）[14]的法官所說的話、是馮德爾（Vondel）[15]，以及近代人物如麥克斯·布拉克齊爾（Max Blokzijl）[16]，在那些流利的書寫文字底下和背後，一代接一代無止盡的呢喃，大量的字句不斷在我們身邊累積。對於現在正摸著唱詩班座位上的惡魔和動物的學童們而言，那是路德在瓦爾特堡（Wartburg）從希臘文翻譯過來的字句，[17]但也是《尼伯龍根之歌》[18]的日耳曼語回音，是荷爾德林的洶湧波濤，是韓德克（Handke）[19]在小說《重複》（*Die*

Wiederholung）描述少時風景時才還來的遺忘字句；是三十年戰爭的吶喊，但也是希姆勒（Himmler）[20]的議案和戈貝爾（Goebbels）[21]的咆哮，或是戈特弗里德・貝恩（Gottfried Benn）[22]給克勞斯・曼（Klaus Mann）[23]的回應以及日後的自責，有文字記錄。[24]口說文字和書寫文字的混合從未間斷，這是一個國家和自身的對話：語言，在傷害她的體系被移除之後，或許有能力自我淨化，如同戒菸之後肺可以自清，即使是多年老煙槍。

我在前往哈茨（Harz）的路上。柏林友人看我列的目的地清單都懷疑地笑我：巫婆舞池（Hexentanzplatz）[25]、馬蹄印懸崖（Rosstrappe）[26]、布羅肯峰、巴巴羅薩洞穴（Barbarossahöhle）[27]、瓦爾特堡，在德國尋找聖杯、龍之血、尖叫的女巫、傳奇、懷舊記憶的寂寞朝聖之旅。為何《馬克白》的女巫、德魯伊（Druids）[28]及凱爾特（Celtic）英雄的古老暮光，都不會像理查・華格納的「嘩啦啦，嘩啦嘩啦」（Wallala weiala weia）[29]或歌德《浮士德》裡尖叫的女性，引起諷刺的顫抖？唯一可能的答案，是這個世界隨著缺乏活力的英國前拉斐爾派（Pre-Raphaelite）[30]而死，但在這裡得到復興，而且與死亡和毀滅的象徵結合。畢竟，尼波洛（Kniebolo）（榮格給希特勒取的孩子氣的代號，彷彿如此一來他就像皮諾丘〔Pinocchio〕一樣，比較沒有傷害性）也欣賞這一點：Nie-wieder-Erwachens wahnlos hold bewusster Wunsch[31]；語言作為思想的麻醉劑，是逃避理性世界的方式。

我獲得獎賞，彷彿場景設計師對我特別禮遇。還沒抵達巫婆舞池的所在地塔勒（Thale），白色的霧已開始在我的車子周圍繚繞。我看到「Schwebebahn」的標誌，「懸吊鐵路」，雖然搭乘懸浮的火車感覺是神奇而恰當的方法，我還是寧願最後一段路用走的：一點恐懼是無傷大雅的。我以為的霧結果是雲，時而得見，時而不見。樹在滴水。放眼望去一個人也沒有。但商業對傳奇有其狡猾的一套：當我終於抵達山頂，我看到一個可以停遊覽車的停車場，一間入口上方有女巫趣味圖畫的餐廳，一個賣Bratwurst（燒烤香腸）的攤販，全部空無一人。我在被污染的傳奇走一圈，然後在最遠的盡頭，我找到了，巫婆舞會（Walpurgisnacht ball）的實際地點。我爬上滑溜的石頭，停在生鏽的欄杆前，它可能會造成巫婆落地的困難。這裡的部分靈氣還在：在我面前的深淵如此深，參差不齊的冷杉生長在光禿禿的岩石面，絲狀的霧，神秘莫測。商業狗屁一拋諸腦後，這裡真的相當美麗。

風呼嘯吹過樹梢，除此之外是濃厚的寧靜，濃厚到令人想像各種東西，在我想像出讓我發抖的東西之前，回憶再次介入：一名演員穿著睡衣般的綠色奇裝異服，在一個小舞台上跳舞。那是幾個月前，我讀到有人要在東柏林以獨角戲方式演出《浮士德》，上下兩部都演，地點在一個名符其實的小劇院 Unter dem Dach——「屋頂下」。《浮士德》的全兩部，我心想，怎麼可能？那要花上十小時吧，但我的好奇心被激起。在場有二十個觀眾，一如往常，我一定是最老的一個，其他都是今晚想沈浸在歌德的嚴肅年輕人。演員四十多歲，穿著上述的服裝，明顯是手工做的，讓他可以按照需要自由移動。因為他得演好幾個角色，少不了常要跳來跳去。當然，風必須吹，齊聲朗誦的部分必須有人唸出來，巫婆得尖聲邪笑，因此他巧妙地在布幕後藏了一台錄音機，但他得一直走過去打開它（畢竟機器不太可能自己走向他），他用精彩而不同的舞步來掩蓋這個重複動作。既糟糕，又奇妙。他把台詞記得爛熟，演了好幾個小時，但有時他試著和錄音機裡自己的聲音一齊大喊，但沒有成功：天然的聲音和機器的聲音沒能成雙成對。中場休息時，我覺得已經看夠了打算離開這個閣樓，但有魔鬼把衣帽間給上鎖。然而後來變得還不錯，因為這個姿態做作、穿綠色睡衣的男人，再次把我拉進他呈現的黑暗、追尋光、淫蕩、渴望知識的浮士德世界；他是他自己的魔鬼、醫生、格蕾琴（Gretchen）[32]和女巫。他光靠他自己一個就令我入迷，此刻，在森林的幽暗處，我又想到他，一個向歌德臣服的男人，我和認真的年輕人們再三以如雷掌聲請他上台謝幕，他用台詞纏繞著我，讓我心炫神迷地回家。我慢慢走回去，經過 Knödelbüffet（餃子自助餐）和 Selbstbedienungsgaststätte（自助餐廳）。巫婆、餃子、歌德——少了反諷，這個世界就讓人無法忍受。後現代的不是作家，而是這個世界。

我從山谷深處看見一間飯店，現在我想要去那裡。雲變成了普通的雨，山路又開始向上爬升，最後我終於回到相同的高度，不過現在是在峽谷另一邊。從圍繞著飯店的雲霧裡，我辨認出兩輛西方汽車和兩輛衛星汽車，所以我知道一定還有空房。櫃檯的年輕人決定我應該用西德馬克支付；在這裡，口音讓人付出代價。房間有陽台，望出去一定是山谷，但是門被鎖起來。窗戶上掛了一塊橘色破布，房間沒有浴室或廁所，任何投訴都找集體企業。檯燈不亮——打電話給集體企業！公共淋浴間骯髒，廁所到處濺了油漆，這些事情本身不重要，重要的是其象徵意義。水龍頭、鏡子、浴簾、走廊，全都給人同一個感覺：管你去死，我們老早就不在這裡，就算在的時候也人在心不在。

馬蹄印懸崖。這裡是布倫希爾德（Brunhilde）曾經逃離武士波多（Bodo）的地方，她的馬奮力一躍，飛過山谷；現在還看得到牠留下的馬蹄印。[33]我甚至能走過去站在裡頭。於是我沿著一條泥巴路攀登上去，路上碰到另一個飯店住客，他說上面很 mystisch（神秘）。

他的眼鏡在雨中閃著光。我覺得他自己也有點神秘，然而當我站在波多掉入深淵的地點，德國浪漫主義的重量向我襲來，底下未經破壞的景色呼喊著什麼，呻吟或是渴望，一隻我從來沒看過的白面鳥飛來，坐在面前一塊我搆不到的石頭上，不求回報掏心掏肺地唱，某個無法想像的登山家在一根龍牙上安了一個十字架，霧氣像披風圍繞著它。我看見一條之字型的路，通往一條我聽得見、但看不見的河流。中國的山，日本的樹，德國景色有如東方水墨畫。我下山時，鳥兒們叫得越來越大聲，飛向深淵，在其上盤旋，在空中寫字，然後棲息在更遠的石頭上繼續牠們的演說。我試著了解牠們在說什麼，但一隻聽起來像一個中國人在討論美食，另一隻聽起來像正在把赫德嘉・馮・賓根（Hildegard of Bingen）[34]翻譯成鳥語，所以我肯定是聽不懂的。夜幕低垂，我再度爬上山到一間飯店，其餐廳裡有熱帶榕屬和蕨類植物，漢堡肉塞在野豬肉裡，山中的空氣，滿足。

上床之前，我往外瞄了一眼，但看不到什麼。我住在一片雲裡，尼福爾海姆（Niflheim）[35]，霧之國，日耳曼神話學的迷彩衣，或套用戈特弗里德・貝恩的說法：「永遠如此的是霧的絲帶和面紗，以及『光榮的老德國人』——〔納粹時期〕廣播裡的稱呼法——對熊皮的需求。像泰恩（Taine）這樣的地方正可作為一種地球物理學上的假設，來解釋我國為何在深層本質上和誠實有種需要釐清、或是（也可說是）建立的奇怪關係。」為了平衡，我試著讀一點海涅的《哈茨遊記》（*Harzreise*），我才剛讀到詩人坐在布羅肯峰山腳下，和一個牧羊人，「ein freundlich blonder junger Mensch」（一個友善的金髮年輕人），共用包括麵包和乳酪的「Déjeuner dînatoire」（自助午餐），小羊撿食地上的麵包屑，可愛的小牛張著開心的大眼睛，在他們身邊跳躍。這種牧羊人已經沒有了，而且睡意悄悄而來，但我戴上隨身聽聽了一會，運氣很好，或是運氣不好，我轉到一個東德電台，聽見一位老者的聲音在爭辯，試著說服「ein junger Freund」（一位年輕的朋友）。毫無疑問——他們都是作家。這種人立刻可以認出來。他要對話的人不在場；從頭到尾只有單獨一個聲音，一個聰明、寂寞的聲音，幻滅而悲切。顯然年輕人寫了關於安娜·希格斯背叛華特·楊卡的事。他表達了懷疑，也提到克里斯塔·沃爾夫、史蒂芬·海穆的名字，那個聲音想知道年輕人對這些事是否真的知道得夠多，他曉不曉得希格斯與烏布里希特的對談，曉不曉得其中的痛苦和道德衝突。所以，這又是有關信念和道德的分裂，這個聲音的主人知道自己在說什麼，因為他也在該政權下坐過幾年牢（「我多少年的人生就這樣被偷走」），然後被在另一個政權下坐過牢的一群人譴責，而現在這位年輕朋友攻擊了希格斯，但他接著卻爭論起別的，而且是「如反猶太之謝琳

（Céline）、龐德（Pound）[36]，對優生學著迷的戈特弗里德・貝恩，書桌上仍擺著自己在一次大戰射死的英國士兵之被彈孔射穿的頭盔的好戰份子恩斯特・榮格」等人的作品，應該在東德出版。

我在睡意籠罩下想著，那些忠於舊信條、因忠誠地實踐而受了許多磨難、被公然嘲笑為異端但仍未失去信仰的人，他們會發生什麼事？上個禮拜，我讀了史蒂芬・赫姆林（Stefan Hermlin）[37]寫的精彩小品《夜光》（*Abendlicht*），他寫到自己的少年時期、他的父親、他的富裕猶太背景（法國人稱為「haute juiverie」，〔高等猶太人〕，這名詞讓人覺得是在說一種非常稀有的鳥類）——自由派，豐富音樂素養，最重要的是屬於德國，這是有馬有畫的人家（日後他在奧斯陸的美術館，看到從前掛在家裡的孟克〔Munch〕和雷東〔Redon〕的畫）。

一九三一年的夏天，還是學生的他，某天在回家路上停下來，看著兩個因為失業沒錢買報紙的人，站在櫥窗前看報。他聽兩人的對話，不斷回到同一個地點，直到其中一個工人開口跟他說話，客氣地嘲笑他的外表（出身良好的乖學生），建議他加入Kommunistischer Jugendverband Deutschlands（德國共產主義青年團）。那個人遞給他一張紙，上面的灰白字體難以辨認：是一份印刷得很糟的會員申請表，共產主義青年協會，他乖乖簽名。接下來的這句話，很像聖保祿去大馬士革的路上說的[38]：「街道開始緩慢而穩定地在我身邊旋轉。」那個時刻定義了赫姆林的人生。納粹時期他逃到瑞士，他的父親待下來，後來死於薩克森豪森（Sachsenhausen）[39]。戰後他選擇東德，終身為共產黨員，就像我聽到聲音但不知道是誰的那位。我現在處在近乎睡著的無可救藥階段，一切都非常遙遠，又非常巨大；聲音現在在我的腦子裡，這些人的分裂人格，一邊是崇高理想，一邊被史達林模式惡意侵蝕，正試圖佔據我的腦袋，釋放催眠的藥物，從我隨身聽的兩塊小海綿滲透進來。節目終於結束時，我聽到了名字：君特·盧克（Günther Rücker）。回到柏林以後，我四處打聽：他是一位年近七十的導演，拍過一些很不錯的作品，也在一九八四年出版過精彩的首部小說《歐先生》（*Herr von Oe*）。我還是不知道年輕的朋友是誰。

早晨，更多的霧。我聽見鳥飛過的聲音；牠們一定是用自動導航。早報在頌揚二比一，一比一，國家的藝術補助沒有了，早餐時一些來自東德和西德的先生忙著解散或組織一間採沙公司。來自西德的人穿皮衣，東德的人穿赫魯雪夫式套裝——也是即將消失的東西之一。我從昨天的山路下山，但這次到河邊，穿過魔鬼橋（還有更適合這地方的橋名嗎？）下到這邊，霧就散了。我低頭看盤繞的河水，看一隻白喉水鳥消失在緊貼著岩壁的圓形鳥巢裡，然後再現身飛到水面上，少了身體的小型螺旋槳。步道高低起伏，栗樹的葉子捲曲或展開，端看我走到什麼高度。通往下一個村莊的路有十二公里，但路上一個人都沒遇見。某處，有人把歌德刻入他自己的花崗岩裡：Der Geist aus dem wir handeln ist das höchste。Zum 200sten Geburtstag, Kulturbund Thale。（引領我們的是最高等的靈魂。紀念歌德誕辰兩百年，塔勒文化協會。）我走到特雷斯堡（Treseburg）已是中午，渾身是泥且濕透。用過午餐後，我問是否有公車可搭回塔勒，人家說要到近傍晚才有車，計程車費是四十三馬克，換算過來大約是十五。我說我搭計程車，老闆說他可以親自送我。路上，他給我上了一課企業主的社會主義：賺太多錢的處罰，政府主管的騷擾，光是要油漆窗台就要填無數表格，額外努力的罰款，以上應該都是過去的事了，「但老實說，我要親眼看到才相信，因為同樣的職位還是同一批人在幹。」接下來幾天，我一直重複聽到這句話，無論說話對象是誰：老闆或員工、教師或學生、服務生或在餐廳大排長龍的顧客。憤慨的氣氛很強烈。人們不知道自己站在哪裡，不知道公司是否會關閉，孩子能不能受教育，自己的資歷在西德是否有效，祖母的存款不知道值多少錢，不知道能不能保住飯碗，國營事業黨派的領導明天是否還是老闆。東西德的政治人物逆著這股不確定的潮流而行舟，臉孔和宣言都自信滿滿；他們講到三年、最多五年的困境，接著就是黃金未來。但每個禮拜還是有四千人出發到另一個德國。

註釋

1 René Char（1907-1988），法國詩人，法國抵抗運動成員。

2 東德馬克為蘇聯佔領區（東德）法定貨幣，在東德僅以馬克（Mark）稱呼，在西德則稱東德馬克（Ostmark），兩德統一之後廢止。

3 德國馬克（D-Mark），為盟軍佔領區（西德）法定貨幣，兩德統一後沿用，直到一九九九年為歐元取代。西方貨幣（Westgeld）是東德用語，指兩德統一前的德國馬克，但也可泛指所有可兌換的西方貨幣。

4 德國薩克森—安哈爾特州首府，曾為奧托一世的皇宮所在地而著名。

5 德國薩克森—安哈爾特州之市鎮。

6 指奧托一世（Otto I）的妻子，英格蘭國王長者愛德華（Edward the Elder）之女艾蒂尤斯（Eadgyth）。

7 Hans Holbein the Elder（1460-1520），Hans Holbein the Younger（1497-1543），德國畫家父子檔。

8 Peter Sloterdijk（1947-），德國哲學家及媒體理論家。

9 德國國家日報，一九四六至一九八九年間，為東德執政黨德國統一社會黨的黨報。

10 原註：Wer auf deutsch etwas versprechen will, muss sich über das Was und das Wie seines Redens in der Zukunft radikalere Gedanken machen als irgendwer irgendwo sonst.

11 根據基督教聖徒傳，聖莫里斯（Saint Maurice）生於埃及，為古羅馬底比斯軍團（Theban Legion）司令官。

12 John of Ruusbroec（1293 或 1294-1381），法蘭德斯神秘主義者、作家。

13 Hadewijch，十三世紀詩人、神秘主義者，可能出身歐洲中世紀布拉特班公國（Duchy of Brabant），介於今荷蘭與比利時之間的地區。

14 Johan van Oldenbarnevelt（1547-1619），荷蘭政治家，在荷蘭脫離西班牙尋求獨立時期扮演重要角色。

15 Joost van den Vondel（1587-1679），十七世紀荷蘭黃金時代詩人及劇作家，阿姆斯特丹的馮德爾公園（Vondelpark）即以他命名。

16 Max Blokzijl（1884-1946），荷蘭記者，外派柏林多年，信奉納粹主義，二戰結束後被處死。

17 德國基督教神學家，宗教改革運動發起人馬丁．路德，在瓦爾特堡將整本新約聖經由希臘文譯成德文。

18 《尼伯龍根之歌》（*Nibelungenlied*），德國中世紀長篇敘事詩。

19 Peter Handke（1942-），奧地利作家，獲獎無數，積極參與政治。在台灣也譯彼得．漢克，作品中譯本包括《守門員的焦慮》、《左撇子女人》、《夢外之悲》。

20 Heinrich Luitpold Himmler（1900-1945），納粹黨重要的政治頭目，曾為內政部長、親衛隊首領。

21 Joseph Goebbels（1897-1945），納粹德國之國民教育及宣傳部長。

22 Gottfried Benn（1886-1956），德國詩人，作品具有強烈的表現主義色彩，見詞彙表。

23 見詞彙表。

24 納粹當權後，貝恩成為少數支持新政權的藝術家之一，流亡的克勞斯．曼寫信給貝恩表達強烈失望。貝恩在一封公開信裡為自己及新政權辯護，但他自己的作品不久也遭禁。多年之後他在自傳《雙重生活》（*Doppelleben*）坦誠當年的政治錯誤。

25 位於哈茨山區的高原。

26 哈茨山區的花崗岩峭壁。

27 位於德國東部圖林根州羅特萊本（Rottleben）附近的硬石膏洞穴。

28 凱爾特神話裡的僧侶兼醫生、教師、先知及法官。

29 出自華格納歌劇《尼貝龍根的指環》之「萊茵的黃金」樂劇第一景「萊茵河底」之萊茵河女神佛格琳德（Woglinde）之唱詞。

30 由一群英國畫家、詩人、藝評家在一八四八年發起的藝術運動。

31 出自華格納歌劇《崔斯坦與伊索德》第二幕，意思是「真心希望永遠不要醒」。

32 劇裡人物，浮士德的愛人。

33 典自圖非．勞德（Toofie）一八八一年編著的《哈茨山傳奇故事》，金髮公主布倫希爾達不願與巨人波多成婚，騎馬在新婚日當天逃走。根據故事，波多是巨人而非武士。

34 Hildegard of Bingen（1098-1179），中世紀德國神學家、作曲家、作家、哲學家、博學家，被認為是德國自然科學歷史的奠基者。

35 北歐神話中充滿濃霧的寒冷地區。

36 Louis-Ferdinand Céline（1894-1961），法國作家、物理學家，本名 Louis Ferdinand Auguste Destouches。Ezra Pound（1885-1972），美國詩人、文學家。前者強烈反猶太及否認納粹大屠殺曾經發生，後者在二次大戰期間支持法西斯主義。

37 Stephan Hermlin（1915-1997），東德作家、詩人。

38 根據聖經記載，保祿原名掃羅（Saul），出身猶太家庭，原本極力迫害基督徒，但在前往大馬士革迫害門徒的途中遇到耶穌顯靈，從此成為基督教主要傳教者之一。

39 納粹集中營，位於德國奧拉寧堡（Oranienburg），一九三六至一九四五年主要用於關政治犯。

13

1990/5/12

奎德林堡（Quedlinburg），施托爾貝格（Stolberg），風景明信片的德國。顏料一抹，遊覽車隊就來。有些地方在數個世紀前就是為了觀光而興建——牆用的木料，門上的紋飾，錢箱的金錢。住在這種地方的人一定一輩子受創傷：他們變成場景和配角，他們被交易的靈魂，漫遊過東京、聖路易、杜塞道夫的相簿裡幾千張無名照片，這些人口是由他人的懷舊心態所養育長大。這是我們想像歷史的方式：這是過去該有的樣子。我開車進入又開車離開，驚艷，但又氣憤。這是他人認為的圖畫風景，活生生的人組成的博物館，讓人難以承受。

但大自然才不管。這裡幾乎沒什麼工業，果樹的花盛放，風景在眼前展開。的確很賞心悅目，但迷人不是我的領域，特別還是這麼大範圍。我寧願來一塊沙漠，或是有點骯髒的大都會；我從沒想像天堂是工整又乾淨的地方。很多路還是鋪了鵝卵石，至少不會再有那種讓人昏昏欲睡的搖晃。邊界另一邊的哈茨已經永遠被馴服。當地人看起來都是領養老金的，再不久這邊也會一樣——統一等於均質化。鉛灰色的雲，陣雨，有陽光的時候，綠色看起來鮮豔得過分；天氣為我的目的地定調，克夫豪瑟（Kyffhäuser），山區風景，傳說巴巴羅薩皇帝[1]的靈魂還在某個洞穴裡等待德國統一。這則傳奇原本與他無關，而是與他的孫子腓特烈二世（後世稱 stupor mundi，世界奇才）有關，但已不重要。當然，巴巴羅薩比他更像民族主義者，從上世紀開始就為統一而奮鬥；畢竟他是帝國還有實質意義時的最後一位統治者。誠然，他在一一七七年去了威尼斯，親吻教皇亞歷山大三世的腳[2]（國家的記憶漫長，到了宗教改革運動時期，羅馬的教皇們願意花錢買這個吻；一切都不會遺失，不只在物質世界，還有歷史裡——再怎麼微小的羞辱和恥辱都有記載，保存在某處），但他還是把義大利眾多共和國都串到自己的名下，同時又從他所在的施瓦本（Swabian）[3]及勃艮第地區，把德國諸侯們重整到自己的王位下，靠的是施捨與拿取的狡猾遊戲。

在他的論文〈昨日的未來〉（*De toekomst van gisteren*），穆里施（Mulisch）[4]把霍亨斯陶芬王朝（Hohenstaufen）視為鎖鏈中的環節（赫爾曼—巴巴羅薩—俾斯麥—希特勒），但這是把十九世紀投射到十二世紀，反向的投射也適用。假如斯陶芬皇帝——如同與他同時期的法國卡佩王朝（Capet）及英國金雀花王朝（Plantagenets）——成功建立長久的帝國，德國歷史，也是歐洲歷史，就不一樣了。假如……就會……：這些優柔寡斷的字眼，一如往常沒有證明什麼，但是……巴巴羅薩死後，他的傳承全面崩毀，此後，德國歷史之下就埋著炸彈碎片，足以讓任何國家神經過敏。德國在俾斯麥的統治下無法成為一個健康或有機的實體，不只因為三十年戰爭之後的荒謬碎片被制度化（即便原本兩千萬德國人最後只剩下六百萬！），也因為 Markgrafen、Kurfürsten——侯爵們和選帝侯們把太陽王[5]當作自己的模範，中產階級沒有革命的機會，革命最終只不過是國外新聞。用個粗俗的說法，可以說，那些世紀的便秘，現在終於有機會處理。因此現在的統一，才能在沒有狂熱主義或王朝幻想之下出現——只因為現在是正確的時刻。洞穴裡的那位霍亨斯陶芬王公比誰都清楚；畢竟他是一個最高階的政治現實主義者。卡萊爾（Carlyle）[6]的說法當然優雅得多，他用的是一試著轉移到這個世紀就會蒸發的英語：像他一樣擁有完善機關組織和競技場、又有人員和場景可統治的國王，從未在別的地方出現過。（No king so furnished out with apparatus and arena, with personal faculty to rule and scene to do it in, has appeared elsewhere.）

我去洞穴拜訪那位偉大的國王。上個世紀的後半葉，這座山底下發現一個奇怪的洞穴系統，讓傳奇更添色彩。他一定就在下面某處，一把紅鬍子已經長到可以繞桌子九次，他就在做夢的馬和睡眠中的守衛之間。有人說每隔幾百年，也有人說每隔幾千年，一隻烏鴉會叫醒他，告訴他德國統一是否終於降臨；另一個版本則是，和他一起住在地下的侏儒每隔幾百年被派到地面上，看看代表德國分裂的可怕烏鴉是否還在山上飛翔。

我在售票處拿到的傳單（有售票處的傳奇——想也知道）仍滿足地停留在辯證時代。內容扯到什麼統治階級剝削者以私心濫用傳奇，扯說德國帝國主義、軍國主義和上層資產階級等可鄙類型不配稱為傳奇。我讀得開心，但忽然一陣恐慌，因為上一批遊客已經進洞穴走了一段，我今天若要參觀，這是我最後的機會。售票處的女士堅定地把錢箱鎖上，牽著我的手走進沒有盡頭的隧道。她的 kollegin（同事）應該還在附近，她確信可以追上，但隧道越來越長，我在昏暗中緊跟著收銀員，看著我們的影子在牆上驚慌奔跑，覺得這種時刻應該有人來拍攝：你在地底深處跟著一個不認識的女人一起跑，尋找她的同事和千年皇帝的鬼魂。

停下腳步、大喊、回音、回音、沒有回答。隧道展開到一個像大教堂那麼大的洞穴：聞起來有硫磺味，左右都是如死亡般靜止而反光的水窪。「你就在這裡等，」我的女性版維吉爾（Virgil）[7]說，態度神秘，「我回去打電話給她。」

於是我在那裡等，一個人，她的腳步聲消失在黑暗中。如果紅鬍子打算現身，現在是最好時機。白雪公主也可以加入。鋸齒狀兇惡的石灰岩蝕刻從拱頂針對我，岩石被奇怪的物質染色，我雖看得到水窪底部，但無法看出深度。我輕聲自言自語，大教堂低語回應。然後維吉爾帶著燈籠回來，領著我繼續向前，走到一群被詛咒的靈魂，他們正在聽一個年輕女子用高音清澈的嗓音，嘰嘰喳喳講到巴巴羅薩、他的狗和他的桌子，也講到早期資產階級革命，因為她的讚美詩還是有點教條的味道。我發現其他人也聽得出教條，我們都知道她自己聽不出來，但我們原諒她，因為她還年輕，而我們在地底深處，活人不該來的地方。

這個地方距離國家主義者（不是上世紀初的天真自由派，而是後到的貪婪普魯士人）樹立的巴巴羅薩腓特烈一世紀念碑只有幾公里，那個巨大的怪物當然就在最高點，舊日城堡的所在地，而當然了，在皇位上沈思的老皇帝的正上方，有人安了一尊騎馬的威廉一世（Friedrich Wilhelm I），左右分別為戰神和有豐滿青銅胸部的女人，但他周圍的鳥類象徵符號則來自阿茲特克金字塔。我真希望他們把這一堆蠢東西跟被推倒的雕像一併送托運，此刻它們正愁眉苦臉地前往東歐，尋找最後的安息之地。只有巴巴羅薩可以繼續坐在這裡，脫離上方的紀念碑，你可以從那兒爬上艾雪一般（Escheresque）[8]的階梯到圓頂，像烏鴉一般鳥瞰風景。他會繼續一個人坐著沈思，任由風吹，思考鍊金術的算術如何把四加二變成一，他的「威廉一世 Über-Ich（超我）」已騎馬戴鋼盔進入黑暗的死後世界，不在這裡了。

我的朝聖之旅還沒結束。埃爾福特，主座教堂（Dom），畫裡的金色獨角獸把牠的山羊腿擱在處女懷裡，外圍是在跳舞的傻氣處女，臉上掛著威脅的笑容；瓦爾特堡，一八一七年，Burschenschaften，學生互助會，在以懷舊風格整修的房間裡聚集，夢想著修復。[9]我跟著大批觀光客經過臭臉的服務員，經過糖精般的壞品味和昔日輝煌，經過馮．施溫德（von Schwind）[10]的壁畫，他對過去時光的呆板描繪還比不上一個中世紀的嫁妝箱，經過克拉納赫（Cranachs）[11]和杜勒（Dürers）[12]的作品、手稿、初版，經過路德把《聖經》從希臘文譯成德文、把他的墨水瓶丟向魔鬼的小房間。每次我一耽擱，就感覺到服務員怨憤地抖著討厭的鑰匙。沒有人能妨礙這個世界的守衛者朝他們的最高目標邁進：在閉館前二十分鐘打烊。也沒有一個Arbeiter- und Bauernstaat（工人與農夫國家）有辦法改變這一點。

腓特烈巴巴羅薩皇帝，基夫豪塞爾紀念碑。

威瑪。我來過，去年冬天。讓我認同這座城市的應該是歌德，但結果是褐煤。這當然是胡說，因為一個永存，另一個會消逝，但煤的味道讓人難忘。最後我敢確定，無論在哪裡聞到褐煤味，我都會想到歌德。這味道無論去東德任何地方都聞得到。有些天裡，它從東柏林飄進我在西柏林的家，但絕對不像在威瑪那些日子這麼強烈，我不知道是否受冬季影響而導致如此或有別的原因，但我記得夜裡在旅館裡醒來，覺得自己快窒息了，彷彿某處有人瓦斯沒關好。我搖搖晃晃走到窗邊打開窗戶，但是更糟糕。連我的口水都是那個味道；我的嘴裡有瓦斯。隔天，我看到城裡的路邊到處是煤堆，就這樣被倒出來，彷彿送牛奶的人把牛奶瓶放在門口。我待在歌德的大象旅館，現在只剩下名稱不變，其他都是新建：定價過高，死氣沈沈的房間，有個過去曾是黨大老避風港的餐廳，失敗的豪華裝潢。城市有種憂鬱感，像已經把本季的錢都提完的窮困貴族，勉強用儲備金和回憶在支撐。一些旅客到處走動、找咖啡店，我也是，但必須排隊，等到你終於排到前面，發現店七點打烊。

我為什麼來到威瑪？當然是為了埋首於歌德。無法避開他：唯一的方法是不喜歡他，否定他，而我做不到。我住在這裡的那一年，到處都在上演他的戲劇。我在哈茨、在引述和提及裡、在與他同時代的人的生活裡（與他近一世紀的歲數纏繞著的，是短命許多的席勒

〔Schiller〕[13]、赫爾德、克萊斯特）遇上他、在Staatsbibliothek（國家圖書館）碰上他彷彿整面岩石斷層的選集。「歌德是阿波羅的石膏像」——我忘不了羅蘭·霍斯特那句荒謬名言，因為他那學不來的高傲語氣，聽起來彷彿那位可憐的德國詩人曾經害霍斯特的板球隊輸球。即便如此，還是胡說八道。

春天到了，一切不同了；歌德故居（Frauenplan）沐浴在陽光下，我站在他的窗前，看著孩童在噴泉旁嬉戲。圖書館、古董雕塑、書房、病榻、回憶、信件、手稿——我很快埋首其中，跟上次來的時候一樣。也許歌德一生最驚人的一點是如此成功，他的生命本身彷彿是藝術品，而且持續發揮影響力。無論喜不喜歡，當你一個人漫遊在屋裡，閱讀他的著作，想著曾經住過這些房間的人，你會被深深吸引；他還在這裡。

來威瑪之前，我隨手抓了幾篇奧特嘉·伊·加塞特（Ortega y Gasset）[14]寫的關於歌德與康德的論文，現在躺在床上讀，像懲罰一樣，回到瓦斯味的大象旅館。這位西班牙人在德國壁紙的圍繞下變得頑固，我也挑錯地方開始讀。奧特嘉抱怨自己被康德囚禁了十年，但說監獄也是他的家，因為無可否認地，當代的「重要秘密」在康德的哲學裡一覽無遺。所以那十年其實算不上懲罰，而且在重獲自由之後，當他再次專注於康德，他覺得自己像是「在國定假日去動物園看長頸鹿」。我試著想像康德是長頸鹿，如果康德是長頸鹿，那歌德呢？奧特嘉稱他是最有疑心的古典文學家，經典的「en segunda potencia」（第二勢力），因為古典作家的歌德自己讀遍所有古典文學，因此成為模範繼承人：一個靠過去投資過活的人，一位遺產管理員。這比「阿波羅石膏像」還刺耳得多，羅蘭・霍斯特用這句神奇描述作結，奧特嘉卻慢慢走過整片崎嶇的山區，考慮了正反雙方的意見，旅程最後的結論是不可能避開那位來自威瑪的大師。與歌德同時代的人已經清楚這點，而就是在這裡，這座被去年的事件忽然拉回德國的城市裡，他的魅力迷惑了眾人；在這屋裡走動，不可能不感受到那股吸引力。

同樣在這座城市住過的赫爾德和席勒，一定必須與他強烈的陰影及陽光競爭。如果康德是長頸鹿，歌德一定是長毛象，但這一隻沒有滅絕，這是一件不可能的事。長頸鹿或許住在遙遠的柯尼斯堡（Königsberg），如今叫做加里寧格勒（Kaliningrad）[15]，但他的著作深入威瑪的心靈，引發了分歧與辯論。赫爾德反對康德，席勒則完全入迷（「再沒有人說過比康德這句話更了不起的話，這也是他全部哲學的精華：從內在來決定自己！」），而才智出眾的歌德只從康德那裡拿走他能用的。

吸引力，排斥力：席勒和歌德之間相處不易，從席勒的書信可明顯看出。某一天歌德是他的光，隔天卻遮蔽了他的光。他在一七八九年三月九日寫信給科爾納（Körner）[16]：「這個人，這個歌德，他就是擋了我的路，他讓我經常想到命運對我多殘酷。他的天分根本就是天生的……」──走得太近顯然讓他無法承受（「太常在歌德身邊會讓我不快樂」）。他們經常批評彼此的作品，但又忽然間充滿敬佩。那一定是多麼興奮又情緒化的情況，尤其考慮到當時的威瑪。六千個居民，就這麼多，整個公國是十三萬人。歌德受啟蒙的友人，卡爾・奧古斯特（Karl August）[17]統治公國時所居住的皇宮，其城市街道幾乎沒有鋪過路。每天晚上，豬隻被趕回城牆裡。這裡就是他們世界的中心，他們在此紡織出來的思路貫穿整個德國，他倆的雕像如今還生活在城裡。公爵和赫爾德單獨站著，歌德和席勒則並肩站在多次搬演他們劇本的劇院前。他們站得很近，老詩人的手擱在年輕詩人肩膀上，他們的另一隻手共同拿著花圈。詩人與大臣，詩人與自然科學家，詩人與詩人：這兩位主管所管理的知識發電廠仍然在運作。

我在薩克森─威瑪─艾森納赫（Sachsen-Weimar-Eisenach）公爵家族墓地又發現他們一起，兩位詩人把公爵暫時推到一旁。他們躺在墓穴的中間，在各自的青銅盒子裡。兩個女孩帶著一小瓶香檳，用塑膠杯向兩位死者敬酒──這不是每天都看得到的場景。貴族都靠牆，真的成為局外人。當然，烏布里希特那干人不想拋棄公爵——畢竟，他可是受啟蒙的——但必須把他留在陰影下。歌德會怎麼說？也許這才算揭露了真實情況，但我懷疑以歌德作為大臣和政治家的階級意識，應該會抗拒他的公爵在自己的墓穴裡成為局外人。而且兩人是一輩子的朋友；青年時期一起騎野馬，然後一起變老。歌德說一句好話，公爵就幫助席勒，就像之前幫助赫爾德，當詩人和大臣的雙重身分對一個身軀而言造成太大的內在衝突，他也允許歌德去義大利。

那兩個女孩現在走到青銅盒子前，對著彼此吟詩。場面變得有點太私密；她們若不小心，兩位男士可能從棺材裡爬出來。順帶一提，我知道他們沒死，因為幾個月前，當東德外移的人口開始達到嚇人的比例，某天早上威瑪居民發現他們的詩人還站在劇院前，手上的大字標語寫著：Wir bleiben hier! 我們留在原地不動！

歌德與席勒，威瑪。

今天是星期天，五月六日。我跟幾個朋友開車去佩佐（Petzow），去波茨坦（Potsdam）附近一個公園和鄉間別墅。我們躺在湖邊草地上，某人在朗誦馮塔納（Fontane）[18]。城堡裡設了投票所；今天是選舉日。馮塔納描述過我們正躺著的公園，我的友人正在享受他們重新收復的新世界。柏林贏回了一百個新的景點。牢籠終於打開，不到十年，再沒有人能想像之前的監獄。一個了解這個新時代的東德居民，正在賣手工蛋糕和燻鱒魚。我放下友人，在公園閒逛，穿過水邊滿是鳶尾花和婆婆納（speedwell）的草地。在漫遊途中，我碰到一個用石塊標注的地點，一九四三年，堡主在這裡謀殺了一個反法西斯主義者。上面只寫這麼多。我試著想像發生經過，但沒辦法。楓樹、長滿葉子的栗樹、奢華的夏日、平靜水面上的小船、草地上伸展的身體——放眼望去盡是惡魔已被驅走的景象。石頭今天只是在自言自語。

那天晚上，我看著四個佔領勢力的外交使節緩慢啟動和平，不知為何感覺不真實。彷彿這是一場沒有觀眾的芭蕾演出，設計過的舞蹈動作所進行的儀式，是在模仿現實，我們認得這齣啞劇，因為它已經在現實生活裡發生過。

註釋

1 即腓特烈一世（Friedrich I Barbarossa, 1122-1190），霍亨斯陶芬王朝（Hohenstaufen）時期神聖羅馬帝國皇帝。

2 巴巴羅薩皇帝曾經打算佔領義大利，與教皇亞歷山大三世發生長期鬥爭，後因戰敗認輸，在一一七七年赴威尼斯跪伏教皇腳下請求寬恕，由教皇恢復他的教籍。

3 施瓦本（Swabia）是一文化、歷史、語言區域，位於今德國西南部。

4 見詞彙表。

5 即波旁王朝法國國王路易十四，他自號太陽王（Sun King），在位時間長達七十二年。

6 Thomas Carlyle（1795-1881），蘇格蘭哲學家、史學家、諷刺作家、當時最重要的社會評論家。

7 出自但丁《神曲》，維吉爾帶領但丁走過地獄。

8 M. C. Escher（1898-1972），荷蘭平面藝術家、版畫家，擅長以精準線條及透視或錯覺達到特殊的視覺效果。

9 瓦爾特堡為馬丁．路德翻譯聖經、隨後促成德國語言統一之地，是德國國家主義的象徵。一八一七年，學生團體為慶祝宗教改革三百年及萊比錫戰役（聯軍擊敗拿破崙）四週年，在瓦爾特堡舉辦節慶，並焚燒保守派或反民主書籍及拿破崙相關的符號象徵，鼓吹德國統一。

10 Moritz von Schwind（1804-1871），奧地利畫家。

11 Lucas Cranach der Ältere（1472-1553），德國文藝復興時期畫家、版畫家。

12 Albrecht Dürer（1471-1528），德國文藝復興時期畫家、版畫家。

13 Johann Christoph Friedrich von Schiller（1759-1805），德國十八世紀著名詩人、作家，啟蒙文學代表人物之一。

14 José Ortega y Gasset（1883-1955），西班牙哲學家、評論家。

15 康德出生地為普魯士王國柯尼斯堡，今為俄羅斯加里寧格勒。

16 Christian Gottfried Körner（1756-1831），德國法律學家，席勒的友人。

17 Karl August（1757-1828），德意志邦國薩克森—威瑪—艾森納赫的統治者。

18 Theodor Fontane（1819-1898），德國作家、詩人，十九世紀最重要的德語作家。

14

1990/6/2

這種事一定也發生在動物界：某物種活到老而無用，瀕臨絕種，但最後的代表無法表現出和祖先不同的行為模式，而且看起來也一模一樣。最後兩個成員的求愛方式，就跟前面幾千個成員仍存活時一樣。

走在菩提樹下大街，前往歷史博物館的路上，我聽見後街傳來軍樂。在遠方，我看到人群聚集在新崗哨前面。我看過衛兵換班，但那次沒有音樂。「衛兵換班一個禮拜只有一次，在星期三下午，」負責路面淨空的警察解釋：「今天可能是最後一次，因為以後要取消了。」才不過幾天前，我在賽巴斯提安．哈夫納（Sebastian Haffner）[1]寫普魯士的書裡，看到一幅一八一三年的複製畫描述同一個儀式。士兵戴著有帽徽的高帽子，著藍色制服短外套，白色馬褲；觀眾戴大禮帽，穿硬襯布的服裝，撐陽傘。只有軍械庫（Zeughaus）和新崗哨這兩棟建築物不變。我看著掌旗手從後街走出來，轉到我的方向，一個有很多隻腳的生物，我想起哈夫納書封底的句子：「普魯士的歷史很有趣，即使是在今天，特別是今天，因為我們都知道它如何結束。它緩慢開始，經過漫長的發展，然後緩慢結束，且是漫長的死亡。但之間

新崗哨，菩提樹下大街，東柏林，一九九〇年五月二十三日。

是一場偉大的戲劇；也可說是偉大的悲劇，純然Staatsvernunft——國家理性——的悲劇。」

那場悲劇，當然就在於普魯士後期的衰敗，當人們在脆弱虛榮之時，毀了之前Vernunft（理性）的西洋棋局，攪亂了清楚的體系。一開始是那麼好；讓人幾乎要相信是用電腦計劃的。三十年戰爭後，霍亨索倫王朝（Hohenzollern）的人一個個在棋盤前坐下來出手，彷彿那麼多步棋都經過事先同意，為後續世代制定好的一場大師棋局。把普魯士與德國畫上等號成為例行作業，普魯士公國的軍備被視為危險或荒謬的，最好是兩者都是，但若要尋找當代德國史的根源，這種態度是沒什麼效益的。為什麼在那麼多德國公國裡，是普魯士在明斯特和約（Peace of Münster）[2]之後慢慢得到優勢？所有的公國都是專制統治；貿易和創制權被邊界、稅捐、通行費和地方規定構成的網路悶得快窒息；無論去哪裡，都是親王帶著世襲的軍隊和文官在統治，住在貴族的土地而沒有權利的農民必須掙錢來資助這個體制。要是歐洲的平衡沒有開始動搖，這個僵化的東西還會持續很久。這樣看來，我們目前經驗的就是最佳預言：少了戈巴契夫以及他的成就，昂納克統治下的東德還會慢燉多年，直到只剩阿爾巴尼亞的灰燼。

所以，到底是什麼讓普魯士例外？少數幾個傑出的人，用不同於其他德國統治者的方式做事，舉例來說，不再依賴傭兵、組成自己的軍隊：腓特烈．威廉一世的軍隊結構，本地人口的比例比當時任何一支歐洲軍隊都高，他們的薪資來自普魯士自己的金庫，不是外國勢力的口袋。這就需要執著的經濟管理，以及讓某些人欽佩、另外一些人鄙視的紀律，端看這些人的性格傾向。「我是普魯士國王的財政大臣。」腓特烈．威廉一世說。其實他就是普魯士國王。國王作為公國的公僕是普魯士的概念，因為人民不笨，他們看得出這種方式與其他德國諸侯的專制揮霍的對照。當然，這個系統只有在公僕特別傑出時才有效。腓特烈大帝死後，他的完美機器落入比他遜色的天神手中。無論如何，他的個人傳承持續了很久。遜色天神的權力，後來成為罪犯的權力，但在一段時間內，他們繼續從節制、紀律、為國家服務的傳承而受惠。等到這個世襲制度裡的某些成員發現他們被欺騙，或說，被自己欺騙，已經太遲了，任何一個斯陶芬貝格貴族都無法挽回情況。再次地，一個不同的政權繼承了一個過時的機器，我現在正看著它的閱兵式。

我曾經描述過，所以其實無需贅述，雖然這次有音樂，雖然這次可能是最後一次。閱兵式的目的，當然是去人性化，對個人的暫時否定。它成功了，這群人移動方式真的像是由人組成的物體，一如往常，我厭惡自己的情緒反應，雖然我可以好好花時間來探討我這奇怪的顫抖（真的是顫抖）到底從哪裡來的。我對軍事毫無興趣，所以我到底是怎麼了？我看著周圍的人。他們只是笑。某人說「Alles Scheisse」（一團狗屎），其他人同意，但現在所有人都默不作聲，望著沒有在看我們的面孔。人們的沈默是否因為降級的感覺？人是否可能被抹去身份，變成另一個東西的機械零件？幾個身穿軍服的非裔美國士兵站在對街。他們原本在拍攝，但真正的現實比日後從影像來觀看現實佔上風，攝影機現在垂在他們身旁，鏡頭對著人行道，我領悟到他們看見的跟我看見的不一樣。但究竟是什麼？

行進的生物現在停在新崗哨前面，要帶走原本站著不動的兩個衛兵。這就是神秘的部分：兩個站著的衛兵不久就會消失在其他士兵裡，兩個要取代他們位置的人現在還是完全看不見。誘惑，一支舞，看起來就是這樣。有音樂，高頻，哨音讓我想到熱帶鳥類。然後是人聲，不是吶喊或咆哮，而比較像是字句被拖過磨泥器，在溫暖的正午空氣裡磨碎。一聲號令，忽然間，柱子之間的兩個人開始移動，走奇怪的曳步，下樓梯，一步，再一步，然後站在另外兩人旁邊；他們彼此繞圈，愚蠢而親密的一刻，像是交配，然後其中一個變成另一個，某個東西換成另一個東西，但看不出差異。然後可怕的步伐又開始，沒有一隻舉起的軍靴會承認這是最後一次。儀式自我執行；不只和這些人分離，也和其本身意義以及歷史分離。它已服完刑期。它曾幫著描繪一個國家，描繪出來的外在形象就是那個國家的樣子。現在它絕種了，因此再次地，決定了那個國家的命運，同時也決定了後來那個共和國的命運，它採納那個儀式來掩飾內在的空無，一種實質上的空無：一個沒有 Volk（人民）的國家是空無的。皮克、烏布里希特、昂納克這等人，不懂得無憂宮國王的教訓。

新崗哨，菩提樹下大街，一九九〇年五月二十三日。

　他們繼承的東西就在一百公尺之外，可悲的遺產：這間博物館原本是為了永恆確定他們的光榮而建，現在被用來嘲笑他們，讓他們變成笑柄，然後被遺忘。嘲笑的方式是假借一個特展，Tschüs S.E.D.（掰掰，德國統一社會黨），前陣子大型示威使用的標語，就披掛在過去的展品上。頗具喜劇效果：原本代表軍隊成員的假人，現在手上拿著革命標語，漂亮的農業數據被嘲諷的格言或絕望的呼喊遮住一半。當你走在熟悉的措辭之間，徘徊在自己近期的過去，還是可以聽到先驅者的聲音，聽到歷史被自己的腳步超越，這些看起來不像是六個月前才發生的事，反而感覺像是好久好久以前，彷彿自己幾乎不可能是其中一部分。時間的效應是件不可思議的事：我在展間裡一支錄像看到的影像，是我六個月前當成新的影像看過的，但在亞歷山大廣場聆聽的，是舊的人群。那個錄像看起來像歷史事件，具有歷史意義，不是因為我們已經太常看到，而是我們知道未來還會看到非常多次。從群眾臉上的表情，你知道他們還不曉得國家條約就要簽署，留鬍子的男人會成為外交部長，他們還沒察覺接下來會按照他們的理想和他們的革命而實行。六個月前，同樣的標語掛在西柏林博物館裡讓我感覺好像贗品：史書的書寫不能與歷史本身同時進行；至少要有一點距離，否則會覺得是人為的。在這裡，在社會寫實主義藝術和自誇自捧的國家主義宣傳的諷刺脈絡之下，它行得通，但在隔壁的、完全無變動的空間裡，唯一的諷刺是什麼評註都沒有，其戲劇效果甚至更強。

別的空間展出的是一九四六年到一九六一年的Arbeiter- und Bauernstaat（工人與農夫國家）史，沒有人撞歪一根榔頭或一兩個羅盤。我記得我十二月來逛過這裡，某人在訪客留言本裡留言，說這個展覽應該永遠保留，它就像是博物館中的博物館，密室裡的相機（camera in camera）。所以這個建議被採納了；我們還是看著ancien régime（舊政權）要我們看的，他們對敵人的概念，他們的偉大成就，對人格的崇拜，他們的英勇領導。呈現的形式是奧托．格羅提渥（Otto Grotewohl）[3]的眼鏡、鑰匙和皮夾，威廉．皮克（Wilhelm Pieck）[4]的測量桿和鑷子：這些神聖的物件，是為了說明他們高尚的勞動階級出身，尋常而荒謬的物件在玻璃之下有了額外重要性，彷彿它們是從史前墓穴挖出來的。旁邊就差一具無名氏的骨頭。這幾個工人不想變成歷史上沒沒無聞之人，他們想被保存，如果沒人替他們做，他們就自己來：「東德政府為表揚我在建設社會主義所付出之傑出的政治、文化及經濟貢獻，要求我成為第一個配戴卡爾．馬克思勳章的人。檢驗過東德政府的推薦之後，我決定在卡爾．馬克思一百三十五歲誕辰這一天，接受卡爾．馬克思勳章，五三年五月五日，威廉．皮克。」在這裡還可以學到別的事，就算另一個德國——西德——有多糟糕。在第一次聯邦議會，參加者包括六十個工廠及銀行主管、一百三十二個資深官員、三十五個大規模農夫、五個大規模地主、十九個批發商、十二個中等規模農場的農夫、十八個勞工、六十二個僱員、四個零售商、三十個知識份子、二十個家庭主婦和五個「其他」。一把低音大提琴和女性褲襪（我說的是展品中有一件樂器，其空心腹部塞了尼龍絲襪），說明了「投機者」肆無忌憚的本性，das Junkerland muß in Bauernhand——貴族地主的地必須交到農夫手上——還有一張大照片，是恩尼斯特・貝文（Ernest Bevin）[5]對於美國受啟發成立獨立國家西德的決定露出「不懷好意的喜悅」。Durch das Volk, mit dem Volk, für das Volk（民有、民治、民享）：只是人民已經不想要。一千八百四十六個人經由匈牙利逃到西德的那一天，光是一期《新德意志報》就有二十八張埃里希・昂納克的照片。偉大夢想無法破滅得比這更慘烈了，如果還有人能感到Schadenfreude（不懷好意的喜悅），表示他還沒領會到悲慘的程度。

另一方面，宣稱為這個共和國終止感到遺憾的人，一定非常蔑視人類。若干西德知識份子對德國統一的興奮，似乎遠超過對幾百萬同胞從強加身上的體系解脫。拿過去的鬼魂來嘲諷剛被解放的人，就因為他們喜歡吃資本主義的香蕉、喜愛一些幾十年來對我們而言稀鬆平常的東西，感覺很病態。這些尖酸刻薄的純粹主義者，只有尖酸刻薄可貢獻，他們相信東德人民必須立刻狼吞虎嚥享用他們的新烏托邦，而事實上，這些人還在努力消化上一個烏托邦。這麼做是為了誰？為了這個德國的人民嗎？他們總是站在一旁抱怨這個世界難聞，卻裝作聞不到從自己的腐爛天堂飄來的臭味。一個遭到背叛、破碎而腐敗的烏托邦不是舒服的畫面。它充斥了欺騙，黴菌在未來幾年還會不斷增生。我們一定會聽到更多後續。法西斯主義過後四十年，歐洲跟它還沒完結，同樣的事會發生在這裡，要考量的不只一段、而是兩段過去，從三三年到四五年的過去，以及從當時到現在的過去。對某些人而言，國家條約來得太快，幾乎太猴急。我不同意。放慢過程什麼都無法解決，只會讓不和諧與衝突更惡化。已經存在的問題不會自己走開，無論解決方式多麼痛苦，最好是放在一個多數群眾都接受的架構來與之搏鬥，至少讓架構維持屹立。試想猶疑的政策將帶來的困惑、怨恨、憤怒和恐懼，你只能同意這個政府必須快速行動。反對勢力一定會因選舉動機而企圖延緩過程，這對我而言只是更危險。拉方丹（Lafontaine）[6]臉上「我早就說過了」的表情，與權術的權力預測無關，而是與政黨政治的小改變有關，而改變會派上用場的，因為西德的憤恨與東德的恐懼節節高昇：為了即將的金錢支出而憤恨，為了失去工作機會和保障而恐懼。

去年在德勒斯登和萊比錫上街頭的群眾沒有考慮過以上任何一點。他們出聲引發一場風暴。現在風暴減弱了，群眾便單純地把自己轉變成自己要的樣子：投票所的選民。他們各有各的欲望和關注，選出來的人看起來則像簽署國家條約的政治人物。我們是這樣看他們的：一個是大家原本就認識的大塊頭，《明鏡週刊》說他「in einem Rausch der Eile」，極度慌忙；另一個男人塊頭小一點，幾個月前還沒人聽過他，謹慎的表情，矜持的微笑。一不留神你會脫口就說這兩人的體格代表新德國，真的很誘惑人。東德的基督教民主黨聯盟，和西德的基督教民主黨聯盟不一樣；東德人幾乎不會把該黨與所有權和保守主義畫上等號。既然所有權不多，至少目前如此，也就沒什麼好保護的。就數字而言，東德基督教民主黨聯盟在即將合併的一個黨內肯定佔少數，東德的民主社會主義黨也是。但統一過程會把這兩個大型國家政黨變成不一樣的政黨，因為無論西德的政治經濟如何佔優勢，從東德移入西德的人數目前仍未知——就政黨政治動機而言，這也是不該延遲實質統一的理由。不只德國人，其他歐洲人也想知道自己的位置：目前還有將近四十萬俄國人駐軍在東德，他們的存在是有原因的。戈洛·曼幾個月前提到的緩衝地區仍然原封不動，使人想到古老法則 Gleichgewicht——平衡狀態，以及過去往往能決定政治氛圍的德國與東歐之間波動的吸引力與排斥力。這些何必在一夜之間改變？

公路大街（Chausseestraße）上，布萊希特住所後面有個小小的法國墓園。我想布萊希特是葬在那裡，於是從磚牆的鐵門走進去。鄉村風光——這麼形容沒錯，它就像法蘭西島（Île-de-France）[7]的鄉下教堂院落：老樹，搖搖晃晃的木頭長凳，年久失修的墓地，絲絲陽光穿透過陰影，平靜。我走著走著，忽然走到世界之外，我注意墓碑上的青苔，昔日的雨格諾教徒（Huguenots）[8]悅耳動聽的名字，百合花，繡球花。在死亡的附近，夏日總是感覺起來更濃郁，更精力充沛，彷彿它在這裡的活力更勝於在生者的世界。但布萊希特不在這裡，他在牆的另一邊，和費希特（Fichte）[9]、黑格爾，以及兩位得年不到三十的詩密爾本尼克（Schimmelpennincks）荷蘭女伯爵一起。那邊也有樹蔭，有陽光，和完全忽略周邊城市的無邊無際之寧靜。牆上有地圖協助訪客找到顯赫的死者：布萊希特在第一塊墓地，與妻子海倫·魏格爾（Helene Weigel）合葬。墓地上被人塗了大衛之星[10]，還有髒話，常見的那些。我現在不必覺得震驚：我已經在當天早報看過照片。之後我問警衛為什麼還沒清掉，他說，因為禮拜六早上在墓地會有抗議活動。那個我後來也在電視上看到：表情哀傷的藝術家們，政府方面沒有人出席。塗黑的字句和符號充滿仇恨，來自邪惡國度的訊息，匿名，提醒人們恐怖永遠源源不絕，無論在這裡，或任何地方。附近，是費希特、黑格爾與他們夫人的墓地：

寧靜的墓地，不寧靜的思想。

無論我有什麼問題想問樹叢和石頭，都不會有答案。一切都說出口了，人人都按照自己的意願行事；這兩人的思想和心態已經滲透了公正與污濁的腦袋：費希特關於單一民族國家的激昂演說，黑格爾永遠躁動的Weltgeist（世界精神）拖著匿名的人性穿越衝突汪洋、想要調解所有對立，那是絕對知識宗教性的一刻，是每一種不可說的恐怖終因某個神聖目標而合理化的一刻，而那個神聖目標，如同在所有宗教裡，是一個看不見的目標。「快樂時期是世界史裡的空白頁」[11]，凡人和其無足輕重的命運，都被捲入難以捉摸的世界精神的浩瀚機器裡；個體把自己的名字和靈魂都交給了國家，而國家存在的權利，就繫於它有沒有能力堅持自己的立場。如此一來，科爾特斯（Cortés）和蒙特祖馬（Montezuma）[12]的相遇就不是瘋狂巧合，而是某種適切。在那種體系裡，一切都是對的，本來就該發生；體系容納一切。這個體系同時是對他人的輕蔑，也是一種安慰，但主要是就提出該想法的人而言。在這令人無法忍受的樂觀主義的旁邊，幸好還有叔本華（Schopenhauer）[13]的悲觀主義，因為它把邪惡視為無意義；邪惡不戴面具，不偽裝成達到崇高目標之必要過程。黑格爾哲學對奧許維茲的看法讓人無法接受，在基督教的看法也是。然而在叔本華的思想裡，它可以維持原樣：那就是邪惡在世間的展示，由人類執行，來自人性深淵，強加在人類身上。認為受苦受難具有某種目的性，這種想法就是褻瀆。

灰色石頭不回答我的問題。那麼，我心想，黑格爾當初就不該花時間思考與寫作，但因為我不擅思考，而且我聽見有人在步道耙土的聲音，發現它聽起來像音樂，微弱而金屬，但並非沒有魅力，我心裡有個開關被打開，我腦中的檔案庫傳來一幅哲學家在法蘭克福的影像，他先花一小時吹長笛練羅西尼（Rossini）[14]，或許吹得很糟，然後再享用法蘭克福飯店的雙人大餐。世界是充滿惡意的，當天早上的文字已經寫好，貴賓狗在睡覺，單身漢在孤單的房間裡演奏義大利作曲家的旋律，一位喜歡吃鵝肝醬配牛排的作曲家[15]：機率與必要性的故事自己寫成，也被寫出。

我在黑格爾墓前回頭看布萊希特之墓的方向，看見有人站在那裡，在寫東西，我的翻版。我們知道墓裡面什麼都沒有，但如果真是如此，也就沒理由來參拜。所以裡頭一定有什麼，但到底是什麼？是否為他們的畢生之作，他們鑿刻在世間、最終改變世界的東西？忽然間，我感覺那些字句彷彿就躺在我的腳下，一個巨大、交織的架構，充滿歌曲和照片的礦井，其中一位平易近人許多的字句，在另一位的花崗岩系統旁邊跳舞，這個雙重王國在其他墓穴之下繁茂發展，由蘇拉拜亞．強尼（Surabaya Johnny）[16]和世界精神一齊治理，刀客小麥（Mack the Knife）[17]在畢爾包的比爾舞廳跳舞，腋下夾著一本《精神現象學》（*Phänomenologie*）[18]，一艘有八面帆的船夾帶辯証學啟航，來到一個海岸邊，士兵最後一次換衛兵，隨著國家的節奏起步走。

註釋

1 Sebastian Haffner（1907-1999），原名 Raimund Pretzel，德國記者及作家，主要從事德國近代史的著作。
2 明斯特和約簽訂於一六四八年，為西發里亞和約的一部分，三十年戰爭就此結束，荷蘭也成為主權國家。
3 見詞彙表。
4 見詞彙表。
5 Ernest Bevin（1881-1951），英國政治家、工會領袖、工黨政治家。
6 Oskar Lafontaine（1943-），德國左翼政治家，一九九八年任聯邦財政部長。見詞彙表。
7 法國十八個行政區之一，首都巴黎就在法蘭西島。
8 為法國新教，起源於十六或十七世紀，今日大多已併入其他社會與文化，僅法國阿爾薩斯地區等少數社群保留雨格諾宗教傳統。
9 見詞彙表。
10 Star of David，猶太人的標記。

11 出自黑格爾《歷史哲學講演錄》（*Lectures on the Philosophy of History*）。

12 Hernán Cortés（1485-1547），殖民時代在中南美洲的西班牙殖民者。Montezuma（1475-1520），古代墨西哥阿茲特克帝國的君主，一度稱霸中美洲。柯爾提斯征服蒙特祖馬，摧毀阿茲特克古文明，並在墨西哥建立西班牙殖民地。

13 Arthur Schopenhauer（1788-1860），德國後康德時代的唯心主義哲學家，影響日後精神分析學和心理學的發展。

14 黑格爾對作曲家羅西尼及義大利歌劇有所偏好。

15 羅西尼牛排（Tournedos Rossini）是一道法國菜，可能是法國大廚為羅西尼研發。菲力牛排兩面先用奶油煎過，下方墊油煎麵包片，上方加一塊微微煎過之新鮮鵝肝醬，灑上幾片黑松露裝飾，再淋上紅酒醬汁。

16 〈蘇拉拜亞．強尼〉（*Surabaya Johnny*）出自三幕喜劇《快樂結局》，威爾、豪普曼（Hauptmann）、布萊希特共同編寫。

17 〈刀客小麥〉（*Mack the Knife*）出自《三便士歌劇》（*The Threepenny Opera*），威爾作曲，布萊希特作詞，後成為流行標準曲。

18 全名為*Phänomenologie des Geistes*，黑格爾最重要之哲學著作。

15

1990/6/30

報紙、人聲、筆記——這三樣東西佔領了我的家。我在柏林居住的十八個月要結束了。家裡正在被拆解，我覺得我應該依對稱性的需要，倒退三層樓，重現初抵達的那一刻，還一無所知的時候。男人拿到在柏林工作的獎助金，他想寫一本書，事件向他襲來，男人發現自己處在漩渦中心。現在這裡就像漩渦中心，當初也是。我的書和剪報消失在箱子裡，廣播和電視的聲音繼續跟我說話，我仍然看報，但這次告別是最後一次。我就要離開了，但又覺得不太可能，我沒辦法真的離開，我變得深深捲入這些事件，再也無法從中掙脫，我必須繼續觀看和寫作。未來幾年這個城市裡發生的事，會持續讓我感興趣，然而人不在場，就不屬於這裡了。你脫離了持續進行的對話、選項、不斷重組的可能性、記憶與期待。我已成為其中一部分，雖然我原本只是（現在也還是）一個外來者。我從沒忘記，這裡雖然不是我的國家，但我還是參與了這些事件。

大劇變發生的時刻，歷史就變成看得見，這陣子就有不少大劇變。在德國這一區旅遊及閱讀，讓我更堅信所謂歷史是連續體的概念，它有分叉出去的線條，它是由起因、巧合與意

無憂宮，波茨坦。

圖永遠纏繞在一起的網狀組織。因此我的告別不是認真的；我知道這個地方不會放我走。選項和預測不僅擴展到當下或看不見的未來；不確定性也想在過去紮根。在本週的《時代週報》（一九九〇年六月十五日），洛夫．史坦寧格（Rolf Steininger）[1]思索戰後以來出現過的統一可能性，史達林的提議，邱吉爾的計畫，阿登納的拒絕。恐懼在所有的反對運動扮演了要角，且持續如此：德國是什麼樣的國家，它會怎麼做，它要什麼，它會與誰結盟，它會產生什麼樣的吸引力？德國人對德國人的恐懼——這是否為阿登納在一九五五年讓國家的另一半自生自滅的原因？那一年在日內瓦，布爾加寧（Bulganin）[2]和赫魯雪夫通知艾登（Eden）[3]，說他們已準備討論德國統一，十一月，英國再次（邱吉爾在一九五二年已經試過一次）提議與蘇聯展開對話。條件為：德國全境自由選舉，統一後的德國在國內及國外的行動自由。但阿登納這次還是沒興趣，如同他在一九五二年就駁回過史達林的提議：統一的德國、有自己的軍隊、但中立。為什麼阿登納不喜歡這個想法？他的思考在一份最高機密外交部文件裡有概述：「最直白的理由就是阿登納博士對德國人民沒有信心。他擔心自己從政壇消失後，未來德國政府與俄國的協議可能會導致德國付出代價。因此他覺得西德與西方的整合，比德國統一還來得重要。」

這幾句話像新聞報導一樣寫得簡明扼要，彷彿明顯的另一個情況會是一個不同的德國，不同的歷史，但我們無法想像，因為它從未存在。假如我是東德人，讀了這段文字該做何想？這當然要看我是哪一種東德人，因為東德人有很多種。想到四十年的封閉制度可能根本沒必要，我覺得會讓我憂鬱，或是憤恨，看哪一個適用。又或許我會把文章丟一邊，把它當作目前正湧入我的世界的西方媒體推測報導之一，它對我真正的問題一點幫助都沒有：金錢、工作、未來、心態的改變、對改變的抗拒，以及一天天深入我的生活、來自另一個社會的壓力。但也許就是這個新世界向我推進的壓力，讓我心底關於欺騙與背叛的想法冷不防冒出來，讓我聯想到我這邊的德國被另一邊看不起，這裡的貧窮和疏於管理是這麼明顯，我知道賠款和連續不斷的佔領讓我這一邊從戰後就沒有自由過，我們得替另一邊贖罪，現在它優越又繁榮，大步走進來，彷彿這裡是被征服的地區，還大聲抗議未來幾年它得花錢，彷彿這些年來，不是我們在替他們還債和認罪，他們竟然還繼續想、就差沒說出來：「都是你自己的錯。」

不久就沒有柏林圍牆；不久這裡就是一個國家。但就算柏林圍牆不再矗立，它還是在。兩德之間的逐步滲透，因為太緩慢很難看得到，遠不如統一的外在跡象這麼明顯：一樣的鈔票、廣告、路標和制服。看不見的，座落在心裡，孤立提供了已經失去的保護。東德對西德的抗拒，就跟西德對東德的厭惡一樣強烈，一年之後，開車經馬格德堡去柏林的任何人，都會感覺自己意識到一個模糊的改變，不在場了的邊界，耳邊的一個舊念頭。他會開車經過一個已不在那裡、但仍然存在的國家，看不見的國家，有著看得見的居民，這種想法沒辦法用法令來廢止，只能磨損殆盡。

幾個禮拜前，我去萊比錫大學拜訪，給一群學荷文的學生做一小時的演說。助教警告我：不必期待之後會有什麼對話。學生一定會有很多問題，她說，但是什麼都不敢講——這裡的人不習慣引人注目地在公開場合說話。她說得對。這個班級（因為給人的感覺就像一個班級）還蠻好相處。大部分是年輕女孩子，看起來事前做足了功課。我看得出來大家有認真聽，但是沒有人提問，忽然間我覺得自己像個外來物，日本人所謂的 gaijin，外國人。感覺起來大家身上還沾著露水，如果要我試著解釋這個意思，我想不出比純真更好的形容詞，雖然我也知道，換一個說法就是天真。那天稍晚，在一間咖啡店，會有人說起參加 Freie Deutsche Jugend[4] 的故事，說到上不完的馬克思主義—列寧主義課，說到她們自己想去或助教想去、但得不到批准去上的荷蘭或法蘭德斯暑期課程，不能去的理由並沒有交代。她們還是一樣坐在鐘形玻璃罩裡，沒說出口的問題懸在頭上，固定在一個字彙不適用於我的世界，而我發現，那個世界也把另外那些人——西德人——排除在外。這些仍然很像小女孩的女子，在一個有圍牆的花園裡長大，不會說那個花園的語言的人都是陌生人。

她們之後想做什麼？她們不知道，或不想知道，因為還無法知道，甚至是現在。一切都這麼不確定。沒有人知道會發生什麼事，她們不曉得，她們的爸媽和老師也不曉得。現在可以去國外旅遊了，但要先有錢才行，而沒工作怎麼會有錢？其中一個在我看來還是女孩的女子，事實上已經有兩個小孩。她想在荷蘭攻讀德語移民文學的博士學位，但這樣她就得在荷蘭待一段時間，這怎麼可能辦得到？柏林圍牆倒塌的時候她去過柏林一次。你的感覺如何？

憤怒。十一月，也就是最初的那幾天，她在柏林圍牆的一個缺口旁邊站著，「靈光一閃」地看到監獄不是由磚塊造出來，而是人造出來的。

想熟悉這個世界的人，都應該讀烏維・楊森（Uwe Johnson）[5]的《情況：法蘭克福講演錄》（*Begleitumstände: Frankfurter Vorlesungen*）。搞懂這個國家需要沿著書寫文字一而再、再而三回到過去：書寫把你拉回過去，是為了闡明現在。這是文學的雙重功能：在過程中顛覆，在之後是證詞。反叛者清晰的文字揭露了體制的愚蠢老練。愚蠢老練——有這種事嗎？是的，這種事是有可能的。就是當一個體制利用其政治上的老練，允許其智識上的愚蠢滲透到國家每個角落，它始終知道要把注意力放在哪裡，就是那些不肯參與的人。這會造成極權國家的損害。反對觀點是它無法忍受的空洞；造反想法就是它整體缺少的，必須用權力來填滿的缺口，因為國家的開口處，就是它的弱點。

新的影像現在和舊的影像混合在一起：我在電視上看見我常經過的查理檢查哨木屋，被吊車慢慢升到半空中。漂浮，靈媒的降神會——有一度，它看起來像要被送進天堂。房屋被吊在空中是個奇怪的景象，讓人忽然看出它原來是個多可笑的建築物。觀眾盯著多出來的空地，像小孩看變魔術：一下看得到，一下不見了。這陣子很多魔術在進行；整個城市都是魔術師。圍牆和高塔不見了，不翼而飛；曾經存在的東西現在是海市蜃樓。人們穿越柏林圍牆，彷彿它是空氣做的；曾經在的東西現在不在。

我知道我必須和這片熔化的土地道別，但我現在還做不到；未完成的事太多，字句和影像仍然糾結在我的思緒裡。約翰．格奧爾格．哈曼（Johann Georg Hamann）[6]在歷史裡看到「上帝的密碼、隱藏符號和象形文字」。我不知道它們是否屬於上帝，但經過這幾個月，我覺得自己深陷這些符號裡；它們是活生生有機體上的傷痕，如同在德勒斯登，如同在波茨坦。德國還未完成。它雖然古老，但還在製造中，這種不明確讓人為之著迷。赫爾德說國家的發展速度各有不同，跟人一樣。如果你同意這個想法，那麼法國和英國就是完全成形，是成人：我們認識他們。但我們認識德國嗎？德國認識自己嗎？這個國家知道自己長大要做什麼嗎？貢布羅維奇（Gombrowicz）[7]輕聲說過：「人類有另一個或許更隱密、也較不合理的目標……就是他對**不完整**……**不完美**……**次等**……**青春**……的需求」——現在，我在這裡的最後一個禮拜，那個想法一直出現。即便過了這麼多世紀，德國還是沒有定義；它還是個謎。恩斯特．榮格在他的新書《剪刀》（*Die Schere*）思索這個單字：「謎」（enigma）在希臘

赫爾曼馬特恩大街，東柏林，一九九〇年五月。

德勒斯登，一九九〇年五月。

人及羅馬人眼中，都有猜謎、秘密、不可理解的意思。它是康德的 An Sich[8]，無法被了解的要素；在路德的翻譯，則是「das dunkle Wort」，黑暗字彙。德國，作為一個黑暗字彙、被權力和物質成功掩飾的心靈秘密、一個你企圖解讀的國家，古老，但又是所有歐洲國家最年輕的一個。

我記得看過一張德勒斯登的照片：一個男人站在雕像前，眼睛盯著看，彷彿他希望揭開雕像的秘密。那天是陰天，下著雨，幾道奇異的命定的陽光讓一切失真。那個雕像是三角楣飾上某個英雄的頭部，脈絡不明，放在城堡附近的地上。我說過，一切未完成：三角楣飾在地上，檢查哨在空中，圍牆躺平。一切都在變。那個男人背對我站著，十指交握；看得出他在思考。他的影子像一隻小型寵物躺在他身邊，他們倆有很多事情要想，我也是。我才剛看過聖母教堂（Frauenkirche）的遺跡，其中包括一尊變黑的路德雕像，手裡拿著一本攤開的書，一定是他剛翻譯好的《聖經》。他站在一輛像是工程拖車的前面，年輕，比平時瘦，彷佛這一場還看得到的戰爭讓他瘦了幾磅。他腳邊有個燒焦的花環，背景有個黃金天使，在好像剝了皮的熱帶水果的圓屋頂上單腳跳舞。我想著那個男人和廢墟的關係，想著他的反猶主義，想著他偉大的《聖經》翻譯把德國方言鍛造成單一語言，促進德國成為一個國家，想著我蜿蜒、未竟的想法不可能去證明，多麼輕浮，因為歷史上一切的一切都有關聯，早期的黑暗一定常常需要背負之後的罪惡感。但這些廢墟可不輕浮；空氣污染造成的黑色，讓所有破碎龜裂的牆壁、圓柱、三角壁、柱頂、拱門和石塊彷彿覆蓋了一層熔岩，彷彿這層破壞不是來自上方，由一個具毀滅和復仇之心的敵人撒下，而是從燃燒的地獄沸騰而上。

建築細節在廢墟看得最清楚，原本為了整個結構所設計的裝飾，現在只為自己存在。廢墟的戲劇性，由其分離部分的美來決定。也許這些就是哈曼指的神聖象形文字：橫樑和拱門飾，鑄模和簷口，剔除了功能性，從殘骸中突出，或許荒謬，或許壯麗。我經常遇見一種狀況，就是我的思緒在當天稍晚遇見回音：我在一間舊書店，找到一本關於一次世界大戰的書《第一次世界大戰的面貌》（*Das Antlitz des Weltkrieges*），恩斯特·榮格於一九三〇年編著。路德、榮格、哈曼、赫爾德，彼此之間沒什麼關係，又關係重重；三者為川流不息的鬼魂裡的德國人物，都是夜裡思考這個國家時可以召喚的。「Im Kriege selber ist das Letzte nicht der Kriegi」（在戰爭本身，戰爭不是終極目標）出現在榮格這本書的封面，但這句神諭般的宣言不是他自己寫的，而是出自席勒的《皮科洛米尼》（*Die Piccolomini*）[9]。然而為這句話定調的正是榮格這位巫師／武士絕大部分著作的特色，其清晰的思緒，總是被一層神秘主義的面紗遮蔽。這個可以清楚書寫謎的男人，本身就是個謎。莫測高深，如甲蟲外殼的架構，他對人類的描繪是自由跟服從可謂一樣的東西，這位可怕的浮士德，用紙把他的「定型角色」（Typus）[10]胡亂做成一個烏托邦機器人，然而他的周圍都是有血有肉的人，對他而言，人類的自由早就等同於服從。了不起的作家，也經常與人合寫，他是隱士，是矛盾的象徵——我從來不知道該如何看待他。一天晚上，我在柏林一群哲學家和年輕學者面前提到他，其中一個年輕人瞪著我，像神父一樣舉起手說：「Vade retro, Satanas」（退後，魔鬼），但當晚那位年輕驅魔師在離開時還是在腋下夾了一本新出的榮格傳記才走。我買的書是用哥德字體印的，對於非德國人而言，這有種德國人不太能感覺到的含義，尤其這本書的章名是大寫哥德字體，跟破解神秘記號差不多：「FAHRT ZUR FRONT」、「DER LETZTE AKT」、「TROMMELFEUER」、「STOSSTRUPPEN」。在搭配這些文字的照片裡，我看到的不是「壕溝王子們堅定的面孔」，或用火焰鍛造的「更純粹、更英勇的戰士精神」。一如往常，我只看到暴行的照片，舊時照相技術讓畫面更強烈，暴行看起來似乎更荒謬（反正所有人都死了），滿佈彈孔的舊時坦克、死馬、泥濘中的人們、瓦礫堆裡的生物、雪中的刺刀、震懾的地景上呆立的無名人們，被化約為一種美學類型，一切苦難與羞辱融化不見，英雄成了受害者，連死亡都被剝奪。

也許只有一個仍滿懷中世紀精神與武士理想（或其十九世紀迴響）、又能以冰冷現代眼光看到我們在科技極權統治下突變的人，才有辦法以這種方式來描述那個年代的矛盾。但正因為他的書寫這麼有力，我在閱讀時看到的影像是一名騎士在冰封的啟示錄、騎著白馬（當然了）、穿越無名屍遍野的戰場，出自法蘭西斯．培根（Francis Bacon）[11]的畫筆，不受自己或他人命運的影響，名副其實的一位盲眼先知——因為我如果不這樣想，我看到的會是大戰時期，一位著便裝的巴黎老紳士，早餐過後便讀一下《詩篇》第九十篇、逛二手書店、研究蝴蝶翅膀，在日記裡的同一頁，他的思緒從轟炸的美學跳到《唐璜》（*Don Juan*）第四幕，他思索剪刀作為對立的統一體，桌上的萱草可以讓他想到渾然忘我，思忖著什麼樣的力度足以毀壞花，以及關於時間牆的悖論。然後出門拜訪富有的女士，或一些可能被我們稱為叛徒的作家，因為當維琪政權的警察正在把猶太同胞運送到那個國家去，他們在貝當（Pétain）[12]政權下與敵人站在同一邊；關於那個國家，那位年老且有點古怪的紳士——他家中的衣櫃掛了一套那個國家的軍服，但他現在正忙著鑑賞聖西蒙（Saint-Simon）[13]的二十冊著作——在他自己的書最後這麼寫：「秘密的德國力量無窮，一戰後，世間憂心人士比德國人自己還早意識到這點。」這句話仍然屬實，但也不再是真的。

現在正等著我的，是糾結、問題和悖論的暫時中止。Ostgeld（東方貨幣）注入Westgeld（西方貨幣），邊界消失，一首國歌溶入另一首國歌，東柏林的大使館逐漸減少，六個月後要選舉，「東」和「西」回歸原先的意義，全國地圖是一個顏色，來自科隆的男公民與來自威瑪的女公民的化學婚禮，來自現在唯一一個德國的兩個公民的柏拉圖式結合，歐洲襁褓裡的兩個公民。現在沒有一個國家能脫離歐洲而不受傷。

我決定在無憂宮的憂傷花園歡慶我的告別，我從格林尼克橋（Glienicker Brücke）開去，史邁利的橋[14]。今天是間諜的天氣：狂風暴雨，接著是香草色的陽光。一隊俄羅斯軍人朝著我走來，帶著鐵鍬的一長排男人。他們看起來好像走了很多天，但這是不可能的，因為他們沒有帶任何裝備。他們過馬路時我得停在旁邊等，因為他們走得很慢，我有機會好好觀

觀景台，無憂宮，波茨坦。

察。走過去的這群人有種古老的感覺，來自各個區域的面孔，吉爾吉斯斯坦人、烏茲別克人、俄國人，東方的浩大族群。他們在想什麼？尺寸過大的制服帽戴在他們頭上；有些人對著我汽車的方向微笑，但我看不出來他們在想什麼。部分人已從匈牙利及捷克斯拉夫撤軍，但會待在這裡。他們在家鄉沒有房子，沒有工作；改變在這裡已經看得到，這世界正逐漸從他們的世界掙脫。他們會帶著什麼樣的回憶和意見返鄉，那些想法又將如何扭曲交還給我們，作為比德國統一更大的挑戰？

我把車停好，到腓特烈大帝的花園散步。雨在我的雨傘上打鼓，建築物之間距離很遠，讓我感到自己的渺小，我是盛放的杜鵑花之間的侏儒，古典拱門下的素描人物，在對稱的柱子森林之間尋找庇護。陰天，洞悉未來的下午，這種清晰度讓人看清楚一切：椴樹的樹幹冒出綠色枝椏，廢墟裡破碎的哥林斯柱頂，台階上破爛斷頭的天使，失去作用的觀景台螺旋梯在半空中嘎然而止，淤泥裡死掉的田鼠還在宣稱所有權。我穿著規定要換上的拖鞋，在新皇宮（Neues Palais）舞廳裡打蠟過的地板滑步，但跟不上洛可可的節奏。我悄悄經過Jagdkammer（狩獵小屋）和Unteres Damenschlafzimmer（仕女房間），想著年輕的王子被父親派來的守衛架著，從當年還存在的皇家路（Reichsstraße I）一路到屈斯特林（Küstrin，科斯琴〔Kostrzyn〕）[15]，被迫看著協助他逃亡不成的密友漢斯・馮・卡特（Hans von Katte）被處死刑。[16]室外，雨還在下。一個摩爾人望向修剪整齊而變形的大自然，對著鉛灰色的天空舉起三層燈籠。他身邊站著一個解體的女人，赤裸，無頭，手只剩生鏽的金屬尖刺，她呈現順從的姿勢，維納斯丘[17]因空氣中看不見的灰塵而變成煤灰色。大帝不會認得他的皇宮。我經過他當年看到時還是樹苗的樹木，走到橘園宮，那個金色的涼亭。雛菊像某種黴菌在草地上發光，我聽得到遠方的火車和烏鴉。我在德國的一年要結束了。我應該向朋友道別，離開，但不會真的離開，因為我帶走一些回憶，也留下一些回憶，當我返回，一切都會不同，但又相同，而且永遠變了樣。

註釋

1 Rolf Steininger（1942-），德國史學家。

2 Nikolai Bulganin（1895-1975），蘇聯政治家，曾任國防部長及蘇聯首相。

3 Robert Anthony Eden（1897-1977），英國政治家，二次世界大戰擔任外相，一九五五至一九五七年為首相，前任首相為邱吉爾。

4 原註：Freie Deutsche Jugend（F.D.J.）為「自由德國青年團」（Free German Youth），見詞彙表。

5 Uwe Johnson（1934-1984），德國作家、學者。

6 Johann Georg Hamann（1730-1788），德國哲學家，赫爾德的老師。

7 Witold Gombrowicz（1904-1969），波蘭小說家和劇作家，見詞彙表。

8 康德稱本體（noumenon）為物自身（Ding an sich）。本體是哲學名詞，意指不必用感官就能知識到的物體或事件，相對地，現象（phenomenon）則是可理解、可觀察到的物體或事件。康德認為本體的世界可能存在，但完全無法從人類感官得知。

9 《皮科洛米尼》為席勒之三幕悲劇《瓦倫斯坦》（*Wallenstein*）第二幕，取材三十年戰爭。

10 Typus 或 stock character，指的是文學傳統中為觀眾所熟悉的刻板印象角色，西方傳統中的定型角色源自古希臘和古羅馬的劇場。

11 Francis Bacon（1909-1992），出生愛爾蘭之英國畫家。

12 Philippe Pétain（1856-1951），法國陸軍將領、政治家，維琪政府之元首和總理。一九四〇年任法國總理時向入侵法國的德國投降，在法國被視為叛國者，戰後被判死刑，後改判無期徒刑。

13 Duc de Saint-Simon（1675-1755），聖西蒙公爵，原名路易．德．魯弗魯瓦（Louis de Rouvroy），法國軍人、外交人員，生平並無特殊或過人成就，但留下大量內容豐富、描繪生動且用字靈活的日記，原始法文版有二十冊。

14 格林尼克橋是東方集團（東德之波茨坦）及西方勢力（西柏林）之間的管制橋，冷戰期間美蘇雙方在橋上交換人質，因此又有「間諜橋」之稱，多次出現在小說中，最有名為英國諜報小說家約翰．勒卡雷（John le Carré）的作品《史邁利的人馬》（*Smiley's People*）。

15 科斯琴（Kostrzyn）位於今波蘭境內。

16 漢斯．馮．卡特是普魯士軍隊上尉，王儲腓特烈二世的密友（也可能是情人）。兩人嘗試逃亡大不列顛王國的計畫失敗後，卡特被處死，腓特烈被囚禁，他向父王道歉並得到寬恕後獲釋，日後成為偉大君王，在軍事、政治、經濟、哲學、法律、音樂方面多有建樹。

17 Mound of Venus 也做 mon pubis，指陰阜。

第二部

出版註記

第二部包含《沒有眼睛的哲學家》（*De filosoof zonder ogen*）（工人出版社，一九九七）裡的三篇文章：〈柏林套房〉、〈到處都是死掉的飛機和老鷹〉（之前標題為「漢堡」）、〈柏林圍牆裡的鄉村〉（之前標題為「消失的圍牆」〔De verdwenen muur〕）。〈萊茵斯貝格：插曲〉於一九九七年一月一日刊在《人民報》。〈回到柏林〉是作者受Bertelsmann AG（柏林講座）之邀在柏林發表的演說，時間為一九九七年十二月七日。之前以書的形式由圖冊出版社（Uitgeverij Atlas）於一九九八年在阿姆斯特丹出版。

柏林套房

本書第一部分最後一張照片裡，是波茨坦無憂宮花園的觀景台，最後一個句子是：「當我返回，一切都會不同，但又相同，而且永遠變了樣。」預測這些並不難。柏林圍牆屆時就不在了，但熟悉的建築物還會在，我相信城市的兩邊會慢慢朝著彼此移動，住在其中的人一起動。舊的報紙會消失，被新的報紙取代，西柏林會變得越來越繁忙，東柏林漸漸出現資本主義符號。最近我重訪觀景台，它不再是戰後以來廢棄、污損、柱子間雜草叢生如未癒合傷口般的廢墟。它的腐朽像克里斯多（Christo）的房屋[1]一樣被包覆起來，褻瀆看不見了。戰爭的痕跡將會從這棟建築物消失；它再也不是一個紀念物。相反地：要是它有機會從黑布之下再次浮現，它會發光，一個古典建築風格的典型，示範楷模。但也會看起來有一點麻痹，像做了拉皮手術的女演員。

我回到了什麼樣的城市？我到現在還是不曉得。其實這次是雙重返回：第一次在二月，第二次是四月。介於兩次返回的期間裡，疑慮變得更多：現在越來越難對情況發言。我自已大致上維持不變，即使沒有人能踩進同樣的河水兩次。[2] 場景也是一樣的：同一個城市，同一間屋子，昏暗走廊欄杆上同樣的木頭獅子，樓梯間同樣的菸草味和德國菜的味道。我的智利友人帶走了一些書和畫去了地球另一邊，但還有足夠的西班牙書籍讓一個讀者讀上一整年，那些奇怪的流亡家具也還在。我第一次回來的時候下雪，中庭的栗樹還是快搆到我的窗戶，我看得出來樹有多冷。對門公寓有小孩的鄰居不在了，新來的人還看不到。住我樓下的老婦人是這裡最老的居民，戰前就住在這棟大樓（「你沒辦法想像轟炸時是什麼狀況」），過去幾個月以來，她變得越來越糊塗，然後就過世了。不知道這世上是否還有人偶爾會想到她。大城市讓人消失得無影無蹤，但我還清楚記得她的大鞋子，僵硬的步伐，封閉的表情。但沒有人提到她。一間寫著「歐洲」的公司搬進她那層樓。我偶爾看到有人從那裡走出來，看起來就像從廣告裡跳出來的人。

我在雪中探險。我記得有一次偶遇一塊剩餘的柏林圍牆，鐵條從中突出，在這個被雪覆蓋的廢棄通道，鐵條像探取的黑色觸角，但什麼也沒找到。我站在這塊即將回歸尋常的狹窄地面，它屬於更大塊的地面一部分，消失的兩道牆在地上只留下痕跡和印痕，我明白已經沒有什麼可說的。關於那個水泥記憶的任何想法已被想到死裡；如同柏林圍牆本身，它們已碰上自己的終點。站在柏林圍牆已不在的地方感覺特別奇怪，例如在查理檢查哨。可是你不能再說「**在**查理檢查哨」了，因為它現在只存在照片裡。用已經不存在的東西來描述一個地方有困難度。已經不在了的柏林圍牆存在副本裡，因為你必須用它過去存在的地方來想像它。或許不必，但你自然而然會這麼想。你不可能走過傷口而毫髮未傷，那個傷口到處都是。疤痕也是。好些個檢查哨建築物還在，空了，失去意義。它們必須被拆除，不然就要有人替它們想個用途。退役軍人大街（Invalidenstraße）上的兌幣所已經變成一間比亞特．烏澤（Beate Uhse）[3]成人用品店，一定會大受歡迎。大規模清掃會慢慢開始，但那是在外面，在城市裡。內心的清掃必須等待尚未出生的人出生，等待新的居民，或是不動腦筋的人，但這樣的人很少。所有人似乎都想著柏林圍牆；它遲早會出現在每個對話裡。人們習慣了嗎？還沒有。現在可以跳上 S-Bahn 直接坐到東柏林，不必先在腓特烈大街車站下車；繼續坐就好。列車窗戶為你描繪城市風景：柏林圍牆曾經矗立的缺口、單調乏味的風景、史達林式建築、他者。不，沒辦法習慣，但也不能把它炸掉；它會維持原狀。不久，那些沒油漆過的房子的房租會上漲，越來越多失業的人會住進那些沒有顏色的建築物。那也是某種柏林圍牆。

而那些享有特權的人住的地方，西德呢？他們不快樂，有時候甚至惡毒；我稍後再提到他們。他們不與別人打交道。事實上，那感覺像是初始的狂喜過後，柏林圍牆又回來了。無論東德或西德，沒事不要去另一邊，待在家裡就好。一邊覺得太昂貴，另一邊覺得太骯髒：「東德的人有種士官長—少校心態。沒辦法跟他們講話。」「西德的人很傲慢。他們想對我們殖民。」「他們能忍受那個體制四十年。這說明了什麼？每六個人就有一個是國家安全部的。你能想像那是什麼樣的心態嗎？我們現在就缺這個了！」「錢、錢、錢，Wessis（西德人）[4]想的都是錢。他們覺得我們都是乞丐。他們只是運氣好罷了。開著他們的大賓士來這裡參觀，找自己的舊房子還在不在。」

「你不覺得都變了嗎？」友人問我。你不想說出口，但你覺得變的或許是他們；他們的怨恨讓你吃驚。他們再三地說犯罪率高升，但我的城市有自己的問題，所以不覺得有什麼大不了。儘管有新的簽證自由，去年讓他們抱怨得要命、康德大街廉價超市和電器行外面大排長龍的波蘭人沒有回來。大部分的衛星汽車留在自己的窩裡，或是車主買了西方車款。汽油的品質比較好，所以臭味沒有了。城市西邊又變回從前像公園一樣的模樣。房價每日攀升，從各方面來看，這裡還是我去過最平靜的大都會；就連今年的勞動節暴動也沒有傳統的暴力。還有嗎？不過就是人們在生活，在等待。等待更好的道路，等待柏林是否被選為首都，等待平衡的預算，等待波茨坦廣場的新大樓，等待梅爾克的審判，等待新移民，等待工作和啟示，投資和破產。整個城市坐在歷史的等候室，這裡發生的一切雖然非常真實，但街道和廣場還是有種不真實感，彷彿這個世界可能不是真的，彷彿完全不一樣的事還可能會發生，而沒有人知道是什麼，但無論是什麼，一定會跟歷史的概念有關。這個城市無法避開歷史，或許這就是問題所在，或是問題之一。

歷史應該是已發生的事，而不是正在發生。相信自己在創造歷史的人無法專注於現實，但一個充滿過去的符號、計劃的雕像和偶然的彈孔的城市，一個毀壞和完好的柱子並列的城市，一個閱讀起來像巨大石化記憶的城市，一個每天都被提醒過去扮演過的角色、更之前扮演過的角色的城市，是無法自由移動到當下的。歷史看不見，因為它發生得很慢；在極罕見的情況下它才會被催著走。其中一次就是一九八九年十一月那一天，但那天的後果像考慮一步棋那樣緩慢前進，城市的居民是輪到走下一步的人，他們也必須等待結果——證據顯示，等待比行動還多。在等候室裡，他們藉著說話、抱怨、爭執、責怪、調查、回憶、責難、質問來消磨時間。這本歷史書的一頁，就像基佛（Kiefer）[5]的鉛書裡的一頁那樣重：一年最多只能翻一頁。

但你這位古怪的外來者，你真的覺得，你在夏洛騰堡宮後面長凳上看到的曬著微弱春陽的柏林人，跟在亞歷山大廣場以東、困惑又困窘地看著蒼白長粉刺的奎師那教徒[6]唱跳的，他們的遠房同胞，真的對歷史的概念感到那麼困擾嗎？

「Jein」，我必須這麼回答，像個真正的柏林人：既是（ja）也不是（nein），因為這種時候怎麼能不想到歷史？歷史性（Historic）：這個字眼經常出現在政治人物口中（「假如我們錯過這個歷史性的機會……」），也大步踩過社論和電視評論。紀念碑仍然見證歷史：你自己的人生片段可以變成石頭，然後成為各種形式，比如廢墟、拆了一半的柏林圍牆、佈滿彈孔的牆面，或是懷裡兒子快要落地的悲傷母親之巨大雕像。這裡幾乎所有人也在另一方面受到歷史影響——就連最年輕的前東德市民，也是自由德國青年團成員。再往前回溯，你會碰到各式各樣不同組合：在希特勒政權下站錯邊之後什麼也不是的人，連著兩次站錯邊的人，納粹年代的英雄、之後加入國家安全部的人，從狂熱到冷漠，各種色度的人。你遇見他們，但是不知道他們從前是什麼人；他們背負各自隱形的過去，進入這個短暫的現在。至少有一點是肯定的：這群人的一生裡，有些人碰過兩次、幾乎所有人都碰到一次的某個東西結束了，完結了，歷史轉了個向，做了個動作或假動作，看起來彷彿讓他們可以重新開始，一切重來一次，當然這從來不是真的。但至少表面上如此。德國國家社會主義在一九四五年被摧毀；東德共產主義在一九八九年破產。民主的方式不同。民主或許有個開頭，但順利的話不會有結束，這多少解釋了籠罩在柏林和東德的一種暫時性和不真實的奇異感。某方面來看，人們已經降落在烏托邦，因為那是他們上街的理由：為了自由、民主、發言的權利，他們從前沒有的東西。但有了之後，感覺卻不像烏托邦，也許除了一個事實——跟任何烏托邦一樣，看不到終點。如果一切順利，這段歷史不會在他們這輩子「結束」，也不會完整，這就與我們的人類層面產生衝突。大家都知道烏托邦屬於天堂，天堂是不可能住人的地方。由於烏托邦必須發生在這裡，反而證明了它讓人失望。

我偷聽對話做筆記。以下的評論都不是捏造的：

波蘭教授：「西德還不明白的是，資本主義沒有征服社會主義，反而資本主義會從東德開始被社會化。一個緩慢的運動從東德往西德而來，要看到很不容易。附帶一提，你知道嗎？多虧了前東德的 Länder（邦），科爾最近雖然碰到挫敗，但現在仍然掌權。」

著名女性主義者：「我不在乎稅，只要把柏林圍牆重新蓋起來就好。那邊的人是不一樣的人，跟我們一點關係都沒有。他們的成長過程跟我們大不相同。絕對行不通的，這輩子都不可能。」

記者：「你把眼睛張大，算一算在東柏林看到幾條綠色長褲。他們很可能穿著義大利夾克，但都是搭配綠色長褲。軍隊的關係。軍外套不能穿，但他們不想把褲子丟掉。假如你發現他們穿愛迪達球鞋走路的方式有點奇怪，一樣的理由：穿了一輩子軍靴的緣故。」

屋主：「我們從沒料到這事會發生。我們家族在埃爾福特還有一棟房子，是我跟我姐的部分繼承。本來都處理得好好地，我們付一筆一千兩百二十八馬克的帳單，但房子就歸我們的了。遺產稅已經付過。房子估價將近一百萬。現在大概有五十個人住在裡頭。我應該叫所有人排隊接受檢查。沒有，不是啦。開玩笑的。」

女性主義者：「假如他們至少做到自我解放就好了，像我們女性主義者做到的……但沒有，連這個都得靠俄羅斯。」

東德學生：「我爸的兄弟很早就去了另一邊，在還能過去的時候。我爸沒去——他想留下來。我們家有個小規模家族企業，他想繼續做。我叔叔每年開著他的大台歐寶（Opel）來探親，總是嘲笑我們沒有這個、沒有那個。我很討厭他來。」

東德書商：「從前禁止出版的有哪些，不必我說你也知道。但可以出的**非常多**。你去看看人民與世界（Volk und Welt）或雷克拉姆（Reclam）的出版書單。現在什麼都可以出，但什麼也不能做，因為我的店被連鎖書店買下。我所知所學的一切都變成廢物。你不必讀過厄普代克（Updike）或歌德也能賣性書或旅遊指南。唯一的另一個選項就是不幹。」

萊比錫的荷文系學生：「之前我不許去荷蘭，現在我不能去荷蘭，因為太貴了。我當然很高興Wende（東德轉型）的發生，但聽到那邊的人說我們沒有主動精神還是會受傷。我們有很多主動精神，但有什麼用？我爸被解僱了——他再也找不到別的工作。到處都是一樣的情況。大家都很害怕。」

西德譯者：「他們只懂得抱怨。現在就要發生，今天就要發生。我們在戰後也不是輕鬆走過來的，不能說去就去馬略卡島（Majorca）。他們一副戰爭是我們這邊自己打的，好像跟他們無關一樣。法西斯主義者都住在西德。而且你應該聽聽看他們是怎麼說波蘭人和越南人的。全德國因為他們而名聲敗壞。」

匈牙利作家：「我七歲女兒跟東西柏林學生一起校外教學。我問她怎麼樣。很糟糕，她說。都是一些Scheiß-Ossis（遜東德人）。Scheiß-Ossis？喔，他們好笨。好笨？為什麼？他們看起來有夠可悲，穿的衣服好奇怪。那你的老師說什麼？哦，我們的老師不跟他們的老師說話。」

來自海地的攝影師：「種族歧視到處都有，但我在柏林過了三十三年的好日子。現在結束了，我的朋友。我不敢再去東柏林，甚至是白天，晚上更絕對不會去。有人被捅一刀然後從火車上扔下來。是捅死。以前很多莫三比克人和安哥拉人住在那邊，國與國之間的團結——你知道的。從前在五月一日[7]的時候，他們總是受邀跟其他人一起遊行過論壇。但他們當年就被當奴隸對待，現在他們一定得離開了。找不到工作。當然，他們屬於舊政權的一部分。也不是他們的錯，只是現在人們是這樣看的。Ausländer raus（外國人滾蛋），走了最好。」

我在《每日報》（西德版）讀到無條件投降博物館（Museum der bedingungslosen Kapitulation）。我沒聽說過這個地方，但聽起來很值得去。我問了幾個朋友，沒有，他們都沒去過。在哪裡？弗利茲史門科爾大街（Fritz-Schmenkel-Straße）。哦，在東柏林。我決定去博物館看看，我經過看得出來已不見了的邊界線，在亞歷山大廣場換車。我希望自己不要再重複說它不一樣，但沒錯，就是不一樣。同一個城市，不過十分鐘的距離，但完全不同。某人看著你的雨衣，把你歸類。你來自drüben，那邊。所以這點已經建立。那麼你自己在做什麼呢？你把剛出爐的恐懼和負面期待的調查結果，投射在等車的人群，想著你至少知道某些人腦袋裡的想法。你用買其他報紙的半價買份報紙，然後跳上S-Bahn往埃爾克納（Erkner）。

這是個充滿火車的城市。你看到莫斯科到法蘭克福的大型特快車，你想要換坐那班車，但去另一個方向。波蘭教授：「因為上車晚了，我得穿過俄國區的臥鋪才能到我在德國區的座位。你無法想像有多臭！大家都帶著食物，因為他們沒錢買。行李箱跟紙箱都堆積在通道上。說真的，就像第三世界。幾乎沒辦法穿越。」

我在卡爾斯霍斯特（Karlshost）下車，這裡從前是高級住宅區。文化中心（Haus der Kultur）已經變成市中心餐廳（Restaurant Centre Ville），街角的賭場（Spielbank）上方有偌大的西里爾字母[8]。弗利茲史門科爾大街是一條安靜的街。別墅，大樹，中產階級拘謹的魅力。但這裡給人奇怪的感覺，在我還來不及告訴自己是因為路上都是俄國人之前，我還想到別的：「這裡像猶太人隔離區。」或是類似的地方，但是一種奇怪的翻轉，因為隔離區裡是俄國軍官，獨行或是結伴而行，身上的服裝把他們和世界上的其他人區隔開來，就像在安特衛普或紐約的傳統哈西迪（Chassidic）猶太人，大家耳鬢都有捲髮，穿黑色長外套。我正在一個俄國飛地。就連經過的兒童也說俄語。我看見Zim或Zis款[9]的白色豪華汽車裡，女人坐後座，士兵在駕駛座，我看見我看不懂的文字，很多軍官拿著外交郵袋[10]。不久他們就得離開這條安靜舒服的大道，離開之前友人（更之前是敵人）的房子。他們要去的地方也在翻頁，他們不知道到時書頁上會寫什麼。但目前他們還在這裡，不受歡迎，在一個封閉社區，其所在地國家為了他們離開要付出八十億。

路的盡頭，是紀念他們四十六年前抵達的博物館。紅色旗幟飄揚，修剪過的草坪另一邊有卡車、一輛坦克車、一台Stalinorgel。我記得這東西當年暱稱叫「史達林的管風琴」，一種多管火箭砲。一塊青銅匾額宣布建築物的全名：一九四一年至一九四五年之偉大愛國戰爭之法西斯主義德國無條件投降博物館（Museum der bedingungslosen Kapitulation des faschistischen Deutschland im Großen Vaterländischen Krieg 1941-1945）[11]。我走進去。裡頭沒有人。過一會，我看見一個年輕俄國士兵。他微笑示意，我們打招呼。時間的巨輪又開始轉：新思維（perestroika）[12]和公開性（glasnost）的傳單放在一張矮桌，巨大的列寧站在室內盡頭，手放在口袋裡。他看著我的頭後方遠處，我來的方向。蘇聯雕像總是有種裝模作樣的感覺；庸俗還不足以形容。它讓你感到自己的不如：你不是那個懷裡抱小孩的農夫，不是持劍站在敵人大門口的英雄，你沒有那個正方形下巴和那雙巨大的手，你沒有隨時可為祖國赴死的意願。這些偶像代表的美德太苛求人，他們是青銅和花崗岩做的柏拉圖式鬼魂。

牆上和展示櫃裡，有馬克思和恩格爾的論證和小冊子，列寧流亡瑞士時期的報紙，他去拜訪羅莎・盧森堡，他給高爾基[13]的一封信，他姐姐的畫像：這是苦路（Via Dolorosa）[14]的圖像化，這條路的意義仍不停變動，不能抹滅的文字和影像在今日看起來如此不同，雖然它們一直沒變過。我在時間裡快速移動，希特勒和史達林簽的條約也不能讓我停下來，簽約者里賓特洛普，待會我將看到躺著的他，身穿細條紋西裝，蒼白而威嚴，脖子上有條原始的絞索，全新的繩子。那個條約在這裡不存在；在這個 museion（繆思的神廟），所有德國人永遠是法西斯主義者。我直接走到**投降**展間。只有我一個人，我可以聽見孤獨。我在拼花地板上的腳步聲。希特勒官邸（Reichskanzlei）的家具。細長瓶頸的空玻璃酒瓶。沈默的椅子。旗幟，枝形吊燈，綠色毛呢桌布上每個座位前的白紙，桌面完全照當時的擺設。

這裡也有照片。朱可夫（Zhukov）、特德（Tedder）、斯帕茨（Spaatz）、德．拉特爾．德．塔西尼（de Lattre de Tassigny），八年後他在奠邊府（Dien Bien Phu）作戰失利：元帥、空軍上將、上將、另一位上將，他們都在五月八日零時進入這個房間。[15] 我看著德國代表團在機場的照片；他們剛下達科塔（Dakota）軍用運輸機。這是凱特爾（Keitel）[16] 倒數第二個五月，不過他當然不曉得。他領著團隊——高大，軍靴，一種規範的美，鐵十字勳章[17] 掛在他的領口；他身後是弗里德堡（von Friedeburg）、施通普夫（Stumpff）：陸軍元帥，海軍上將，空軍上將，陸、海、空。他們被請進去。凱特爾帶著元帥杖，另外兩位配戴勳章。他們被吩咐坐在「靠近門口的指定位置」。到了凌點四十三分（莫斯科時間），一切都結束了。德國無條件投降；二次大戰在世界這個部分結束。降書起草並簽名，有英文、俄文、德文版本。根據第六條，只有英文與俄文版才是「正本」。德文版不算。

博物館的其餘區域在紀念戰爭，俄國人民與法西斯主義者之間的戰爭。標語大多是俄文，偶有德文。這是個奇怪的圓形監獄。鋁色的英雄雕塑，一個展示櫃，人造雪包圍著有凹陷和穿孔的德國鋼盔，超過三十個鐵十字勳章散落在五、六個鋼盔旁，在碎石膏的雪堆裡持續生鏽。莫斯科居民在戰爭爆發那天聽廣播，德軍暴行的照片，大屠殺，集體墳墓，一個女孩被絞死，一頭金髮，斷了脖子，她旁邊的年輕黨員脖子上已套了絞索，他的便帽還戴在頭上，表情看起來彷彿他的手還插在口袋裡，布萊希特劇本裡的演員。

別的樓梯，別的樓層。武器、勳章、證書。一位女兵獨自「擊倒」三十個「法西斯主義者」。一罐來自櫸木森林集中營（Buchenwald）[18]的骨灰。一安瓿的毒藥。希特勒用來追踪德軍推移的地形圖。另一張地圖說明俄軍是如何包圍柏林。樓下走廊，紐倫堡大審的絞刑：戈林逃過絞刑的處死，一隻眼睛很令人厭惡地張著；[19]凱特爾，帶著元帥杖那位，滿臉是血；旁邊那張焦黑的屍體，如邪惡、烤焦了的蝗蟲。燒黑的頭部在尖叫聲中抬起，髮型和鬍鬚吐露了資訊。我無法讀圖說。我從來沒看過那張照片，但我知道是希特勒。

兩千萬俄國平民和士兵死於那場戰爭，光是柏林戰役就死了十萬兩千名士兵。紀念戰爭的建築物位在舊德國的中心，但是為了誰而建？它還能留在這裡嗎？照這個模樣留著？帶著它揭露和隱藏的一切？少了卡廷大屠殺（Katyn）[20]和莫洛托夫－里賓特洛普條約？在有兩個德國的時候，它卻為了一個德國而設計？一九四九年十月十日，俄軍行政部門將博物館的管理交給東德第一任首相奧托．格羅提渥，現在那個共和國不存在了，莫斯科的歷史也在重寫，未來會如何？也許就如《每日報》專欄作家相信的，它應該維持原狀，以紀念真正的死者和犧牲者，才能揭露真正的罪行，把不真實的意識形態謊言永遠冰封起來，以證明善也能被用來為惡行服務。

大廳裡，戈巴契夫和布希在船上不太真實的握手，另一張照片裡，柏林圍牆永遠開放了——絕望的一段空白之後的隨機附註。室外，我碰上德國的春天，人們走過，世界漸慢為現在式。如果你不同意這個節奏，可以把信託機關（Treuhand）[21]的主席射死。或是對總理丟番茄——這就無傷大雅。總理站在「Wir sind das Volk」（我們是人民）中間——而das Volk（人民）對他的眼鏡丟雞蛋。所以現在總理跟das Volk過不去。等候室擠滿了人。時鐘無法走快一點，但等待的人民如此焦急。

一九九一年五月

註釋

1 此指藝術家夫婦檔克里斯多與珍克勞德（Christo & Jeanne-Claude）的作品，有時候僅以克里斯多署名。他們創作獨特的環境藝術作品，以布料包覆整棟建築物或海岸線，包覆過的建築物包括德國國會大廈。

2 出自希臘哲學家赫拉克利特斯（Heraclitus）的名言：新的河水流過踩進同一條河的人（Ever-newer waters flow on those who step into the same rivers）。

3 Beate Uhse（1919-2001），德國飛行員、企業家。自小熱愛飛行，一九三〇年代時是德國唯一女特技飛行員，大戰期間曾於納粹德國空軍服役，戰後被禁止飛行而當推銷員維生。她發現許多婦女急需避孕及性事知識，從銷售避孕手冊起家，一九六二年創立全球第一間成人用品店，其同名集團目前為德國最成功的性產業公司。

4 原註：東德人與西德人互稱對方為 Ossis（東德人）、Wessis（西德人）。

5 Anselm Kiefer（1945-），德國當代藝術家，作品使用多種媒材如稻草、灰、黏土、鉛、蟲膠等。他以鉛製成書放在圖書館書架上，象徵貯存而被遺忘的歷史，見詞彙表。

6 國際奎師那知覺協會（International Society for Krishna Consciousness）又稱奎師那（Hare Krishnas）或哈瑞奎師那，是基於印度教的大型宗教團體。

7 每年五月一日在柏林十字山區由左派人士舉辦的示威活動，第一次發生在一九八七年，經常爆發警民衝突和暴力事件。二〇〇三年之後，柏林警方以支持周邊節慶活動（Myfest）來抑制暴力，但也藉此限定遊行路線。

8 西里爾字母（Cyrillic）是通行於斯拉夫語族的字母書寫系統。

9 兩者皆為俄國汽車公司出產之高級車，Zis 為 Amo Zil 公司之豪華車，Zim 為 Gorky 公司之加長禮車。

10 外交郵袋（diplomatic bag）是一種政府用來傳遞文件的郵袋，有機密性質。外交郵袋無固定形式，蓋上外交郵袋印章後即受保護，一九六一年維也納外交關係公約第二十七條規定，外交郵袋擁有外交豁免權。

11 原址今為德國—俄國博物館（German-Russian Museum），路名也從 Fritz-Schmenkel-Straße 改為 Zwieseler Straße。

12 一九八〇年代末蘇聯在社會和經濟方面所做的改革。

13 Maxim Gorky（1868-1936），原名 Alexei Maximovich Peshkov，俄羅斯及蘇聯作家，社會主義、寫實主義文學奠基者、政治運動家。

14 Via Dolorosa 為拉丁文，意思是「受苦難的道路」，耶路撒冷舊城的街道，耶穌背著十字架前往受死的路。

15 一九四五年五月八日二十四時，德國無條件投降儀式正式舉行。儀式由蘇聯元帥朱可夫（Georgy Zhukov）主持，盟軍代表包括最高副司令英國空軍上將特德（Arthur William Tedder）、美國戰略航空部隊司令斯帕茨上將（Carl Spaatz）、法軍總司令塔西尼上將（Jean de Lattre de Tassigny）。二戰後塔西尼曾擔任印度支那戰爭總司令，法國在奠邊府戰役戰敗投降之後，從此退出亞洲戰場。

16 德國最高統帥部參謀長凱特爾（Wihelm Keitel）元帥代表德國在投降書簽字，另外兩位代表為海軍總司令海軍上將弗里德堡（Hans-Georg von Friedeburg）、空軍總司令空軍上將施通普夫（Hans-Jürgen Stumpff）。

17 由普魯士國王腓特烈三世建立的德國軍事勳章。

18 在威瑪附近，德國境內最大的集中營。

19 赫曼．戈林（Hermann Göring）為希特勒副手，在紐倫堡大審被判死刑，但在行刑前一天注射氰化物自殺身亡。

20 卡廷大屠殺又稱「卡廷森林大屠殺」，是蘇聯秘密警察機關在蘇聯共產黨中央政治局的批准下，於一九四〇年四月至五月期間對被俘的波蘭戰犯、知識分子、警察及公務員進行的有組織的大屠殺。

21 原註：一九九〇年統一之時，信託機關（Treuhandanstalt）負責監管前國營事業的私有化。

到處都是死掉的飛機和老鷹

第一個影像。我走進一個大房間。房間裡有一架再也不會起飛的飛機。我從窗戶望向裡面。裡頭有一副空的蛇皮，一些枯枝。飛機沒有生命，因此不會死。這架飛機為什麼讓我覺得它活過、死亡、被埋葬又被挖掘出來？它像有生命的物質那樣有一點腐朽。就像你看過的那種從墳墓挖掘出來的士兵的照片，軍服破破爛爛，沒有眼睛的骷髏頭上還有一點毛髮。有一點像那樣。死掉的飛機有一點變形，與真正飛機工藝上的完美互相矛盾，但也與真正的飛機殘骸矛盾：飛機的終結不是這樣的。我看著扭曲的鉛，看著這種物質的柔軟度、彈性、脆弱度。然後我注意到另一架飛機。這一架只有一個窗戶，在應該是駕駛員座艙的部分有個方形的洞。機頭是尖的，像超音波噴射機，但刮痕和凹陷讓前面看起來像動物的頭，讓那個方形沒有玻璃的洞變成一隻悲傷的眼睛。這個頭屬於一種已絕種的鳥類。渦輪的位置有更多枯枝，和鐵鏽色枯萎的花朵。這是大自然，但乾癟，無生氣。機翼上有書，雜草在其上生長。那些雜草也是死的：黃褐色的莖。

第二個影像。天空是灰的，北方的天空；這裡是北方的城市。我在一個公園裡。車子停在路上，停在人行道上，毫無秩序，浪費，彷彿一大群人起身下車，拋下他們的財產。雲快速飛過，高高在頭上，看似要變天；暴風雨要來了。公園裡，多樹的山丘，柔軟的草坡。我不疾不徐。我知道我要去哪裡：我要去見一個神的雕像，在一個高於一切的地方，我可能認得出那個男人的臉孔。樹木出現的地方有樓梯通到上方。我一邊爬，一邊看到上方的雕像越來越筆直。它越變越大，我也自然越變越小。它立在一個圓形底座上，底座大小如鄉村的公共綠地。我爬上別的階梯，到第二個展覽間。花崗岩雕刻成的赤裸男性。他們瞪著眼睛思考；看得出來他們想得多認真。說「沉思」可能較為正確。套套邏輯（tautology）的石化。雖然是花崗岩做的，但他們的身體就如真正的身體：肌肉、線條、力量。他們的年齡是一切年齡的平均，他們不能有名字，他們脫了衣服來思考。他們在這裡，是為加強他們上面那個禿頭男人的榮耀，但他們自己絕對不可能禿頭。不會老，不會禿，也不會胖；他們渾身肌肉的身體，是遠古德國認為的希臘理想形式。我爬得越高就變得越小，但我永遠無法抵達那個大型雕像的腳邊。那個人的腿由特別的石頭壁壘支撐，彷彿穿了一件過時的盔甲。他當然有一把劍（他從來沒用過），兩隻老鷹停在他的雙腿邊，牠們的翅膀像盾牌，扭著頭看四周，像動物園裡那種彷彿有兩個頭的鳥：一個在前面，一個在後面。牠們的表情兇猛，鳥喙如鉤子。雖是花崗岩，但你能想像那對銳利眼睛的顏色。原始的憤怒：待會有個女人跟其中一隻老鷹說話時會如此形容，是另一隻，也是同樣的一隻。我在雕像旁又繞了一圈。我站在他的正後方，看到他的石頭披風像一面有鱗片的牆；他的頭部後面看起來彷彿是佛陀雕像的頭。從來沒有人這樣說過這個男人。回到雕像前方，他的臉頰飽滿，但沒有覺者（the Enlightened One）的豐潤。鬍鬚，雙下巴，軍服衣領，力量。他站在鉛灰色天空下，望向一個不愛他的城市，但他的凝視沒有碰觸到任何人。遠方，忽然的尖嘯聲像暴風雨來臨，廣大群眾的尖叫。大規模顫抖，大規模愉悅，競爭。聲音快速繞過樹梢然後減弱。

第三個影像。一個女人，她的神情嚴厲而扭曲。她在一個無人、打了白光的空間。我不知道那是一天裡的什麼時間；也許這種計量法不適用於她所在之處。夢的時間。她身旁有個鳥籠，裡頭有一隻老鷹。這隻老鷹撇過頭什麼都不看，枯枝上死去的剪影。但她和老鷹說話。我清楚聽見她的聲音；她的空間就在我的正對面。彷彿她想要勾引老鷹，誘惑牠，像《麗達與天鵝》[1]的德國版。她提醒老鷹，早上牠用牠眼中原始的憤怒給過她愛意的眼神。她用鐵絲剪剪開牠的籠子。她奉獻自己，不是真的為了交配（雖然很接近了），而是為了一種最強烈的溝通形式：人類獻祭，她作為犧牲者。我知道她是誰（我已經在這個空間待了一段時間）：安妮塔·馮·夏斯托夫（Anita von Schastorf），她是據說曾參與暗殺希特勒行動的普魯士貴族之女。她對父親所知有限，但將他理想化，即將出版他的日記，因為刪去了道德上較有爭議的告白內容而被一位年輕史學家指責。他對她的父親有著截然不同的壞印象，她因此憤怒斥責他，但現在她和她的老鷹獨處，她不再尖叫，而是魅惑。她說她的衣服底下赤條條的。鳥沒有概念，她又說：「沒有了全身羽毛，感覺是多麼赤裸而無助。」然後她複述一次她的奉獻：血液、腸子、肌腱、脂肪、皮膚、腺體。最能代表德國的動物可以擁有她脆弱人體的一切；全都獻給牠的喙和牠的爪。牠沒有動，燈光變暗，再亮起來的時候，牠坐在她半裸的身體上，翅膀張開，但被吃掉的不是她，因為過了一段時間的黑暗，她仍然坐在那裡，全身是血，歇斯底里，周圍是羽毛和大鳥的骨頭，哭喊著：「Wald（森林）……Wald... Wald... Wald...」彷彿這一切還不夠黑暗似的。

第四個影像。我回到水邊的北方城市。這一次比較亮，是另外一天，烏雲已經散去。

一個方形紀念碑屹立在一條大路上，紀念碑上刻畫了士兵。「Deutschland muss leben, und wenn wir sterben müssen」，這句話說的是：「德國必須生存，雖然我們必須死亡。」這個奇怪公式意思是德國的生存值得這些行軍的石頭人送死，他們僵硬不動，繞著他們的矩形走成不間斷的行列。這個隊伍永遠不會抵達，永遠無法停止走路，沒有開始也沒有結束。雕刻是浮雕；他們的身體右側只存在概念裡，埋在石頭中，形狀熟悉的鋼盔與隔壁戴鋼盔的士兵頭部重疊，一直一直下去。因為沒有開始也沒有結束，每個人的前面和後面都有一個人，他們必須永遠如此行軍，步入死亡。

漢堡紀念碑，細節，一九九一年。

第五個影像。現在我回到起始的地方。我走過死掉的飛機，到一個鉛做成的圖書館。書架上的書太大，我永遠不可能拿得起來。裡面會寫了什麼？它們古老、凹陷、分崩離析；它們靠著彼此作為支撐。這讓人不得不想到亞歷山卓（Alexandria）及波赫士（Borges）的圖書館，[2]但前者的書曾經有六個月的時間被拿來當作土耳其浴的燃料，第二個則讓人想到絕對不是用鉛做成的圖書館，一個內在心靈的圖書館，書隨時可以讀，但維持隱形。這裡的書似乎比較像是地政局的書卷，活人與死人的目錄之類的。我曾經拜訪在西曼卡斯（Simancas）城堡的西班牙國家檔案局；那是一次令人起寒顫的經驗。死寂之中，幾個學者坐在幾公里長的對開本和羊皮紙文稿之間，沒有盡頭的皮革裝訂書大隊。我從中拿出一冊：十七世紀昆卡省（Cuenca）的地政資料。我的下一個想法必然是：整個西班牙都在檔案局的描述裡，每一公分的土地、每一個事件、每一封公文，彷彿整個國家的歷史都複製在這裡，只不過是在紙上。我猜這裡也是類似的情況，但缺乏條理。這些書裡一定有一些鉛的名字，但都是機遇的名字，如同書架上層扭曲的鉛攝影機掛著的長條電影底片裡，看到的是隨機的人群，陌生人，現代人，死掉的人和活著的人，他們的名字在這些鉛做成的巨物裡沉睡，看不見，因為沒有人能讀到。書架上寫著「幼發拉底河和底格里斯河」，彷彿這些書對我有所求，但我不知道是什麼，彷彿我短暫的存在必須放在世界歷史的光芒前面，但這麼宣稱的人，忘記了我就是出身那兩條河之間的土地，無論我如何無名，我的世界史在我心中比在闔上的鉛書裡還要鮮明。

第六個影像。女人和老鷹的房間，但是兩小時前。某人才剛大喊「DEUTSCHLAND」（德意志），讓我想到另一個聲音，北方城市的群眾的聲音。這一個聲音喊起來像一群人。有一點令人驚嚇，喊出來的那個單字只增加驚嚇的效果。這不是一個群眾，然而那十五位站在不同高度但距離相近的一群人，臉對著同一個方向，有種部落的效果，一個小的 Volk（人民）。「Wir sind der Chor」（我們是合唱團），他們合唱。他們對著攝影師說話，但我和我身邊的人也聽得到，當然，我們聽到的歌詞應該是：「Wir sind das Volk」（我們是人民）。Volk？什麼意思？指的是在這一刻一起被拍照，這群爭吵、背後中傷、監視、內鬥的合唱團員嗎？這就是 Volk 嗎？隨便一群人在某個時間點湊在一起，被所有人（攝影師畢竟代表了所有人）注視的一群人，被不屬於那個 Volk 的我們觀看的，一定是 das Volk、無可避免、大寫的 Volk 嗎？攝影師是光速歷史學家，努力做好他的工作，這是應該的，因為那群人不斷監視他。他必須在那個無法重複的一刻，捕捉他們當時的樣子，在他們分裂成不同的個體前，捕捉（攝影師都這麼說）那群人。但攝影師做錯一件事：帽子遮住了一張臉，少了一個人，Volk沒有被全部納入，因此它吞噬攝影師作為報復。他的衣服留在地上，整整齊齊疊好，他的運動鞋在衣服堆的最上方。在他之後的女攝影師運氣也沒有比較好；這群人很危險。

最後一個影像。再次地，我回到飛機和鉛製的圖書館。我下樓梯進入一個充滿繪畫的房間。如果我得先講出一個顏色，會是黑色，焦黑，東西燒焦的顏色。之後我才發現，在場許多年輕女子也穿同樣的黑色：黑色以及一個最接近黑的顏色，岩灰，碎石的灰，沙漠裡沙子的淺褐，枯木上冰冷的蛇，枯葉，髒雪。「莉莉斯」（Lilith）[3]、「耶路撒冷」（Jarusalem）、「揭開質點」（Entfaltung der Sefiroth）[4]、「萊茵女神」（Die Rheintöchter）[5]：沉重的名稱用來為這些場景命名。這些都是憂傷的影像：飛機裡蜷曲的蛇，孤伶伶的梯子通往空蕩蕩的天空，一對黑色的天使之翼但沒有天使，風景之中一道危險的光線把人驅離，死亡物質的陰沉世界，失落與缺席，火車鐵軌的終點是毀滅，例如特雷津集中營（Theresienstadt），石頭上的文字讓人想到卡巴拉（Kabbalah）的世界，彷彿我們最後走過這些死亡世界時，還是有可能逃離歷史的污穢，得到救贖。Azila，Jezira，Asijjah[6]：作為誘惑，作為希望，這些字眼徘徊在鉛與無人的死亡洋裝之間，女人、小孩、甚至娃娃的洋裝，沾有污漬，被壓在扭曲、皺褶的鉛之間，就像那些曾經翠綠的蕨類、鬆掉的螺旋槳，以及那幅有大量枯髮的女人肖像畫，髮量多到幾乎遮住了女人。

「C’est la vie et la mort」（這是生也是死）。我聽見背後有人說，我當然得回頭。說這句話的年輕人正期待地看著他說話對象的年輕女子。她甚至沒辦法轉頭看他，因為他們站得很近，而她黑色運動帽的帽舌太大；說不定還會將他斬首。像一種武器。

「C’est ni la vie ni la mort」（這不是生也不是死）。她說，我想她是對的。這非生也非死。穿著銀色尖頭鞋的她站得非常直，一動也不動地看了一會，然後說：「C’est la souffrance」（這是苦難）。我還是得同意。這是洗清與淨化之前的苦難，渴望從污染的年代、從褻瀆的歷史敘述釋放之前的苦難。當我轉身走出那個壓迫的房間，看到一個警衛在隔壁門前攔住她。他指指她運動帽的鴨嘴，但她笑一笑把它轉一圈，所以現在那個大帽舌垂在她的後頸，像漿過的面紗。不知怎麼的，簡單的翻轉讓那天下午有種解放的感覺，我往外走時感到一身輕，不再受那些影像束縛。

但是我去了哪裡，是何時去的？也許啞謎說夠了。

普魯士少女吞食德國老鷹是在哪裡？是波托．史特勞斯（Botho Strauss）[7]的《最後合唱》（*Schlusschor*），我在德意志劇院（Deutsche Theater）看的一齣戲，地點在從前稱為東柏林的地方。不唱歌的合唱團、某人大喊「德意志」是同樣的出處，如同安森．基佛在國立美術館（Nationalgalerie）展出的「萊茵女神」令人立刻想到德國，如同走在永恆矩形的士兵戴的是德國鋼盔，如同北方城市漢堡的巨大石像是一八七一年的德國國父，如同他腳邊的老鷹就是裸女肩膀上同樣的老鷹，當然也是同一個禮拜晚些時候（我在一個禮拜內看到以上的影像），我在夏洛騰堡宮的一面牆上看到的同一隻老鷹，空氣污染的黑色汙漬讓牠的喙有如在滴血。

但你把影像都混在一起了不是嗎？你在一個影像裡講到現實，接著下一個影像又講藝術，它是現實的反映、描述、想像和昇華。話是沒錯，但這些影像——老鷹、合唱團、鉛製的書——都是我親眼在現實中看到的，如同我也在漢堡的方形紀念碑上看到第七十六漢撒軍團，以及俾斯麥的雕像。誰來決定這些影像的等級？想像也是這個世界的一部分，雖然我很清楚老鷹是填充的，它沒有真的被吃掉，我也知道那些書是實鉛製成，無論我怎麼聲稱，裡面沒有一個名字，如同飛機也沒有在腐朽，只是被做成那個樣子，如同死掉的蕨類是被黏到鉛裡面，而合唱團在演出結束後會卸妝。藝術靠現實滋養，一切順利的話，也會回到現實裡。德國藝術，德國現實，在這裡是逃不掉的。沉重、激動、陰鬱、浪漫，有時候在庸俗裡走一圈，但就連這樣也是現實的反映：創立者時期（Gründerzeit）[8]俾斯麥塔[9]的庸俗，半個世紀後大教堂燭光火炬列隊的庸俗，還有讓我兒時害怕不已、飛舞在行軍入海牙的灰衣男人頭上的銀色老鷹的庸俗。

德國友人對於我糾結在這類深奧感到不以為然。他們說，是你刻意去尋找，但這樣說不完全對。漢堡的俾斯麥是避不掉的，行軍士兵的紀念碑也是。這些東西就立在街上和公園裡，我說，也許我只是比別人先看到。那你是否看到，他們問，行軍士兵的附近就是赫德利卡（Hrdlicka）[10]的反紀念碑，他和市議會吵架而未完成的雕塑？有，我也看到了，那是個辯證的紀念碑，目的是反駁另一個紀念碑。對赫德利卡而言，戰爭不是關於行軍的士兵而是受害者，是轟炸之下的婦女和兒童，壕溝裡的士兵屍體，戰爭是處決、拷問、抵抗。市政府好心放了標語，註明紀念碑仍然在建造中，但它是開放的，指涉的只有自己，它未完成，要說的話還沒說，它像一聲悲嘆待在另一個紀念碑旁邊，圍繞著那些行軍的人，他們封閉的表情看似也想著同一件事。

「那俾斯麥呢？他又如何？」我會說，任何一個相信自己不是在創造歷史，而是得跟所有人一樣，等著看歷史在眼前展開的政治人物，就是在修正浮誇的俾斯麥紀念碑（當然，那不是他本人立的）。戈洛．曼描繪的俾斯麥——是浮士德也是梅菲斯特、虔誠同時憤世嫉俗、擁護君主制度又鄙視諸侯，抑鬱、強權的政治家、偉大的演說家、瞧不起任何形式的意識形態——無論如何都比我德國友人眼裡看到的還要更細膩。

「好吧，可是安森．基佛？」難道我不曉得他已經徹底過氣了嗎？也許，可我又何必在乎？我清楚看到他的作品跟他用來創作的鉛一樣沉重，但這個說教般的沮喪重量，不就是這個國家幾世紀來施加在藝術家身上的？人們說到 Bildungsbürgertum，知識階級，說到基佛身為 praeceptor Germaniae（德國大師）的角色，說他自喻為先知，卻沒有真正消化從猶太神秘主義借用來的影像，只把它當作佈景道具，就像早年的爭議性時期，他以私人目的來挪用德國神話。也許吧，但我從來不是很在意一件作品是怎麼來的，或是藝術圈的指標怎麼說，其他人怎麼想，怎麼揣測背後隱藏的動機及政治或經濟上的操弄；唯一重要的是，在我面前的實物，以其末日的力場將我俘虜在其中，如同我背後某人說的，「C'est la souffrance」。

我顯然無法被說動。我決心在與德國有關的一切找出德國，但我是否至少能看出史特勞斯只是個煽動作家，他把政治深度編入劇本，但一點清晰度都沒有，對於統一的主題只製造出空泛字句和影射？是的，我聽過這個說法，我甚至能懂，因為他的場景屬於史匹柏的電影，不屬於舞台，我也無法想像一齣英國舞台劇找來獅子對女主角為所欲為，儘管如此，那天晚上我還是看到了動人的幾場戲，有關那場演出的想法再三出現在我腦海裡。也許更糟的是，我無論往哪兒看都看到老鷹：普魯士的老鷹和黑森（Hessian）[11]的老鷹、再次成為現代老鷹的威瑪老鷹、被馴服的老鷹、戴皇冠的老鷹、郵局的老鷹和警局的老鷹，直到某人指給我看最美的一隻老鷹，是我記得小時候的旗子上翅膀平展的老鷹，只不過現在它不是在街上飛舞，而是石化掛在我家附近稅務局辦公室入口的上方。牠得以留下來，但爪子圓圈裡的納粹黨徽已經被移除，由數字「48」替代，大樓的號碼。我偷偷告訴自己，這讓數字「48」有種神秘的重要性，接近救贖。

一九九一年六月

註釋

1 出自希臘神話，麗達（Leda）是厄多里亞國（Aetolia）的公主，嫁給斯巴達國王（Sparta）國王為妻，但她的美貌為天神宙斯覬覦，於是宙斯化身天鵝引誘麗達。

2 亞歷山大圖書館位於埃及亞力山卓，曾是世界上最大的圖書館，由埃及托勒密王朝的國王托勒密一世在西元前三世紀所建。二〇〇二年重建，代表對古代亞歷山大圖書館的紀念。阿根廷小說家（也是圖書館員）波赫士曾寫過短篇小說《巴別圖書館》（*The Library of Babel*），描述一間收藏了世上所有書的神秘圖書館。

3 猶太神話中的角色，莉莉斯為亞當的第一個妻子，由上帝用泥土所造，因不願順從亞當而離開伊甸園。也被記載為撒旦情人、夜之魔女。

4 質點（英文也做 Sephirot 或 Sephiroth），是猶太哲學卡巴拉（Kabbalah）思想中的十種屬性。

5 華格納歌劇《尼貝龍根的指環》中的三位萊茵少女之一。

6 以上為卡巴拉思想中四世界的第一、三、四界，分別為「聖光之界」、「形成之界」、「行動之界」，有時也英譯為 Atziluth, Yetzirah, Assiah。

7 Botho Strauss（1944-），德國劇作家、小說家。

8 創立者時期指的是十九世紀德國與奧地利的一個經濟時期，到一八七三年維也納股票崩盤結束。

9 一種特殊形式的俾斯麥紀念碑，大部分建於一八六九至一九三四年，現存大約一百七十三座，高塔形式，有的附有瞭望台。

10 Alfred Hrdlicka（1928-2009），奧地利建築師、藝術家。

11 指黑森士兵，又譯黑森傭兵，十八世紀受大英帝國僱用的德意志籍傭兵組織，名稱來自黑森－卡塞爾公國（Hesse-Kassel）。

柏林圍牆裡的鄉村

柏林圍牆之前，柏林圍牆之後，時間現在是這樣劃分的，就算你不願意。你不會每天感覺到——有時候只是一陣刺痛——但它又擊中你，通常在週日。現在難以想像了，但這個城市曾經被俘虜，寥寥幾塊綠地最後總是碰上絕對會注意到的圍牆。你想出去，但無論去哪裡，總是有別人；你永遠逃不掉。

「大家都知道。」

「對，但我還是要說。」

以前我們常去呂壩斯，那是個有一間教堂、一台抽水機、一間鄉村酒吧的小村莊，給人鄉下的錯覺，彷彿你真的可能離開城市。女孩騎馬經過村裡用圓卵石鋪的廣場。你走過有鵝有雞的農莊，有賣香料和醃漬黃瓜，你在布蘭肯菲爾德公路（Blankenfelder Chaussee）和希德爾路（Schildower Weg）交叉口選擇後者，因為這條路沒有舖過，只是一條小徑。波浪起伏的地景，偶有幾棵寂寞的椴樹。和其他人一樣，我們也發展出一套避開迎面而來的行人、忽略他們的方法，才有幾乎是獨處的感覺。小徑再走一段就轉向左，遠處就是柏林圍牆的灰色影子。有時候，朦朧的光線讓它看起來幾乎美麗，像古老的紀念碑。通常我們在這邊離開小徑，穿越草地來到一條小河邊，後來我才知道它叫泰格勒溪（Tegeler Fliess），我們會在溪邊站一會。就這樣。溪水是褐色的，但清澈且相當深。強勁的水流夾帶各種東西：樹枝、樹葉、稻草色的蘆葦。河中央有一塊標誌，寫說邊界延伸到此處，企圖跨越到對岸——非常地近——是禁止而且危險的。對面河岸的土地看起來跟這邊一樣。更多蘆葦、烏鴉，和椴樹，無人之地是為鏡像，鏡子裡空無一人。再過去，高處的燈，真正的柵欄，水泥牆。光禿禿的，上面沒有文字。然後我們就轉身，向右，爬上一座小山丘，到了希德爾路連接到的那禁止進入的世界之處——所以是死巷——就會碰到一條沿著樹叢鋪的新的柏油小路。樹叢過去是鐵柵欄；如果你站在那裡，附近高塔裡的人會用望遠鏡對著你看。你幾乎可以感覺自己的臉像喜劇效果被放大，不再完全屬於你，彷彿它被吸上去，彷彿它不知怎地也在高塔裡，在那個有大窗戶的方形房間裡，那些男人正坐在裡面，百般無聊。我可以聞到他們靴子的味道，我不必聽也聽得到他們議論我們這邊騎馬經過的女子。但也許他們的靴子沒有臭味，也許他們沒有在看。有時會有一台軍綠色愚蠢的小車，沿著連接高塔的小路開。從前就是這樣。一道鐵牆，一塊五十公尺寬的沙地，一條路，一座塔。再過去，柏林圍牆，風景，教堂。布蘭肯菲爾德，也許那些男人就住那裡。

禮拜天，我回到呂壩斯。我搭二二二號公車，在最後一站下車。當地地主的墳墓還在教堂附近的綠色草坪。他從一八九九年就躺在那塊墓園，經過兩次世界大戰，沒有人把他叫醒。行人非常少，小徑潮濕又泥濘。烏鴉，腐爛的樹葉，一隻雉雞躲進灌木叢裡。標誌桿還在河中間，但上面的板子不見了。溪水流得很快，急著去哪裡？樹葉、樹枝——我盯著它們看，然後和以前一樣，我們往山上走，但沿著鐵牆鋪的柏油路已經不在。柔軟的泥土上可見耙地的痕跡：小徑變成了土地。高塔已不存在，我從不在了的鐵柵欄望向不在了的高塔和不在了的男人們，不在了的柏林圍牆。那台愚蠢小車開過的路，現在有行人往布蘭肯菲爾德走去。大戰之後，荷蘭詩人J．C．布羅姆（J. C. Bloem）寫過：「En niet één van de ongeborenen zal de vrijheid ooit zo beseffen」（尚未出生的人永遠無法如此理解自由）。站在這裡，我感覺到他這句話的衝擊。我的小徑變成土地，禁止通行的路現在成了我的小徑。我走過的這片空地，在從前人們必須開槍射我，我感覺到的顫抖不久就不會有人感覺到。歷史抹去自己的痕跡，然後就成為歷史。（看不見的痕跡，看得見的現實。）

一九九三年二月

萊茵斯貝格：插曲

萊茵斯貝格？

我的德國友人點點頭。當然了，萊茵斯貝格，這個單字，這個地名，自然而然從他們的嘴唇溜出來；或許他們對這個好奇的外國人以及他提的問題感到一絲同情。萊茵斯貝格！這個單字立刻被其他更讓人熟悉的單字圍繞：腓特烈大帝、圖赫斯基（Tucholsky）[1]、馮・卡特、馮塔納……他聽出友人的語氣略帶責備，但他不知道如何把熟悉的單字跟他從沒聽過的那個單字連在一起。

當然，他責無旁貸。在他對他們國家的認識裡，這個奇怪的黑暗缺口是什麼？他們怎麼從沒指出他的無知？現在他們從各方面向他逼近：偉大的普魯士國王，腓特烈，還有伏爾泰，當年那位年輕啟蒙的王子曾經從萊茵斯貝格寄了無數封信給伏爾泰，萊茵斯貝格是王子在布蘭登堡侯爵區（Mark Brandenburg）[2]的夏宮，日後馮塔納就這個地方寫過精彩的遊記。然後，當然還有克萊兒（Claire），非傳統的克萊兒，出自圖赫斯基的經典之作《萊茵斯貝格：戀人的故事書》（*Rheinsberg: Ein Bilderbuch für Verliebte*），她用古怪而讓人費解的語言，和她的沃夫崗（Wolfgang）在城堡周圍的森林裡漫步談戀愛；年輕的王儲在高塔的房間裡，俯瞰同一個森林，一邊寫他的《反馬基維利主義》（Anti-Machiavel）[3]（「什麼！你從來沒讀過？那你總該讀過他給伏爾泰的信，有吧？」）。然後還有另一位王子，腓特烈的弟弟亨利希（Heinrich），他寧可別人叫他亨利（Henri），在萊茵斯貝格住了五十年。但我的德國友人似乎能原諒好奇的外國人對此一無所知，他感覺他們的笑容裡有一絲挖苦。

神秘感籠罩這位被遺忘的普魯士貴族——種種暗示、猜測與矛盾，彷彿模糊的傳言繼續從歷史裡飄過來，寂寞，兄弟間的敵意，勇氣，矮小的醜男子愛著高大俊美的男子，飄到布蘭登堡典型德國風景的法文詩、對話和演說，王子兄弟兩人的無子嗣婚姻，他們的妻子消失在空氣中，只剩下鬼魂還留在不重要的繪畫裡。

現在他們拿給他書、地圖、傳單。無論他原本想像的是什麼，決不是這個。「萊茵」或許指的是鄰近他家鄉的那條河，松林高山上的武士城堡，或是羅蕾萊（Lorelei）甜美而害人的歌曲。但他在照片裡看到的是兩間相鄰的紅色屋瓦宅邸，以一條柱廊相連，與河成直角。快到水邊之處，兩個宅邸各有一個櫻桃色圓錐形屋頂的矮圓塔。建築物本身是香草冰淇淋的顏色，倒映在深色如池塘的水面上特別美麗。在從水上拍的其他照片裡，他看到建築物其實不如他以為的那麼靠近水邊；還有足夠空間能放入迷人的冥想人像、花環、優雅的一隻手、石膏皺褶分開來露出的象徵性誘人膝蓋、冰冷圓滑的肩膀。這些雕塑拿的是法國護照；也許它們想回法國過夏天，遠離布蘭登堡的森林，這裡的冬夜如此危險地早早降臨。但照片裡是夏天：櫸樹、椴樹、橡樹，那麼繁茂，一個凱旋而歸的軍隊。

當他終於去拜訪的那天，同一個軍隊變得讓人認不出來，歡慶的華服成為褪色碎片，落在潮濕地面。漫長等待的沉默逼人，彷彿一場致命戰鬥隨時爆發。樹木軍團赤裸無防備地站著，它們是自己記憶的主宰，什麼也不透露的沉默者。

但目前他還沒抵達。他和哲學家友人正開車走高速公路離開大城市，前往漢堡。兩人都還記得一九八九年之前的邊界管制站，也很驚奇歷史就這樣隨心所欲，徹底抹去自己的痕跡。沒有東西可看，只有大片烏雲看起來正往四面八方移動，但陰暗偶爾散開，風景就被一層奇異的銅或鋅的光暈照亮。

森林、田地、遠方的教堂尖塔，外國旅人記得他曾經覺得一切如此神秘，那裡是拿過境簽證不能去的地方，人們在禁止進入的區域過著隱秘的生活。他讀著膝上地圖裡曾經不讓人去的地名，感覺它們彷彿都有額外的秘密重要性：克拉亨貝格（Krähenberge）、卡維（Karwe）、盧德維格紹（Ludwigsaue）、帕普斯圖姆（Papstthum）、如芬湖（Roofensee），他發現他的眼神往東飄，一步就走了一百公里到波蘭，到東歐，對他而言更遙遠、更異國，因為他來自海岸。他們在林多夫（Lindow）逗留，在克羅斯特布里克旅館（Hotel Klosterblick）用餐，望著看起來寒冷荒涼的湖，決定是否要待在這裡，或是再回來閱讀，讓風把世界從他們心頭吹走。老舊修道院的一堵牆，幾個墳墓。他們開過看不見的邊界時友人是怎麼說的？「從前那些邊界守衛講的德文……有時候難懂到好像新幾內亞島的巴布亞人忽然開口對你說德文。」這邊墳墓上的語言還是跟從前一樣：沒有變形：「Gleich der Wanderer am schwülen Tage drückte dich Erblassten oft die Last des Lebens am Stabe. Noch deine letzten Stunden waren dir ein bitterer Kelch, aber du gingst dem Frieden Gottes entgegen.」（如同行人在悶熱的天氣受苦，拐杖往往承受了生命的重擔，哦，蒼白者。你的最後時刻也是苦口的一杯，但現在你已啟程赴上帝身邊安息。）名字，年份，但死者把秘密帶入墳墓裡，什麼都不透露。

停車場只有一輛廢棄的車；今天不是遊客天。森林，公園，城堡，但他覺得自己接近房屋的方式不對，彷彿它還不想被看見，或只想從遠方被看見。森林和公園綠地：兩者如何比較？貴賓狗和牧羊犬？或比較像是牧羊犬和狼？公園是被馴服的大自然，被修整的直覺：只能長到這邊，不能超過，草地像阿兵哥的平頭，灌木排成一列，園丁是美髮師和美容專家；他走過馮塔納大道（Fontane-Allee），看見一群年輕園丁把落葉當成珍貴的收穫蒐集起來。十八世紀不容許植物蔓生，不承認無法約束的力量；它要求的是服從：精心修剪的方形玫瑰花圃，植物幾何學，門向外開的遮蔭棚和涼亭，依照固定的透視法則，某位王子才能從門裡觀察到年輕的伯爵正從遠方接近，用法文默誦他的開場白。連結，關係，是字面意義也是象徵意義，《百科全書》（*Encyclopédie*）[4]的啟發相對於混亂的黑暗——兩個友人沿著蘆葦河岸散步就討論這個，然後再聊到現實與藝術的相互關係，因為當他們從嚴密管制的公園走進黑暗的博貝羅森林（Boberow-Wald），枯樹忽然變成卡斯巴．大衛．弗里德里希畫筆下凶險的光禿橡樹，用有關節炎的手指對著冷酷天空伸出爪子。一切靜默，那種會召喚雪或大雨的激烈沉默，與一台小牽引機的軋軋聲相呼應。讓人想到一些老派的單字，蘆葦河岸，睡蓮葉，伴隨隱約的斧頭聲；這個地方不想加入現代。

一個標誌指向 Poetensteig，詩人小路，他們慢慢爬上緩坡到一個方尖塔，它像一根告誡的手指，石化之後坐落在山坡上。這個符號有話要說。當紀念碑存在的時間夠久，總是可以為所欲為。一個兄弟是國王，另外三個不是。甚至過了兩百多年之後，這個紀念碑還是兄弟間用石頭寫成的一封信，由老三寫給老大，為了老二遭受的不公平待遇。就算老大和老二在當時都過世了也不要緊；這是關乎正義，帳一定要算清楚。

在他身為國王的哥哥過世後，繼承萊茵斯貝格並在此地生活五十年的亨利王子，才得以寫下這封石頭信，這個用密碼書寫而成的復仇，是要留給後代看的，而後代的習慣是視而不見經過。是時間的風吹走了部分密碼，還是無知和冷漠掩蓋了訊息？誰能判斷？這種事是怎麼發生的？軍事家國王和他四個兒子過的階級式宮廷生活，受普魯士規矩的嚴格約束，看起來或許如能劇（Noh）場景那樣陌生，但復古戲劇可以幫助我們回到過去。在一邊角落，鐵腕父親，他把自己和他仍在開疆闢土的國家視為一體，他痛恨自己父親的奢華和誇耀，他把自己對責任、節儉和紀律的理想，無情地強加在新一代軍人和官員身上，宣稱：「我要毀掉貴族地主的權威；我將達成我的目標並建立我的主權，如一塊青銅巨石。」另一個角落，國王的兒子，未來將輪到這位繼任者成為國家的體現，但他企圖和友人一起逃至波蘭，以躲避父親、命運和國家。

萊茵斯貝格城堡

父親的報復宛如出自《舊約聖經》，在城堡的庭院裡用鮮血寫在普魯士國土上的警告，讓未來國王終身不忘的教訓：一個陰暗的十一月早晨，擁有詩人靈魂，一心嚮往法國光芒的王子，逼著目睹他的密友漢斯・馮・卡特被砍頭。

這個故事說了一千次，但真實性不變，而且效果一定有如電擊治療：那個悲傷的早晨令我們同情的十八歲王子，在登基為王之後，拿父親對待他的那一套來對待他的二弟和三弟。二弟奧古斯特・威廉（August Wilhelm）在某次戰敗之後，在全體官員面前被痛批為懦夫，然後羞辱地被去職。一年之後，蒙羞的他在奧拉寧堡（Oranienburg）過世。三弟亨利希雖為英勇名將，卻被要求在每次旅行之前徵求同意，而且通常被拒。後果就是兩個人終生的關係都處於吸引力和嫌惡的矛盾情緒裡，潛在的恨意，隱約可從激烈爭執的信件裡看出，徘徊在這個方尖塔上方，它是被遺忘的生命的迴響。方尖塔不是獻給死去的統治者，而是給二哥，被國王斷絕關係那位，以及亨利希認為沒得到偉大國王肯定的其他普魯士戰爭英雄。王子用二十八個青銅獎章讓他們的名字永垂不朽。

馮塔納列出了所有人以及他們的英勇事蹟：馮．胡森（von Hülsen）、馮．韋德（von Wedell）、利奧波德．佛斯特．馮．安哈爾特—德紹（Leopold Fürst von Anhalt-Dessau）、馮．塞德利茨（von Seydlitz）、馮．克萊斯特（von Kleist）等等，還包括了另一個兒子，四子費迪南（Ferdinand）。但因為歷史的諷刺，現在得用作家的筆來取代青銅，因為在韓戰期間——一場很不一樣的戰爭——東德的紀念碑全部被盜走。亨利希為紀念七年戰爭[5]被遺忘的英雄的青銅字母，被拿去傳頌金日成（Kim Il-sung）的卑劣政權，或許會讓寫下《反馬基維利主義》的年輕作者惡毒地笑笑。

兩個旅人略感困惑盯著空空的獎章，盯著象徵戰爭破壞的無人穿的盔甲頭盔，盯著那位遭受詆毀的將軍的花環獎章，他的德國光榮是用法文來讚美：「永恆紀念奧古斯特．威廉，普魯士王子，腓特烈．威廉一世二子」（A l'éternelle mémoire d'Auguste Guillaume, Prince de Prusse, second fils du roi Frédéric Guillaume）

沉默睡蓮的另一邊，就是那位寂寞的霍亨索倫貴族度過晚年的地方，作息如時鐘般規律，彷彿他自己也成了時間的一部分：閱讀、寫蹩腳詩、畫水彩畫、用晚餐、用夜宵、散步、談話。他的法國夢先是被哥哥阻撓，後來這個讓他最感到舒服的國家，又發生一場令他暗地裡讚賞、卻因而無法搬去定居的革命，雖然身高只有一百五十公分，斜視又長麻子，在兩次出訪法國之後，他總算能慶祝自己的勝利。如果他不能去法國，那麼法國就得到他的身邊，因此蹩腳詩要用法文寫，法國演員被引誘到這個遙遠的東部省份：蘇伊·德·布特瑪（Suin de Boutemars）、瑪麗亞·露易絲·特雷絲·圖桑（Maria Louise Thérèse Toussaint，流亡作家之女）、一位沒有姓氏的奧荷小姐（Demoiselle Aurore），還有一位沒有名字的布蘭維爾先生（Monsieur Blainville）。

我試著想像在萊茵斯貝格的時光，聲音、姿態、角色、劇本，但在所有藝術形式裡，表演或許是最轉瞬即逝的。這些演員以半個名字成為一位普魯士王子的註腳，拋入一個有限的永恆裡，王子本人已經被遺忘。沒有人去記錄小劇院裡演過什麼戲，劇院後來也被摧毀。這些二流及三流演員，一定就像稀有的法國天堂鳥，rarae aves（稀有鳥類），在十八世紀萊茵斯貝格鄉下飛舞；才應該有人為他們寫一個劇本。布蘭維爾是王子的最愛。據說，他在一群朝臣力促他的高傲贊助人結束兩人的關係之後自殺，也許，他們不只是職業上的關係，但沒人能下斷言，因為這件事跟其他有姓有名的傳言，一起隱藏在遙遠而含沙射影的耳語裡：馮．陶文辛（von Tauentzien）、馮．卡普漢斯特（von Kaphengst）[6]，謹慎而暗示性的字眼迴盪致今，男僕、侍從、掌旗手，他們的名字遺失在時間的迷霧中，家族成員如小型太陽系繞著這位小王子旋轉，他曾舉起佩刀，毅然決然帶領比他高大的男人越過一條河，他曾經受到凱薩琳大帝（Catherine the Great）[7]隆重款待，在他的哥哥在位的最後幾年，他主導瓜分波蘭的重要談判，波蘭一向是德國與俄羅斯的爭議點。

新的國王繼位，不再需要他的建言，於是日子一天天過去，讓閱讀、晚餐、義務性拜訪和劇場演出填滿。王子的太陽逐漸暗淡。會有別人來繼承城堡，它將年久失修，落入一個十八世紀宮廷無法想像的政體手中，變成糖尿病研究所，被埋在新一頁的歷史之下，如此刺激，就因為是新的。然後一切再徹底轉變，無論是因為懷舊或利潤，過去會被挖掘出來，灰泥牆重新修飾，還在的肖像畫就拿出來重新掛著，洛可可鍍金漆重新再上一層。

現在旅人們要進行來此地的目的，但首先得掉入一個年代錯誤的精彩陷阱：要買票參觀普魯士王子的城堡，就得拜訪圖赫斯基，因為賣導覽票券的地方在圖赫斯基紀念館裡，而紀念館在城堡裡。有一度，他們好奇那位軍事國王的兒子們，對於這位兩百年後寫下「Soldaten sind Mörder」（軍人是殺人犯）幾個字而引發一樁訴訟的駐村猶太作家，不知會做何感想，但他們自己也是對歷史冷感的後現代成員，於是他們只是乖乖在無人樓梯間排隊參加導覽，同行者是一個臉色蒼白滿臉敬畏的丈夫，跟一個打扮得像要跟王子用下午茶的妻子。

萊茵斯貝格城堡

三點鐘一到（普魯士美德），導覽員出現，一位看不出年紀的親切女士，對四名參觀者用鼓勵的語氣說話，彷彿一夥人要去爬山。隨時間過去，導覽員躋身為主人，因此感覺彷彿不僅僅城堡，甚至過去的住客，事實上還包括逝去的所有時光，都變成她的個人資產。王子和隨從被溫和地貶成孩子，他們的怪癖變成餘興節目，導覽員對參觀者你知我知地眨眨眼（大家都是成年人），參觀者讓自己被有點太快的速度拖著前進，經過僅存的昔日輝煌：一位流亡法國侯爵的肖像畫；被冷落的兩位王子的妻子們之畫像，她們的一生永遠不會被寫在紙上；穿著貼身軍服的迷人年輕人；過了兩世紀看起來依然俗氣的繪製大理石；他寫信給偉大哲學家的小書房；許許多多的鏡子，讓旅人的臉看起來很奇怪地老派；愚蠢的洛可可皺褶裝飾；佩斯納（Pesne）[8]的繪畫天花板周邊全新耀眼的金漆，畫裡燦爛的赤裸身體迴旋在光明與黑暗、夜與日的寓言；圖書館（「merde, mon Prince, où sont les livres!?」〔媽的，我的王子，書呢!?〕），旅人之一把畫在天花板的偉大思想家名字記下（笛卡爾〔Descartes〕、泰西塔斯〔Tacitus〕、盧克萊修〔Lucretius〕、布芬〔Buffon〕、萊布尼茲〔Leibniz〕、伊比鳩魯〔Epicurus〕、西塞羅、莫里哀），敬畏的夫妻檔把他當瘋子看待——他們大可透過沒有窗簾的窗戶看一看湖、公園、森林和遠方的方尖塔。夜的先鋒部隊已經緊攀著窗戶。再過一個半小時，一切就陷入黑暗，然後王子們會來，伯爵們、副官和老將軍們，那些受寵的人們、女演員和侯爵們會來，重新收回他們失去的領土。用來擋住參觀者的紅龍會被拿走，那些花錢入場窺探他們的生活、偷走原本藏好好的秘密的粗俗闖入者，會從回憶裡被趕走。

鏡廳（Spiegelsaal）顫抖傳來幾個音符時，二十世紀暴發戶們正慢吞吞又昏昏欲睡步下木頭階梯。他們在圖赫斯基的打字機前流連了一會，但對比太強烈了；圖赫斯基屬於他們惡毒、反叛的世紀，而目前，他們還被籠罩在那個更早的時代，一切似乎單純得多，但又非如此。

一九九七年

註釋

1 Kurt Tucholsky（1880-1935），德裔猶太記者、作家。

2 布蘭登堡侯爵區（Margraviate of Brandenburg）是神聖羅馬帝國的一個封邑，在德國及中歐歷史具重要地位，德文為 Markgrafschaft Brandenburg 或 Mark Brandenburg。

3 《反馬基維利主義》為腓特烈大帝所寫的論文，一七四〇年出版。馬基維利主義（Machiavellianism）衍生自義大利哲學家及政治家馬基維利所著的《君主論》一書，詳見第一部第 7 章註釋 5。

4 一七五一年至一七七二年間在法國出版，由法國一些啟蒙思想家編著的法語百科全書。

5 七年戰爭（Seven Years War）發生在一七五四至一七六三年的戰爭，由歐洲列強之間的對抗所驅動，當時世界上主要強國均有參與，影響覆蓋了歐洲、北美、中美洲、西非海岸、印度及菲律賓。

6 以上兩位皆為普魯士將領，亨利王子的情人。

7 葉卡捷琳娜一世（Yekaterina Alexeyevna）或稱凱薩琳大帝（Catherine the Great，1684-1727），出身農家，後成為俄羅斯帝國女皇的傳奇人物。

8 Antoine Pesne（1683-1757），法國出生的普魯士宮廷畫家，從巴洛克起家，後成為洛可可風格創立者之一。

回到柏林

時間是五月，在洛杉磯。洛約拉馬利蒙特大學校長，耶穌會牧師湯瑪斯．P．歐馬利（Thomas P. O'Malley）邀請我參加一小塊柏林圍牆的揭幕儀式，圍牆是柏林市致贈的禮物。有幾個人要致辭，包括德國領事漢斯—阿拉爾德．馮．羅爾（Hans-Alard von Rohr）。那天陽光普照，海洋緩和了來自附近沙漠的熱度。我沿著無止盡的高速公路開車過去，路上有種奇怪的感覺。只因為高速公路（freeway）這個單字的聯想，讓與柏林圍牆相關的回憶有點荒謬。這兩個城市都是我個人史的一部分：我在柏林和洛杉磯都住過，這說明了人腦的神秘性，兩個這麼不相容的概念，竟能在有限的頭顱空間裡共存，雖然或許不乏一絲敵意。

那是一場奇怪的典禮。怎麼能不是呢？rector magnificus（校長）是個快活圓胖的愛爾蘭人，看起來喜歡小酌，他沒有照時下的習慣把自己偽裝成平民，因此看起來還是像我年輕時代的神職人員，意思是至少讓人一眼就知道自己是在跟上帝的僕人打交道。德國領事看起來完全不負他的名字和頭銜代表的名望，[1]再外加五十公分的身高；可以輕易想像他在電影裡演出。還有一位在美國海關局工作，頗討人喜歡的女士，她興奮地告訴我們要把這塊油漆過的水泥運到港口得克服多少官僚難題。然後當然了，還有那位政治學系的荷籍教授，是他發想了這個計劃。那個具有歷史意義的物件，像離開孤兒院的孤女，有些害羞，可能還有點不高興。她使勁全力，但再也無法構成實質的威脅。圍牆上面有一則給某克莉絲汀的愛的宣言，周圍圖畫是目前在第一、二、三世界每間畫廊都看得到的畫風：歡樂、孩子氣的色彩設計，不能說完全沒有結構。學生圍著柏林圍牆站成一大圈，穿著跟圍牆上美術作品同樣用色風格的衣服，認真聽著神聖不可侵犯的連串字句流向綠色草坪：**壓迫**與**自由**，**衝突**與**歷史**，柏拉圖式的想法穿著大寫字母（逢週日才穿的漂亮衣服），在眼前的脈絡下，這些抽象概念與那個水泥塊的相關性，就跟短暫停在水泥塊上那兩隻麻雀與水泥塊的相關性一樣，都是無辜的生物，活在人類歷史之外，而且會一代代延續下去。我感覺在我周圍的年輕心靈用盡全力在思考，但我懷疑他們能想出什麼。

那我呢？當我閉上眼睛，氣象變了。變成了冬天，因為我第一次看到那個圍牆，是在一九六三年冬天。現在，為了再次設想那一天，我必須想像領事、校長、學生都不在場。我必須否認樹上綠葉的存在。我得把天氣變得冰冷，召喚中歐的刺骨冰雪，僅僅用我心靈的力量，把這塊寂寞的水泥重新安插在其他碎塊之間。唯有如此我才能再次站在柏林圍牆前，唯有如此我才能重回二十九歲，又冷孜孜地，被冰凍在歷史裡，成為歷史，而不是在眼前這奇怪、諷刺、後現代的歷史分支——反諷的是——它也是歷史的一部分，黑格爾的空白頁之一。真的會讓人笑岔氣。

但我沒有心情笑。在當年那個時候，我對柏林圍牆的感想是什麼？我覺得它聽起來好像存在於古希臘或其他古代情況：被一道牆一分為二的城市。被傳奇和故事包裝，一則快過時的諺語，像在薩拉曼卡圖書館一角翻到的提索．德．莫利納（Tirso de Molina）[2]喜劇，或改編自莫里哀的作品，或薩里耶利（Salieri）[3]的歌劇，再晚近一些，當然就是長一兩個小時、賣弄知識的空洞錄像作品，各種象徵多如蘑菇四處冒出來的軼聞，文化遺產。但通常我們遇上的古代最多也不過幾千年，跟環環相扣的一連串人類文明同樣古老，至今我們仍在其中。也許就是如此，雖然我們處在核武與臭氧層同為世界一部分的今日世界，古代氣氛仍緊緊依附在我們的所作所為，就算去到火星或木星也揮之不去。這就是圍牆看起來的樣子：你只要站在它面前半瞇著眼，就可以想像中世紀步兵踩著笨重忙亂的腳步，在他者的土地守衛著城市。這個物種，能在一天內跋涉幾千公里，能在家拜訪行星，能像分開舊繩索一樣分開一顆原子，也能建造一道兩、三公尺高的圍牆，一道不可被穿越的牆。埃及人或巴比倫人不可能攀越，中世紀的人必須在城門前繳械，雅典人可能在史普利河溺斃，而這個荷蘭人迎頭撞上柏林圍牆，幾十年後在世界另一邊醒來，看見一個牧師跟一個外交人員正在把一塊布從上面有幼稚圖畫的水泥塊掀開，這塊殘骸必須一直留在這裡，提醒我們一件不易論斷的事，而且永遠無法論斷，就因為歷史有著雅努斯的頭部，同時看著兩個方向，既看著過去，也矛盾地看著未來。我記得是施雷格（Schlegel）[4]說的，歷史學家是面向後的預言家；這句話既真且假。透過一種獨一無二的煉金術法，昨日的未來把那個水泥塊固有的威脅和力量，轉變成對觀光客無害的風景；甚至我已站在這紀念碑面前，它仍在欺騙我。我的恐懼、憤怒或嫌惡，變得無用。我必須在腦中喚起男人與槍、瞭望台與探照燈的畫面，才能感覺到一點真實，其他旁觀者的內在檔案庫並無這些畫面。然而對那塊圍牆而言，我一直是外來者，所以一個內部的人在這裡該如何自處？你要如何承受一塊否定你的過去的紀念碑，而這紀念碑的原意是讓那段過去長存？它從來不只是個水泥塊，而是個永久展示的象徵，對你而言不僅是象徵，也曾經是主導你日常生活的現實，在許多例子裡，還主導了人的生死；現在它被減縮到最低限度，你做何感想？

上圖：柏林，一九九七年（何謂人類？）。
下圖：波茨坦廣場，一九九七年。

兩個禮拜前，我回到柏林，又有機會再次思考這件事。我想再去一次濱海飯店（Hotel Esplanade），因為我對那個地方有一些感性的回憶，但我找不到它。我搭 S-Bahn 在波茨坦廣場下車，發現自己身處地獄。我站在一個有如便橋的構造，大卡車的重量讓它搖晃，一開始我不知道該看哪裡。地下深處，一大群工人正在建造巴別塔或是通往莫斯科的隧道的地基；在這裡，任何可能性都存在。我倚著扶手，看著混亂的黃色與白色頭盔，我看到 in profundis（在深處）一堆人正在安裝鋼筋混凝土，再往上看則看到像森林一樣的吊車閃著燈，把黑色大理石板從空中慢慢降下，一切皆伴隨鋼鐵撞擊石頭的古老聲音。我試著跟上我底下那幾百個人迷宮般的移動，好奇是誰設計了舞蹈動作，這些人怎麼都知道他們該做什麼，怎麼有辦法在那麼多輸送管和纜線之間找到路。他們把各種東西鑽進土壤裡，但感覺起來比較像是一個巨大的城市就要從地裡升起，彷彿它要在這裡立足，正在用自然力量為自己建立一條通道。繁忙的活動讓我感到亢奮，但我也承認還有一股不安的寒顫，因為這裡暗示的，以及這裡展現出來的力量，與德國最近的哀嘆形成強烈反差，彷彿哀嘆是偽裝，是變出來的花招，好哄騙其餘世人入眠。如果我在這裡目睹的不是幻覺，不是波坦金村（Potemkin Village）[5]，那麼它就是我實際上看到的：未來力量的展現。打樁機以雷鳴般的力量，翻開

新的德國議會圓頂建設中，一九九七年。

新的一頁。這裡埋葬了不只三段過去；歷史以每秒百萬個影像的速度，被鑽入正放蕩進行工事的神奇風景的土壤裡：電車、行事方式、軍隊、地堡、柵欄、圍牆、人民警察（People's Police）[6]，全部消失在新力量的神殿地基下。再一次，我又站在這個廣場，面前景象的意義，遠超過眼睛能看到的。某個角落有幾塊可悲的柏林圍牆，彷彿一場失敗的演出結束了，舞台佈景被推到一旁。這是什麼樣的演出？輕歌劇？著現代服裝的華格納作品？海納．穆勒的劇作？還是其實就是現實，它的影子還嘗試著跟我五月在加州看到的另一個孤獨碎片連成一塊？

我又顫抖，但這次是因為冷。遠方，我

看到德國議會新的圓屋頂的木頭框架，文藝復興劇院的模型。忽然間，它出現了，矮了一截的濱海飯店，在眾多暴力行為之間看起來有點荒謬，也是在那一刻，我的記憶縮水。這裡當時是什麼樣子？飯店怎麼會忽然變這麼小？它就在那兒，很奇怪地被限制著，被橢圓形、發著光、新勢力的索尼（Sony）包圍。我試著想像在未來，賓士和寶馬悄悄開進停車場，從華沙到新西伯利亞（Novosibirsk）的新富階級在全新公寓大樓的窗玻璃後，以新世紀的規矩自娛，由菲律賓女傭服侍，輕柔的背景音是道瓊指數、德國 D.A.X. 指數、日經指數。同樣難以想像的是我自己過去的現實，好幾個冬季，我曾經和一個早已不在身邊的愛人在那棟建築物裡待了許多日子。身為歌手的她，在那裡錄製專輯，就在那個挖空了的大樓裡。她的製作人來自科隆，曾經在德國空軍服役。某方面來說，他又回到空中了，因為他已不再行走於這個地球。從旅館窗戶可看到各個方向的景觀，製作人曾經指著元首總部（Führerhauptquartier）的方向，他曾經擔任信差從波爾多到那裡傳訊。當他正要把密封的信封放進信箱，感覺有人把手放在他的肩膀上，他轉身，與希特勒面對面。「Diese Augen, nein, das kannst du dir nicht vorstellen」（那雙眼睛，你無法想像）。不，我無法想像那雙眼睛；我太專注底下大雪覆蓋的無人廣場發生的事，人與狗在奇怪而突出的金屬之間行進，如蝕刻，讓人想到蒙德里安（Mondrian）早期作品，棟堡（Domburg）的海灘。

但建築物裡頭也一樣熱鬧。我和唯一的住客奧圖．瑞德林（Otto Redlin）長時間相處。那是一九七〇年代，奧圖已經七十六歲，所以我猜他已經不在了。旅館有四百一十八個房間，但現在它看起來那麼小，我想像不出那個可能性。「Ich bin der älteste Bundesangestellte」，他總是說：我是最老的聯邦僱員。他的妻子已經過世，我記得他是住三十一號房。我有一張照片，是他在無人的交誼廳裡坐在其中一張無人的桌子旁，桌上的桌布乾淨整齊。有沙發椅，還有再也沒有人坐過的很多椅子及吧台高腳凳。我們為拍照而點亮枝形吊燈，光線映在我們身上，在一面大鏡子裡加倍地明亮，從鏡子裡剛好可以看到我在一個巨大的中國花瓶後面。樓下某處有一個木頭平台，觀光客站在上面可以一眼看到海參崴（Vladivostok）[7]。不遠處是巴伐利亞飯店（Bayerischer Hof）的遺跡，才剛剛被拆除。當時我在日記裡註記：「……一些工人正在進行拆除，金色的日耳曼馬賽克轟隆落在泥地上。我用一點雨水把其中一塊擦乾淨，讀到：Deutsche Frauen, Deutsche Treue, Deutscher Wein, Deutscher Sang Sollen In Der Welt Behalten Ihren Alten Schönen Klang（願德國女人、德國堅貞、德國美酒和德國歌曲之古老而美麗的旋律在世間引起共鳴）。不會是在這裡，而且再也沒有機會了，我心想。地上的東西曾經附屬在某樣東西上，但現在附屬於無物。孤獨的馬桶，沒有水龍頭的浴缸，沒有浴缸的水龍頭，再也不會倒進 Breslauer、Nordhäuser、Cottbuser[8] 的玻璃杯，一切的一切，靴子、農家少女裝、服務生、菜單、煙灰缸、小喇叭，全部被壓扁，碾碎，送上天堂，再也不見。隔壁簡樸的小咖啡館櫥窗裡有兩份菜單，也許是為了紀念。最上面寫著『1940』，後面的清單可能是某個早已殉難的梅塞施密特（Messerschmitt）[9] 飛行員或鐵十字勳章持有者在出任務那天吃的一餐：Geschmortes Kalbsherz, Westmoreland, mit Spinat und Schwenkkartoffeln（100 Gramm Fleischmarke und 10 Gramm Fettmarke, 1 Mark 65）（燉小牛心，威斯特摩爾，搭配菠菜與水煮馬鈴薯〔一百公克肉及十公克脂肪，一馬克六十五芬尼〕）。他是否依照建議，選了一九三八年份的 Niersteiner Spiegelberg[10] 搭配他的餐點？咖啡店已結束營業，椅子覆蓋了一層灰，擺設的樣子彷彿最後的客人剛起身走去前門，但或許，」當時我這麼寫：「他們會回來，一切重新開始。」

三十年後，我不這麼想了。我來這個地方的次數太多也待得太久，我知道無論什麼東西重新開始，絕對不會跟以前一樣。然而我雖然身在當下，菜單上那不幸的一九四〇年正逼著我回到我自己的過去。我不想在這點上琢磨太久，雖然我的生命始於那個年份的七年前，但在我要向自己解釋自己的時候，還是無法不想到一九四〇年；也許就因為戰爭的開始（只有對戰爭有所記憶的所有人都死去，它才可能完結），以及另一件我最近才發現的事，彷彿抹去了我生命中前七年。

我現在必須同時繞不同的道路而行，在現實生活中這是不可能的事，但在紙上可以，也許這就是我成為作家的原因。

這些迂迴路線的第一條跟我成為作家有關。小說家普魯斯特和評論家聖－伯夫（Sainte-Beuve）[11]之間發生過一次著名的爭議，可以歸結為後者相信我們對作家生平應該知道得越多越好，比如作家的態度、主張、個性，作家與女人、金錢、政治的關係；普魯斯特覺得重點應該是著作，而且唯有著作才是重點，傳記永遠不是重點。普魯斯特也相信，作家與詩人從來不在交談時表達自己真正的想法，因此拿作家說的話跟作家的**書寫**來作比較毫無意義，因為作家在書寫時，引用的是完全不同、而且更深層的性格，往往連他本人也看不到，如此一來他才能像探險家一樣帶著寶藏回來，而這寶藏不該浪費在膚淺的對話。這意味著透徹人情世故、肯定非常健談（根據他寫的精彩對話來判斷）的普魯斯特，是把某種程度的神秘感，或許還有疏離感，視為寫作生涯的先決條件。我不能拿自己跟普魯斯特比，但就這方面來看，我絕對是普魯斯特一派的：生活在當今毫無羞恥心的櫥窗文化之下（也許德國的情況比荷蘭或美國好一點），私生活彷彿必須公開進行。作家變成自己的公開表演，而且還不能脫稿演出。我們對他們的形象比對他們的著作還熟悉，因為採訪者比他們的著作更能清楚描繪他們。他們隱藏在核心的人性，不再神秘地轉變成小說神奇而神聖的謊言，而是不經發酵，從玻璃螢幕進到一千個客廳，裡頭的人永遠不會看他們的書。這一條迂迴路的重點是為了說明，我認為人只能有節制地談論自己。但在層次比較高的對話，也就是演說，我就無法避掉了。

這就帶出了第二條迂迴路，是我很奇怪地缺少記性。納博科夫（Nabokov）有辦法命令他的記憶說話——說話啊，記憶是一個命令句，至少是一個祈使形式的懇求——但這種命令在我身上一點效果也沒有：我的記憶就是不回應。奧古斯丁[12]提到記憶的宮殿，我們可以漫遊其中，找到各式各樣的寶藏；對我來說，那個宮殿的門一直是關的。普魯斯特偉大的小說裡，有一個關鍵時刻是他把一塊蛋糕浸泡到他的茶裡。就在那一刻，套用奧古斯丁的比喻，宮殿的一扇房門打開了。納博科夫在他偉大的最後一部小說《艾達》（*Ada*）裡寫道，他反對mémoire involontaire，非自願記憶的概念：宮殿的門必須被強迫打開；回憶是一種行為，要勞動才能達成。但這個建議對我也沒有用：我透過我的宮殿髒污的窗玻璃望進去，只辨認出碎片和陰影，而宮殿的所在地似乎永遠是黃昏。

我的天真讓我相信，並且斷定，這是因為戰爭第一天震耳欲聾的雷鳴，忽前忽後製造了一個大洞，不分青紅皂白地把童書、朋友、老師都吸了進去。然而我最近才發現，也許當年的亨克爾轟炸機（Heinkels）、斯圖卡（Stukas）[13]以及鹿特丹在遠方地平線燃燒的景象，並不是唯一的原因。十月底的時候，一個關於我生平及作品的回顧展在我的出生地海牙（The Hague）開展。在我百般不願意下，展覽包含了對我的過去的搜尋，負責人是一位非常細心的研究者。他很快就發現，在戰前情況危急的那幾年裡——我生於三三年——我們在城裡搬家的次數不只七次。我還在世的母親——她八十七歲——堅決否認，但看到了正式註冊文件的複本之後也只能屈服。之後就是戰爭期間、混亂、我的父母離婚、撤退、挨餓的冬天、我的父親死於英軍空襲：簡而言之，宮殿的門就是這樣鎖上的。之後，在我稍微能掌控我的生活時，我增建了我能夠進入的側廳——人生，否則就不可能有寫作——但主建築仍維持關閉。我永遠無法像波赫士一樣，說我小時候在父親的圖書室裡讀了哪些書，或者如普魯斯特，有辦法描寫我和祖母的漫長對話，或如納博科夫，用逗趣的方式透露我的瑞士法籍女家教的怪癖。不只是因為我的父親沒有圖書室，我的祖母和外婆在我有機會認識她們前就過世，那個以最客氣的說法算是女家教的女人在戰爭打到一半時跟我的父親跑了；最根本的，是因為一個毀滅性的外在力量徹底且永遠殲滅了什麼，讓我一無所有。

我說這些不是為了博取絲毫同情，同情於我無用。我反而因此得到一個機會，藉由旅行和思考為自己發明一個人生。不只如此，它讓我著迷於過去、消失、無常、記憶和廢墟，著迷於古代，以及可用「歷史」這個標題來概述的一切。而我敘述這段歷史（雖然個人史只佔歷史的一小部分，但仍然堪稱為歷史）的目的是為了解釋，與其說是向各位解釋，還不如說是向我自己解釋為何這個城市讓我極度著迷了這麼久。我感覺不知怎的，這裡發生的事跟發生在我身上的是一樣的，差別是規模更大，以及有許多人的命運碰上可怕的結果；我初到此地遇見的廢墟和缺口要告訴我的東西，我在那時還無法真正理解。一開始，那個東西是空無。那些缺口、空白和空缺想要告訴我關於虛無，關於毀滅（destruction），在德文（Vernichtung）和荷文（vernietiging），這個字的構成概念都是把某個東西變成空無、否定、無效，nicht（德文），niet（荷文），一個變成沒有（nothingness）的城市。這個空無和空缺導因於一九二〇年代時，某人寫了一本書，清楚大聲地宣告一個計劃：Volk（人民）的*Vernichtung*（毀滅）。在所有我讀過的《柏林講座》（*Berliner Lektionen*）[14]之中，我認為丹尼爾．里伯斯金（Daniel Libeskind）[15]最成功也最動人，而且不是關於美學，而是歷史本質，成功且動人——如果我能用這兩個不一定能連在一起的單字來形容。他把他的想法和博物館建構在那個空無、少了某個東西、當下空缺的地點。一個用來建構空無的地方，只有藝術能創作出來，但建構空無的力量，就存在於那個不在場的東西——而現在不在場的東西**曾經**在場。曾經存在的東西，以碰觸不到的空缺來緬懷。我們只能勉強去提及，因為一切都太神秘。

普魯士國王腓特烈一世，夏洛騰堡門，西柏林。

當我第一次造訪柏林，我還無法用這種方式來思考。現實繼續為我寫書，內容近似大肆毀滅，死之舞的隔天早晨。戰爭的味道還在，感覺像是我兒時看到和聽到的延伸。但同時又加入新的元素，世界多了一條裂縫，在這裡比任何地方都看得更清楚，就像心臟病變成了石頭，彷彿柏林又負起昭告世界的任務，雅爾達會議（Yalta）[16]的合理結論，而會議本身就是始於此處毀滅慾望的合理結論。與我同行的比我年長的兩位友人都待過達豪集中營（Dachau），讓我的柏林初體驗更增天啟的效果，除此之外，還有如同災害雲層籠罩在我們頭頂的核武威脅（現在感覺起來彷彿被粗心遺忘了）。

不，一九五〇年代和一九六〇年代初期，或許不是最適合享受青春的時代。我看過一九五六年的布達佩斯，因此我已經知道無能與背叛為何物。現在我從其德國形式看到，我的許多友人仍滿懷希望，堅持實踐那個學說。因此那時的我深陷在混亂的情緒和體驗，多虧了堅忍頑強的集中營笑話，以及我的旅伴們面對回憶的了不起的方式，才讓我放鬆。也許，再不會有如此不同的兩種社會政治哲學卻以同一種語言來實行，不只採用的形式——手冊、論文、新聞報導——還有法條、法規、判決、政策宣言、槍殺令、警告、黨報社論、秘密報告的遣詞用字。繼承而來的共同語言，變成分化的語言，從同一個語言發展出來的另一種語言，一個語言變成了雙語，曝露其根本上的模糊，給後代的教訓。讓人民抗拒一種獨裁、甘冒生命危險的哲學，又無情地把他們導向另一種獨裁。一個時代的英雄，成為另一個時代的罪犯，為了替自己脫罪，他們發明了貌似可信的道理，但在別的地方都無效。兩個實際上無法遠離彼此的國家，死守自己的觀點，之後費了很大的心力，才重新收復放棄掉的一分一毫的智識。

當年我或許可感受到這一切，但還沒開始思索；我忙著思考世界的其他部分。在我大約十八歲的時候，我的第一次旅行把我帶到北歐，無比光明但也是懷疑和憂鬱的國家，清晰與焦慮的殘酷聯盟，主導了英格瑪．伯格曼（Ingmar Bergman）的電影，讓當年的我醉心。但屬於我的地形是南歐，地中海、普羅旺斯、戲劇性的義大利、發光耀眼的西班牙高原，那裡的光線變出複雜蜃景（fata morganas）[17]，引發無遠弗屆的想像力，彷彿能驅散戰後那些年的黑暗。當時的荷蘭，就像德國，是一個沒有色彩的地方；我記得那些年都是灰色的。第一次搭便車遠行去北歐之後的回程，是我第一次行經德國。我從靠不住的記憶碎片裡，看到的是崩壞的道路，全部坍塌的街區，毫無想像力的單調重建工程，當我更仔細對焦，我可以看到和聽到火車頭轉軌，夜裡無人的鐵路調車場，我和某人激動道別，擴音喇叭傳來我聽不懂的廣播，用的是我當時還不熟悉的語言，它不願意像自己，不願成為我在學校讀過的歌德和里爾克的詩所用的同一種語言。

不久，我的第一本小說在荷蘭出版，也許太快。它的幻覺主義和戰後那些年典型的銳利現實主義大相徑庭。但我在那本書裡，把我想說的都說了。我因為出版了一本書，忽然成為作家，只是那過程就像一隻天鵝或是蝙蝠的出生，牠們沒有表達過出生的欲望。從這方面看，天鵝和蝙蝠的生活還簡單得多——牠們已經有康德哲學先驗的翅膀——但我沒有別的選擇，為了得到這個選擇了我的職業之所需知識，我只好再次出門旅行，我在新的小說裡讓主角（當然是作家）自殺，企圖甩掉這個職業，回想起來，是因為這樣，我自己才不必動手了。於是我旅行，活下來的我的分身去了玻利維亞和馬利，去了哥倫比亞、伊朗以及所謂第三世界的各個國家，我在那裡發現了我的世界的扭曲鏡像，那裡的軍事獨裁、偽民主等各式各樣的變形，某種方面而言都跟分化歐洲和德國的巨大分裂（schism）是同一家的。那個分裂的完美形上學表現，就是原子彈的裂變，科學界的聖像發明原子彈來延續恐懼、確認體制，體制讓各有各的口號和謊言、各自的學術修辭及驅邪法的我們，都只是一場荒謬主義劇場的小配角，演員／玩家（player）自以為只是演員，直到暴力謊言爆炸的那一年，表象與現實的紙牌重新洗牌，我們的地圖也隨之改變。Faites vos jeux! Rien ne va plus!（請下注！下好離手！）這場偉大牌局的牌桌一腳就在柏林，當時我居住的地方，因為德國學術交流資訊中心

（D.A.A.D.）[18]邀請我在那裡住一年。

那年是一九八九年，我不只以偶然訪客的身份，更以柏林居民的身份體驗了當年發生的一切。我或許不是德國人，但毫無疑問是歐洲人，正在熔接成一體的不只是一個國家，順利的話，更是整塊大陸。一九六二年時，當年德國再次佔全歐洲年產量的百分之四十五，我曾看過阿登納和戴高樂站在斯圖加特的一個露台上，奇怪的一對，比世紀還要古老。戴高樂高舉他異常長的手臂，用厚重的口音大聲宣布法德友誼，「EZ LEBBE DOIZLANT! EZ LEBBE DIE DOITZFRANZÖZISCHE VROINDZAVT!」[19]（我愛德國！我愛德法友誼！）他已經展開那個從大西洋到烏拉爾山脈（Urals）的偉大工程[20]——維利・勃蘭特會在這趟旅程中的一站於華沙下跪，[21]日後還有密特朗和科爾手牽手站在凡爾登（Verdun）戰場，企圖將戰爭永遠埋葬。但舊恐懼沒有那麼容易埋葬，在莫斯科、在巴黎、在倫敦都不行，更何況是處在中間那個大帝國陰影之下的其他小國。歷史或許會做幾個快如閃電的腳尖旋轉，然後從帽子裡拉出一個既成事實（fait accompli），但 Gleichgewicht（平衡）的古老幽靈繼續騷擾歐洲這個古老家庭。馬克思主義者接受歷史必然性，如同課堂上聽話的學生，但在密特朗和柴契爾的回憶錄都隱約可見不信任。英國、法國、德國和俄羅斯，像嫉妒的年老女演員坐在自己的劇場包廂裡，不時注意別人：誰多搧了幾次扇子？誰跟誰花太多時間相處？誰拿到最多花？誰會演主角？她為什麼對那個不重要的配角那麼好？為什麼我沒有受邀？歐羅巴劇場的陰謀與懸疑。在空缺的假象之下，國家的回憶如同一團古老、粘稠的物質，每個人的心裡都有一個問題，說是每個人，或許我指的是德國人自己：我們會變成什麼樣的國家？來參加我的朗誦會的學生問：「你不害怕我們嗎？」不，我不怕，但我擔心的是他們覺得我應該害怕，彷彿他們還是不信任自己的國家。

歷史必然性是一種宗教概念，我沒有辦法信奉。永遠有太多無法預測的事，太多不理性，太多狂熱者、天真的理想主義者、還有衝出籠子的瘋狗。他們在特定領域裡活動，然而在一個智識與物質不再同步、毀滅力量幾乎已掌握在個人手裡、死亡人數越多越好已變成最廉價商品之一的世界，沒有什麼是說得準的。在 saeculum horribilis（糟糕年代）的最後，普遍氣氛就是不安，和第一個千年結束時的氣氛不會相去太遠，像聖本篤修會僧侶勞爾．格勞貝（Raoul Glauber）描寫的瘟疫、飢荒、吃人的故事，比起來，耶羅尼米斯．波許（Hieronymus Bosch）[22]的畫簡直像幸福的夢想。你讀那些文字，會傾向於認為我們在過去的一千年有所進步，這點，當然是真的。然而，伊拉克還是藏有毒氣瓦斯，阿爾及利亞有人被割喉，盧安達和歐洲（離家鄉這麼近）有大屠殺，柬埔寨有地雷。以上種種，都不像是這個世界從本世紀內始於這塊大陸的戰爭中學到了教訓，而哈維爾最近才為我們統計出來，兩場戰爭奪去超過兩億條人命。缺席的這些人，仍在我們周遭空間徘徊。他們的名字，至少那些我們還知道的，刻在從西西里到斯塔凡格（Stavanger）、從雅典到卡里寧格勒（Kaliningrad）的紀念碑上，但少了他們，世界仍繼續運轉。或許也只能這樣，但意思就是世界大概也不需要我們。

再一次，不，第二次了，回到柏林。一九八九年之後，我離開過也回去過。我持續增加關於柏林的筆記，也在東部和西部旅行，我的筆記變得比較是關於德國，而不只是柏林。我閱讀歷史，讀了許多之前不知道的事，結交新的朋友，在我這年紀，這不是那麼容易的事。簡而言之，我在柏林感到自在，往後幾年也經常回去。但還是有東西讓我驚訝。或許我是不相信歷史必然性，但我相信國家相對密度的概念，相信世界有某種自然的方法。例如，德國再度成為一個國家似乎是「自然的」——如同這個世界還需要許多努力也是自然的。柏林會成為一統的國家的首都也是自然的，過去五十年來，統一的德國發展成為現代歐洲民主國家，川流不息的出版物可證明，它以愈發激烈的紀念儀式來面對不幸的過去，如今它已可和歐洲其他國家平起平坐。但在德國國內我聽到不同聲音，有些是嘲笑新德國公民（他們當然有所反應），有些是拒絕德國派兵參與歐洲或其他維和任務，企圖抵制自己國家的相對密度。德國的不情願，讓我一位比較不滿的同胞說出以下言論：「他們總是這樣——沒邀請他們的時候，他們不請自來，但要求他們參與，他們又不出現。」

同時間，在德國的我，被怪罪的事包括荷蘭的番茄業、我們荷蘭足球迷的行為（這種人顯然代表了各國最聰明的一群人）、還有半吊子社會學家做的每一份調查（他們為鞏固自己未來幾年地位，問一堆青少年對德國人的看法），而在我自己的國家——它從未完全接受自己殖民的過去——我忽然被點名為德國專家。意思是，只要德國發生過的事也發生在其他歐洲國家，但在德國卻有不同的影響，我就得上電視辯論，因為該國的過去太艱澀再加上媒體的怠惰。

東柏林，一九九〇年。

第一次帶我去德國的是一位荷籍友人——威廉・李歐納・布魯格斯瑪。年輕時他是巴黎抵抗軍成員，後來被蓋世太保逮捕，在納茲維勒（Natzweiler）集中營及達豪集中營關了好幾年。他在幾個禮拜前過世，我在他的葬禮上回憶過去，回想那次情緒激動的德國初探，我最震驚的是他完全不懷恨。這個人可以告訴你他在集中營裡的可怕故事，人高馬大的一個人，被解放時只有四十五公斤；他熱烈支持德國統一，但不是如懷疑論者說的，藉由把德國跟歐洲綁在一起讓它變得無害，而是因為他相信一個歐洲，一個德國。我現在提這件事，是因為這個聲音在德國似乎越來越罕見。最近以來，我們從那個國家似乎只聽到無限疲勞，從神聖撲滿的深處傳來的悲嘆，以及失敗主義者的抱怨。

波茨坦廣場，一九九七年。

忽然間，一切變得無關想法，而只跟錢有關；無關歐洲史上最偉大的冒險，而是怕鄰居賒賬買菜；無關伊拉茲瑪斯、伏爾泰、托爾斯泰、托馬斯．曼、林布蘭特、波提切利（Botticelli）[23]、黑格爾和休姆（Hume）的歐洲。不，而是關乎更了不起的毫無特徵的數字，例如三點零，三點一，還有政客藏在背後的邪惡的三點二，因為他們有自己的理由不要歐洲，現在還不要，或許永遠都不要。任何一個三歲小孩也明白（在這城裡肯定每一個三歲小孩都明白），標準有其必要，但這些人把熱烈提倡多年的歐洲概念，用一個小數點貶為抽象，就是利用煽動常識，來把人民的熱情埋在灰燼下。灰燼不是生機，但它跟我剛提到的悲嘆非常符合。這裡向來是個危險大陸。為了土地、王朝、宗教和殖民地，它一直在自我殘殺。它單靠自己就產出讓本世紀成為史上最大災難的兩種意識形態，雙胞胎般的兩次意識形態災難，都是美國人出手搭救。也許我們不該期望有第三次。我明白單一貨幣歐洲是一個龐大、極度複雜的政治經濟動作，讓許多人感到害怕。我也知道政治統一像個惱怒的小孩慢吞吞跟在後面，多個語言、無法消除的國家野心，以及一個嬌縱、無能而無存在感的國會都是障礙。但這正是挑戰。曾經，無論是好是壞，這個大陸發現了世界其他地方。如果當年的歐洲人像現在這些歐洲人一樣，煞有其事花了同樣多的時間在反覆思考，所有人都會待在家裡了。但這麼一來，也就不會有一塊柏林圍牆立在洛杉磯了。

一九九七年十二月

註釋

1 德國人姓氏裡有「馮」（von，介系詞，意思是屬於、來自），通常系出貴族名門。
2 Tirso de Molina（1579-1648），西班牙巴洛克時期劇作家、詩人、羅馬天主教僧侶。
3 Antonio Salieri（1750-1825），義大利作曲家，古典主義時期重要的音樂家。
4 Karl Wilhelm Friedrich Schlegel（1772-1829），德國詩人、文學家、語言學家。
5 相傳，俄羅斯帝國軍人及政治家格里高利・亞力山卓維奇・波坦金（Grigory Alexandrovich Potemkin）在統治克里米亞（Crimea）期間，為應付女皇巡幸而搭建許多假村莊，營造當地開發上軌道的假象，後引申為當政者為營造政績的虛假建設。
6 德語為 Deutsche Volkspolizei，是東德警察的名稱。
7 又名符拉迪沃斯托克，意為「海邊的小漁村」，中文名「海參崴」為滿語地名的音譯。
8 依序為啤酒、蒸餾酒、啤酒。
9 德國飛機製造商，所開發的戰鬥機 Bf 109 及 Me 262 在二次大戰有出色表現，戰後經過一連串併購，目前隸屬空中巴士集團（Airbus Group）。
10 用雷司令葡萄（Riesling）釀造的白葡萄酒。
11 Charles-Augustin Sainte-Beuve（1804-1869），法國作家、文藝批評家。
12 即希波的奧古斯丁，見第一部第 2 章註釋 15。
13 Stuka 為俯衝轟炸機的德文縮寫，全稱是 Sturzkampfflugzeug。
14 柏林講座為柏林藝術節慶（Berliner Festspiele）自一九八七年增設的例行項目之一，歷年來有超過百位來賓受邀演講，講座內容則集結出書。
15 Daniel Libeskind（1946-），波蘭猶太裔美國建築師，設計過柏林猶太博物館（Jewish Museum Berlin）、世貿中心一號大樓（One World Trade Center），後者為紐約曼哈頓世貿中心在九一一事件後重建的建築之一。
16 二戰結束後，美、英、蘇三國領袖在蘇聯克里米亞雅爾達舉行的會議，制定戰後的世界新秩序和列強利益的分配。
17 一種不常見而形式更複雜的海市蜃樓。

18 全名為 German Academic Exchange Service。

19 戴高樂說的德文原文是：「Ich liebe Deutschland! Ich liebe deutsch-französische Freundschaft!」

20 戴高樂力主法德和解並創立歐盟。烏拉爾山脈是俄羅斯境內中西部一座南北走向的山脈。一九五九年十一月二十三日他在史特拉斯堡（Strasbourg）發表的名言，表達他對歐洲未來的願景。他說：「是的，從大西洋到烏拉爾山脈，這就是歐洲，將決定世界命運的完整的歐洲」（Oui, c'est l'Europe, depuis l'Atlantique jusqu'à l'Oural, c'est toute l'Europe, qui décidera du destin du monde.）。

21 一九七〇年十二月七日，勃蘭特在華沙猶太區起義紀念碑前下跪，向納粹德國侵略期間被殺害的死難者致意，稱為華沙之跪（Warschauer Kniefall）。這一舉動引起德國及世界震驚，一九七一年勃蘭特獲得諾貝爾和平獎，華沙之跪被視為戰後德國與東歐諸國關係改善的里程碑。

22 Hieronymus Bosch（1450-1516），荷蘭畫家，畫作多在描繪罪惡與人類道德的沉淪。

23 Sandro Botticelli（1445-1510），歐洲文藝復興早期的畫家。

第三部

出版註記

第三部於二〇〇九年首次以荷文出版，除了以下幾篇：Cobra美術館的開展演說，曾於二〇〇八年十月十八日刊在《自由荷蘭》（*Vrij Nederland*）雜誌；柏林自由大學榮譽學位的受獎演說曾刊在《自由荷蘭》雜誌（二〇〇九年一月三十一日），〈黑暗日子〉曾刊在《法蘭克福評論報》（二〇〇八年十二月二十四日）。

九月。柏林，二十年前；柏林，十年前；柏林，現在。第一次，我受德國學術交流資訊中心之邀；第二次，我自己邀請自己；第三次是北萊茵—西發利亞（Nordrhein-Westfalen）政府之邀。第一次來訪期間，我天真地開始我的柏林筆記：一個作家在外國城市居住，記錄他的體驗、看到和讀到的東西。去聽莫里西歐．卡格爾（Mauricio Kagel）[1]的演奏會，在夏洛騰堡散步，去呂壩斯遊覽，它剛好就在柏林圍牆內。以上都很正常，只不過柏林不是正常的城市，對於在充滿大事的一九八九年住在那裡的人而言，它再也不是正常的城市。我永遠擺脫不了它，擺脫不了介於兩個政治制度、兩個年代之間的那條雙重分隔線。早在一九八九年之前，我就從濱海飯店的窗戶看過下雪、光禿禿的波茨坦廣場，遠方難看的突起是元首地堡，近得多的是幾何線條的拒馬（chevaux-de-frise），深色的金屬塊，角度朝上，用來阻擋人逃脫。

這不是讓人想再討論的事。它已經屬於過去，如同一張一九二九年攝於同一個廣場的照片，老式汽車和人群急速或漫步經過，也已經是當年。後來，在我第一次返回期間，我看見明顯是大型建築物的地基被敲進沙地裡，看起來像巨大的集體墳墓。現在建築物蓋好了，你得伸長了脖子才能看到整體高度，巴比倫的神殿，把過去壓碎在腳下。我去找濱海飯店，當

波茨坦廣場，索尼中心，
細節。

與獅戰鬥者，艾伯特·沃夫
作品，一八六一年，舊博物
館前，柏林城中區。

我終於找到的時候，完全認不出來。先前的皇帝大廳（Kaisersaal）的一部分被保存在玻璃背後，但這是雙重死亡，就像蝴蝶被大頭針釘在展示盒裡；牠們應該早已湮滅，但卻還在，雖然再也不會飛。我在大建築物群中間隨意走了一會，巨型建築模型裡的小假人，然而這並非模型；是實物。我懷念什麼嗎？過去的柏林？不是。只是我在這些地方，無法把過去從我的系統裡刪除；唯一選擇就是再次居住。這樣子看，我在西發里亞的三個月就是理想的實踐。我應該再次把自己交給這個城市，我，一個歐洲小國的訪客，在一個歐洲大國的首都，大國與小國有一部分共同的歷史。我從自己的書裡，可以讀出第一次道別的戲劇性。那時我想要知道德國「長大以後」會變什麼樣子。我再讀一次那幾行字，感覺到其中的悲悵情感，這個感覺在國會大廈或布蘭登堡大門附近，從來不會完全消失。這種建築物，跟內省的巴哈或知性的荀白克（Schönberg）很不協調，要是它們能唱歌，它們會做出不一樣的音樂，沉重而戲劇性。華格納是所有作曲家最德國的，大角星廣場（Grosser Stern）[2]周圍的將軍們，可能會因為他們擺的姿勢而被誤認成歌劇裡的英雄，且對於一個來自小巷和寧靜運河構成的小城市的人，柏林的開放空間和寬闊大道，氣勢雄偉的建築物，兩側有獅子與老鷹紋章保護的雕像，看起來都是力量的展現。普魯士的回憶，遊行的影片畫面，從沒忘得一乾二淨，英雄式的音樂在風中飄著……然後是另一種悲愴情感，那兩個活生生的俄羅斯雕像，在國會大廈上面插了勝利旗，[3]因此也代表戰敗：損害與破壞，分裂與統一，一道柏林圍牆，一次空運，一個城市被移來移去，像歷史棋盤上的一個棋子。經歷以上種種之後要如何表現正常。但奇蹟就在這裡：德國人做到了。德國成功地（在可能範圍內）從悲痛和理解來接受一段過去，明白它永遠不會完全消失。不只如此，這個國家也一樣盡可能內化了另一段過去，並未將它抹去（過去是永遠抹不掉的），而是透過負起責任、變成習慣以及損耗，把它轉變成如今的當下。

但關於華格納和荀白克，我說對了嗎？申克爾的作品，是否更容易讓人想到……事實上，你會選擇哪個作曲家的音樂來表達他的建築？歌德都聽什麼音樂？我想不出答案。柏林大教堂旁，申克爾設計的博物館的巨大希臘式柱，需要的是崇高的勝利曲，阿波羅式的輝煌，但不到半小時之後，我在尼古拉教堂（Nikolaikirche）附近看到一座馬與龍纏鬥的雕像，讓我又回到華格納。

我從前怎麼會沒注意過這個雕像呢？它距離我來東柏林常去的胡桃樹小酒館（Zum

Nussbaum）根本就不遠。沒什麼好說的：我必須重新認識柏林。我以最謙卑的課程開始：我假扮成亞利桑那州鳳凰城來的觀光客，搭船遊覽。今天是陽光明媚的十月天，灰濛濛的凍原天氣還有一個月才開始肆虐，現在還可以坐外頭，在甲板最上層。人不多，風微微拉扯擴音喇叭傳出來的字句、名字與日期，但我無所謂。我樂於讓城市飄過。我看到的每樣東西幾乎都伴隨一個回憶，但我現在不要去想。我想從陌生人的眼光來看這個城市，就像是從來沒有來過這裡的人。

我覺得聯邦總理府（Bundeskanzleramt）並不大，事實上相當美麗。這就是世界第三大經濟體政府的所在地嗎？一度看起來永久返鄉的士兵，是否就從這裡被勉強派去世界另一端敵人的沙漠裡，因為怕讓盟國失望？權力在這裡有一張溫柔的臉；在那些窗戶後面坐了一個人，他不相信德國存款該拿去救濟那些大肆賒帳度日的歐洲人，他信奉老派的價值觀，無論朋友或敵人都無法逼他升高通貨膨脹，除非美元低廉到美國能夠付清欠中國的巨債，整個遊戲就可以重頭來過。世界是一張俄羅斯輪盤牌桌，這不是吸引人的畫面；保護主義不是選項，國家不該是生產方式的擁有者，拉方丹（Lafontaine）[4]也不是馬克思的化身。這是令人困惑的時代。人民在發牢騷，現在還安靜無聲，但抱怨聲可能很快就變大。這裡有絡繹不絕的外國賓客，來自俄羅斯的人，來自中國的人。這棟大樓或許不是世界的中心，但卻是一個無人能避免的十字路口。住在這裡的歐巴馬是一位女性，但她的反對黨跟她共組政府。媒體刺耳嘈雜的聲音攀升；每個人都知道該做什麼；圖表、數字、預測被送進大樓裡又帶出來；記者會、發言人、社論……一切在這棟二十年前都還沒蓋好的大樓裡旋風般打轉，另一道旋風則吹過這個城市。

但施普雷河的河水不在乎，河流都這樣，就像在船駛過的水波上隨之漂動的水鳥。焦躁是人類的事。從船上這樣看過去，那棟大樓也抗拒戲劇效果，彷彿它也是一條河。它本身沒有焦躁；它安撫著過去，像一顆長長的粉紅色鎮靜藥丸。當我穿越毛奇橋（Moltkebrücke）下，我感覺自己回到十九世紀。生有翅膀的神話動物的淡紅色石像，以不合時宜的熱情，守衛它們逝去的年代。爪子、兇殘的鳥喙……準備面對最糟糕的情況，但它們的力量被這棟大樓的天真和克制偏移掉了，大樓拒絕展露存在於其中的力量。在二十一世紀裡，獅鷲沒有地位，橋上戴頭盔的人物手上拿的佩劍和喇叭沒有地位，腓特烈大街車站旁的那座橋上，伸出分叉捲曲的舌頭的老鷹頭上那頂六角形復古皇冠也沒有地位。這隻巨鳥的金屬已生鏽。我從我的望遠鏡，大致可看到鳥的翅膀在胸口兩邊展開，鳥胸有普魯士盾形紋章（其上還有另一隻鳥和另一個羽冠）。盾形紋章下是寶球和權杖，皇權的象徵。荒謬的是，有人把一條現代的腳踏車鎖鏈繞過鳥腿，彷彿要把帝國停在橋上，以待更好的時機出現。船上的說話聲含糊地繼續。右邊是我從前多次過邊界檢查哨必得經過的車站，之後，我看到共和國宮的斷垣殘壁。如今它不在了，感覺起來似乎比我記憶中還要大得多。在這個秋日裡，它的樓梯井仍然屹立，高塔般的樓梯被怪手和推土機環繞，這個廢棄教堂屬於一個被遺忘的宗教，背後金色屋頂的柏林大教堂，灑下巨大陰影在嘲弄它。還沒完全拆除的大樓有種說不出的悲哀。生鏽的鋼筋從赤裸水泥牆突出來；碎石頭落在再也無人走過的台階上。我從其中兩座階梯高塔之間，看到遠處布蘭登堡大門的雙輪戰車。有時候，我覺得這城市是故意的——現在與那時一直在混合，帶著各自的記憶層面——當我往另一個方向看，是亞歷山大廣場的電視塔，上頭奇怪的玻璃膨起，還有那個荒唐指向天空的紅白色平交道柵欄。在這棟拆毀的建築物裡結婚的人，心裡頭可能怎麼想的？曾經在此治理的人呢？要不了多久，樓梯也會消失，它們的回憶會在拆除時毀滅，殘存的，之後會埋藏在另一種形式的懷舊情懷裡，想要重建早年城堡的那種，而早年已消失永不復返。

上圖：維登丹莫橋，柏林城中區。
下圖：共和國宮拆除，柏林城中區，二〇〇八年十月。

以上是我去年秋天寫的，但二〇〇八年不是一九八八年。當年的狂潮和動力，被民主的溫和潮流所取代，被黑格爾想從歷史書裡撕掉的空白頁取代。當然，這裡繼續創造歷史，但我忽然間發覺自己是外來者，這次體認比當年深刻得多。德國的統一，一如多年前的戰爭以及對我國的佔領，都是我個人歷史的一部分。近期許多的，一九八九年的戲劇性事件，對經歷過的任何人也有重大的情感衝擊，隨後幾年的掙扎、兩德之間持續表現出的互相吸引及嫌惡，也同樣對我有影響。但民主的實踐，亦即例行的交配舞、政客之間的求偶行為、假意的給予和奪取、談話性節目和國會辯論的裝腔作勢，還是能讓人看得津津有味，但永遠是從外人的角度。在遙遠的低地是你自己的國與家，自己的政府和國會，這裡的人所知不多，了解的更少。你的興趣屬於陌生人的興趣。誠然，我是以陌生人身份，來收看操控著德國公共辯論的命運女神之合唱曲。她們在電視新聞界的代表是瑪麗葉塔・斯隆卡（Marietta Slomka），她如冰雪皇后的舉止，非常知道如何讓政府首長焦急不安。她的眼神如冰柱，驚人地對稱放在一張冷冰冰的臉上，再由一頂金髮緊緊扣住。她用字溫和，但非常有效果，分析政治人物的回答時如外科器具那樣精準。看她的節目非常享受，特別是當她總結話題，轉向她的男性對手，看起來像一個埃及象形文字，一個只有單一維度的女人橫斷面，哇揚

（Wayang）[5]皮影戲的戲偶。另外三個是談話節目女主人，她們把共和國的權勢人士聚集到身邊，讓他們一決勝負。左派與右派，工會與雇主，銀行家與政府首長：幾乎都是高品質的辯論，Volk（人民）也出聲，他們以口齒清晰、精選出來的受害者或是關切團體出場，提醒政客們做過的承諾，或是要求他們為兩難局面做出說明。安．威爾（Anne Will）、梅布里特．伊爾納（Maybrit Illner）、珊卓．麥許伯格（Sandra Maischberger）[6]——有時她們得甩甩藤條，才能維持這盛氣臨人的班級秩序，所有人講話速度都快得要打破世界紀錄，而且都深信自己站在對的一方。我像在看別人玩「城邦」（polis）[7]桌遊，禁止玩這個遊戲的時候，人們更想要玩。這就是自由的奢侈。政治作為娛樂。哲學家喬治．阿甘本（Giorgio Agamben）[8]在《幼兒期與歷史》（*Kindheit und Geschichte*）語帶神秘提到經驗的貧乏（poverty of experience），把「Erfahrung」及「Erlebnis」兩個字分辨開來，兩者在德文指不同概念的「經驗」：「現代人晚上回到家，被一團混亂的 Erlebnisse 搞得疲憊不堪——富娛樂性或無聊的經驗、不尋常或司空見慣的經驗、可怕或讓人愉快的經驗——其中沒有一件事會變成 Erfahrung。」談話節目就是這樣一天的延伸，這齣戲因為像戰鬥，所以也等於事件，雖然根本上它不是一個事件。這樣很糟糕嗎？海德格說的日常的陳腐，是災難還是生活準則？如果和平等於乏味，為何少了它的時候，我們又渴望它？真正的經驗只能從外面來嗎？此刻的我，住在先前讓我感到興奮的環境裡，我和城市一起，都正常化了，我是城市游牧民族、過路人、消費者。我在阿甘本的書裡也找到與這個經驗相關的一句話：「他們就像我們小時候漫畫書裡的角色，可以一路跑到半空中，直到自己發現為止：當他們注意到、經驗到之後，便無助地滾落深淵。」

斯圖加特廣場（Stuttgarter Platz）有一間咖啡店，我早上去喝咖啡看報，看著跟我同年齡的人做同樣的事。他們讀著來自避不開命運與歷史的地方傳來的報導：阿富汗、加薩、伊拉克、達佛（Dafur）、科索沃。我看不出他們在想什麼。當我們走回到外頭陰沉的秋天，我們心裡想的不是炸彈與攻擊。從我們的臉上，看不見我們無助滾進去的深淵。還是我們已發現不受陳腐之苦的秘密，方法就是去承受？阿甘本引用華特・班雅明（Water Benjamin），來說明我們經驗的只是 Erlebnisse——短暫事件及感官的經驗，而非智慧的累積。班雅明舉的例子是 Armut der Erfahrung，經驗的貧乏——他特指一次大戰後返鄉的士兵：「從前搭馬拉車上學的世代，站在天地間發現除了雲以外一切都變了，他們腳下那片毀滅波與爆炸的力場之下，是微小脆弱的人體。」有人會認為這些其實是存在主義經驗，我越讀越覺得陷入一個語義的遊戲，如哲學家提出的證據，這個時代無法產生新的諺語，因為諺語都被口號取代了。但是諺語成為諺語需要多久時間？

我才剛到不久就必須返回，而且是因為一個矛盾，因為我要去的地方跟我現在身處的地方有關。阿姆斯特爾芬（Amstelveen）[9]的 Cobra 美術館策劃了萊比錫畫派（Leipziger Schule）展覽，邀請我去開展。所以，為了去萊比錫，我得先去阿姆斯特丹。我在阿姆斯特丹的演說，當然是以一段回憶作為開場：

那還是東德的年代。住在柏林的我，跟荷蘭大使去萊比錫短暫拜訪，就在當時我們稱東德的地方。我們去的目的是跟一群荷語學生見面。我要跟學生演講之前，那位在 Wende（東德轉型）之後自殺的女教授跟我說，不必期待會有人提問，因為，照她說的，學生不習慣問問題。二十年後回想起來，講這句話好像很奇怪，但情況確實如她說的。雖然如此，會後我們還是在一間可愛的老酒館聊得愉快。學生讀的書很多，對我們的文學相當熟悉，Wende 之後，我回去同一個地方，氣氛已經不同。

我為什麼要說這個故事？為了說明當年的氣氛，如今我們已想像不出那個氣氛。它已經變成歷史，你可以閱讀關於氣氛的描寫，但無法再感受到，就像你無法再感受從前過邊界時查理檢查哨、腓特烈車站的強烈威脅感，無法再想像住在那裡的人曾經面對的威脅，他們不能離開，除非他們恰好是作家或藝術家，而且跟當局關係良好，當局信任他們會返回。

這是歷史，過去，二十年前，一個活到二十歲的成年人，也沒機會體驗以上種種。其實我到今天還在談這些事，自己都覺得有一點不好意思。

作品在這裡展出的畫家及攝影師的老師們，就生活在那個制度裡；有些人的意識形態甚至與其緊密結合。我記得看過韋納．圖布克（Werner Tübke）[10]作品裡農民起義的大幅場景，他和阿諾．林克（Arno Rink）及伯恩哈德．海希格（Bernhard Heisig）都是當年偉大的藝術家，目前也還是作品掛在這些牆上的年輕人的教師，這些年輕人又成為更年輕一輩藝術家的教師。我覺得圖布克的巨幅壁畫又奇異又令人欽佩。它與我們這邊的鐵幕發生的事件無關，但的確非常巨大，非常超凡，能看的東西多到令人嘆為觀止，而且都畫得仔仔細細。這是實現歷史觀點的藝術，因此按照定義，也就與實現另一種意識形態的藝術無關，或甚至是無意識形態的藝術。

我們在這個展覽裡看到了什麼？首先是畫家。他們的共同點，是與萊比錫的關聯。有時候，他們在受訓的著名機構裡師事同一位教師，或者，如尼奧·勞赫（Neo Rauch）的例子，他目前還是任職導師。

他們沒有共享的是風格。因此我不會用到「學派」（school）這種說法。「學校」（school）指的是他們的共同起源：這些展出作品的風格和主題如此異質，彷彿萊比錫學院（Leipziger Hochschule）[11]一定有二十個不同出口，學生、畫家、攝影師全都找到各自的出口。這點不會困擾我，因為這表示可以看的東西很多。壓抑的深思、熱情洋溢而盡情表達的繪畫、紀實風格攝影或奢華的佈局攝影（staged photography），還有，以風格非常不同的尼奧·勞赫及馬提亞斯·懷瑟（Matthias Weischer）為例，他們熱愛荒謬，與社會寫實主義的距離之遠，但又從未背棄繪畫作為一項技藝的訓練——正好相反。就算在個別藝術家的全部作品之中，也有令人驚奇的極大差異性。乍看之下，馬提亞斯·懷瑟的作品，瘋狂擁擠的《內部》（*Innenräume*），畫裡的荒謬邏輯和超現實概念，似乎與他的汽車水粉畫沒什麼關聯，後者如攝影般精準，看起來更像一張廣告傳單。至於勞赫，在我看來，他一九九三年的畫作跟他二〇〇五年的作品《拜訪鄰居》（*Kommen wir zum Nächsten*）相比之下，簡直像另一個畫家畫的，但都是同一位勞赫。《拜訪鄰居》是一位藝術家的作品，但畫布上似乎描繪了好幾個人的夢想，一如夢的本質，這些影像呈現的是謎。那個穿著德國浪漫主義時期古典服裝的年輕人，目光低垂，表情悲傷，在看似現代的場景裡做什麼？年代錯誤的他，坐在一張花園塑膠椅，他的馬褲膝蓋與絲襪交會處，有一道不祥的黑水或油湧出。年輕人的右手伸進放在地上的大型現代公事包裡，左手在桌上壓著一些紙，紙旁邊有一根沒點燃的粗蠟燭，番茄顏色的桌布有一點光澤，可能是塑膠或油布材質。一個女人弓身向前，雙手握拳擱在桌上，看著年輕人，但他沒有注意到她。他們背後有個貌似工匠的男人，穿著污漬的圍裙，雙手被繩索捆住。另外兩個工匠扶著大木樑，站在有綠色花環裝飾的某種鷹架結構上，他們旁邊的器械有可能是一具斷頭台，但大概不是。就這樣了嗎？不，還多著呢。兩間屋子，背後有樹，藍天裡有幾抹雲，或許還有一群鳥，都排好隊了準備服務，但是還有更難解釋的東西：一個發光的脂肪瘤或團塊，沒有名稱也可能沒有作用，但光是存在就造成一種無名的威脅，自給自足處在其他荒謬但熟悉的影像之間。前景的左方，一個破裂的海綠色物體扮演同樣角色，其功能未明，桌上那一團不知哪來的油膩、膽汁綠的黏稠物也是。

要是我講的細節太多——但細節永遠也講不夠——是因為這幅畫跟展覽裡其他幾幅畫一

樣，表達出這些藝術家一路以來的成長，即便各自的風格大不相同。他們的導師們所受制的意識形態，把不透明度視為個人奢侈，但在這裡，狂喜、混亂及最有問題的自由取代了教條，每個人以不同方式來解決。因此碉堡可以用不自然的、大難臨頭的光線來拍攝，如伊拉斯謨斯・施羅德（Erasmus Schröter）的風格主義（mannerist）攝影，看起來與勞赫、亨麗葉特・格蘭納（Henriette Grahnert）的《網路問題》（*Netzwerkprobleme*）、或克里斯欽・班德（Christian Brandl）之細膩的傳統象徵主義繪畫大相徑庭。身為外來者，我只能猜測過去三十年在萊比錫發生過的意識形態論戰與爭端；我能做的，是簡略談到這些藝術品的範圍及多樣性。

萊比錫美術館（Museum der Bildenden Künste Leipzig）館長漢斯―韋納・施密特（Hans-Werner Schmidt），在我讀過的一本講埃索收藏（Essl Collection）[12]的書本前言寫到這個主題。二〇〇〇年某一天，他收到一個自稱ＬＩＧＡ的團體寄來的展覽邀請函。他說他原本只是想藉此機會出門，對展覽本身並不抱期望。但他接著寫到他不會輕易忘記那天下午。

他碰見的是以無比自信完成的畫作，他沒預料到作品會有這樣的水平。他最大的發現是這些作品與柏林圍牆剛倒塌後出現的作品的差異性。那個時期的作品，還看得出在仿效 Cobra 及約瑟夫·波伊斯（Joseph Beuys），也有「寫實主義及晚期表現主義」的回憶（套用他的說法），亦即本質嚴肅、用色暗淡。LIGA的作品則明亮而虛構，專注在城市及城市建築，某方面來說是跟萊比錫視覺藝術學院的老師們道別。三年後，施密特在自己的美術館策劃一個新展覽，「sieben mal malerei」（七乘以繪畫）。接下來的事已經是歷史：那天晚上，世界各地的畫廊老闆大批湧入，萊比錫畫派就此發跡，長話短說，否則今天會講太久，新的畫派需要一位主謀來收集產量，這些新藝術家找到的人是卡爾漢茲·埃索（Karlheinz Essl）。埃索的背景是建築業，但他也是一位熱情的收藏家，他在畫家們享受今日的名氣或受盛名之累前（兩者都有可能），曾試著說服一間維也納美術館買下他的收藏。維也納拒絕（不是每個人都看得到光），於是埃索在距首都十公里左右的克羅斯特新堡（Klosterneuburg）蓋了自己的美術館。這次 Cobra 美術館得以從該館的館藏，以及其他萊比錫畫廊的藏品，策劃了這次展覽，讓我們一窺在不久前仍對我們封閉的世界，那個世界推出了幾個新的名字，很快就會在這裡家喻戶曉，例如提姆·艾特爾（Tim Eitel）、托比亞斯·雷納（Tobias Lehner）、狂野的年輕才子塞巴斯提安·戈葛（Sebastian Gögel），以及攝影師馬提亞斯・豪荷（Matthias Hoch），他這次展出兩幅精彩的阿姆斯特丹建築攝影作品，與烏夫・普德（Ulf Puder）的建築繪畫可為美妙的互補，也都充滿光線而沒有人物。這些作品完美懸掛在Cobra美術館明亮開放的空間，成功地結合本質上不同的物件，得到應有的效果：來自萊比錫的美好驚喜。

二〇〇八年十月

註釋

1 Mauricio Kagel（1931-2008），阿根廷裔德籍音樂家，最著名的是把劇場元素加入音樂表演。
2 位於蒂爾加滕公園（Tiergarten）內，公園中央是著名的勝利紀念柱所在地。
3 二戰最有名的一張歷史照片，攝於一九四五年五月二日柏林戰役期間。兩名俄羅斯士兵把蘇聯國旗插在國會大廈上，象徵蘇聯戰勝納粹德國。
4 Oskar Lafontaine（1943-），德國左翼政治家，一九九八年任聯邦經濟部長，見詞彙表。
5 哇揚是印尼爪哇島及巴厘島獨特的戲劇形式，戲偶由皮革製作，操偶棒桿的材質為牛角，雕工精細美麗，故事多取材神話或史詩。
6 三位皆為德國新聞從業人員，主持談話節目。
7 全名是「城邦：爭取霸權」（Polis: Fight for the Hegemony），一種兩人對戰的桌上遊戲。

8 Giorgio Agamben（1942-），義大利當代政治思想家、哲學家。

9 荷蘭北荷蘭省的一座城市，為阿姆斯特丹都市圈的一部分。

10 Werner Tübk（1929-2004），德國畫家，最著名的作品為《農民戰爭全景》，長一百二十三公尺、高十三公尺。

11 全名為萊比錫視覺藝術學院（Leipziger Hochschule für Grafik und Buchkunst），創立於一七六四年。

12 埃索收藏為奧地利實業家卡爾漢茲・埃索（Karlheinz Essl）的私人藝術收藏，一九九九年在奧地利近郊成立的埃索博物館專門展出其中收藏品。二〇一四年期間，埃索在東歐拓展事業不順，為籌資金而賣掉大部分展品，二〇一六年美術館關閉。

郵件。我認得這個充滿力道的華麗巴洛克風格筆跡。榮譽退休教授法蘭茲・魯道夫・克努貝爾（Franz Rudolf Knubel）寄給我一本像是展覽目錄的東西。這本狹長的書沒有書名，只有一行小字註記接在幾個點後面：「……少數被選中的人」（...zur kleinsten Schar），後面一行字寫著：「紀念米爾翠德・哈納克・費許」（In memoriam Mildred Harnack-Fish）。書的封面是一個五官堅毅的女人的肖像照，看著觀者。她的頭髮服貼著頭梳好，閃閃發光；她的眼神戒備；這個女人散發出嚴肅。展覽目錄裡有詩和照片，由德國抵抗運動紀念中心（Gedenkstätte Deutscher Widerstand）出版，我開始閱讀之後便明白緣由。

這個我初次看到臉孔的女人，於一九〇二年生於威斯康辛州密爾瓦基。她在威斯康辛大學攻讀文學時認識了阿維德・哈納克（Arvid Harnack），在一九二六年的夏天嫁給他，隨他搬去德國之後在柏林大學教書，一直到一九三二年被解除教職為止。之後她在夜校授課，跟幾個學生一起參加她丈夫主導的讀書會，鑽研社會及政治議題。到一九四二年以前，她與美國大使館都還有聯繫，從而取得羅斯福的講稿、西班牙內戰的新聞，以及對希特勒政策的批評，後者在當時的德國是看不到的。她把這些資料轉交給一小群批評納粹政權、也支持她丈夫地下運動的人。有一張照片是兩人在寧靜的鄉下並肩而坐：米爾翠德微笑，圍著毛皮領巾，阿維德含著煙斗，沉思的模樣，深色煙斗上有一抹陽光。我還沒把阿甘本的書看完，還不能完全了解他所謂的經驗以及經驗的貧乏，但我感覺自己被這兩人的生命吸引的方式，似乎跟他的話相反：「沒有人會承認只以 Erfahrung 作為合理化根據的威權……這意思不是說 Erfahrung 現在已不存在。然而，它出現在人類之外。」

我一定是哪裡離題了。從什麼時候起，經驗可以在沒有人的情況下發生？一九四一年底，米爾翠德・哈納克從吉森大學（University of Giessen）取得博士學位。一九四二年九月七日，她與夫婿在地名很神秘的庫爾斯沙嘴（Kurische Nehrung）[1]的培拉村（Preila）被捕。帝國軍事法庭（Reichskriegsgericht）在十二月十九日判她六年徒刑，但希特勒不接受這個刑期。他要求重審，也重審了，最終在一九四三年一月十六日宣判死刑。米爾翠德・哈納克在柏林鯉魚湖監獄（Berlin-Plötzensee）被斬首前，監禁了一個月。那個月裡，她繼續翻譯歌德的詩《傳承》（*Vermächtnis*），一直到行刑前幾個小時也沒有停止。她的遺言是：「……我如此深愛德國。」（...und ich habe Deutschland so geliebt.）

Kein Wesen kann zu nichts zerfallen!

Das Ew'ge regt sich fort in allen,
Am Sein erhalte dich beglückt!
Das Sein ist ewig; denn Gesetze
Bewahren die lebend' gen Schätze
Aus welchen sich das All geschmückt.

米爾翠德的翻譯是：

No being can to nothing fall.
The Everlasting lives in all.
Sustain yourself in joy with life.
Life is eternal; there are laws
To keep the living treasure' s cause
With which the worlds are rife.
生命永不隕落
眾生皆感受永恆的騷動
以生之喜悅餵養
存在即永恆；如是法則
保存生之寶藏
世界以生生不息

一個美國女人在德國監牢等著被處死，還繼續翻譯最經典的德國詩人，那是什麼樣的時刻？日常生活的陳腐與它的距離是多麼遙遠，這種抽象的智識概念，在碰到歷史的重量以及當事人的命運，就蒸散了。但這麼多世紀以來，多數人生活在其中的陳腐海洋裡，不是一直都有這種強烈經驗的時刻嗎？上述時刻以及華特．班雅明自己的命運，與他提出的現代生活的經驗貧乏，又是什麼樣的關聯？

法蘭茲．魯道夫．克努貝爾在信裡頭，不只寫到前因後果，也寫到地方，提供了監獄的詳細地點：「鯉魚湖監獄位於夏洛騰堡北邊，鄰近札克爾溫克勒路及烏提格道。」展覽目錄裡的照片，可見紅磚的無辜，黑色鐵條的罪行。一棟尋常的柏林建築，當初興建可能不是為了戰時的用途。兩扇窗戶上方，直立的紅磚砌成拱形，與牆壁的水平紅磚融成一片。周遭環境看似中立，但過去發生在這裡的事把環境染了色。三千人在這裡受刑。行刑室裡有一根鐵條，上面還有用來吊人的鉤子，一具斷頭台從前就放在這裡。經過這些事件，後世人再也無法用中立的眼光來看，如同讀歌德的詩及米爾翠德的翻譯，無法不想到翻譯的時間和情景。克努貝爾向米爾翠德．哈納克的致敬，包括去探訪與她相關的地點，尋找她的蹤跡——但他不得不承認找到的很少。套一句他自己說的話，這是「ein nicht gelingendes

Unterfangen」，無法成功的任務，無望的目標，暗淡無辜的照片顯示了為什麼：在她居住過的地址，那些房屋什麼都不能證明，因為看起來可以是任何人的房屋、前門、人行道、花園柵欄。在此，日常的陳腐又變得可見，但生活則不得見，再也無法看見；可以看到生活的時候，只有在悲劇發生的地方，在鐵條後的那個磚房裡，當一個剛滿四十歲的女人，直視她的行刑者的眼睛。老教授帶著一大張紙到行刑的地方，蹲在硬地板上，用炭筆在紙上描出水泥地板。地面凹凸不平，描出來的圖像包括線條、斑紋、顆粒的痕跡，現在構成展覽目錄的封面。他寫了如下：

一條紅色封鎖線分割這個空間。窗戶上方，是有鉤的鐵條。下方，花圈和乾燥花擺在窗台上。我跨過柵欄，拿出我攜帶的七十乘一百公分的紙以及鉛筆盒。我跪下來，平靜地執行我計劃的紀念活動：為粗糙水泥地描圖，地板上有許多疤痕。在分隔區域的前三分之一處有個狹長洩水孔，上面有七根鐵條，比一張A4的紙大不了多少。靠近這個洩水孔矗立的是那台殺人機器：斷頭台。整個過程寧靜地出奇：我觀察自己，聆聽自己，把鐵柵格描在紙上，檢查結果，用一張小一點的手工紙再描一次。我立刻發現第二次是多餘的……我更換素材，但沒有必要。這個作品只能命名為「無法理解之事的精神習作」才能被閱讀。

大城市的優勢：當你受不了人的時候，總是有動植物可提供即刻的癒療，看不出愧疚或歷史的生物給人安慰，它們唯一目標是讓自身永恆延續。狼和貓頭鷹在一千年前已經是狼和貓頭鷹。如果有演化，也是成千上萬年的事：爪子稍微再長一點，羽毛的顏色改變一點，樹枝上再多三個刺，諸如此類。Wende（東德轉型）前後，我常去東德的動物園。動物不屬於政黨，也不屬於反對勢力；牠們不會互相譴責，這裡只有獅子和老鷹試著說服參觀者牠們永恆不變的天性。你看著牠們的眼睛一分鐘，或一小時，一如往常，看不出任何溝通的跡象；唯一的聲明就是動物本身，以及牠們不帶相遇地看著我們的方式。我可以在動物園待上幾個小時，光是每種動物都有眼睛就讓我驚奇：狐狸、鹿、蛇、鱷魚、大象、蚱蜢、海豹、猴子，我們的旅伴穿著規定的制服，毛皮、毛髮、鱗片、殼、羽毛、脊椎，每一個都配備眼睛。如果你看著牠們的眼睛夠久，你開始想到你永遠無法看穿瞳孔與視網膜，也就是那個奇異的、無法接近的他者的起始點。這個想法讓我覺得安心。我漫步經過母牛群，感受秋葉落在我身上，聽著腳下的格律為豹與蒼鷺寫下頌歌，感覺漸進式的痊癒湧入我。我準備好再面對人性。

植物通常話不多，即使這樣，只要風的狀況對了，它們當然可以呢喃或嘆息。在我的語言裡，法蘭德斯神父詩人惠度・赫塞勒（Guido Gezelle）寫過一行著名的詩句，他就像詩界的奧利維耶・梅湘（Olivier Messiaen）[2]：「我說的是花的語言」（Mij spreekt de blomme een tale）：對我而言，花會說話。一九八九年某天下午，我在尼古拉街區（Nikolai-Viertel）散步，偶然碰上一間叫胡桃樹（Zum Nussbaum）的小酒館。Nussbaum 的意思是堅果樹，Nooteboom（譯按：作者姓）也是，所以當初吸引我進去的可能是店名。裡頭有一點像阿姆斯特丹的老酒吧：空間小，咖啡色，幾張發亮的木桌，一種舒適的感覺。雖然在東德，還是讓我有家的感覺：昏暗光線，安靜的人們，微微的醉意，外頭很冷，冰冷街道上的雪堆，來自西伯利亞的刺骨寒風惹毛施普雷河，但裡頭十分溫暖，Glühwein（香料酒）讓人臉上泛光。從前這裡算是個私密的地方：你得經過腓特烈車站全部的檢查哨才到得了這裡，因此有一種冒險的感覺。你短暫身在另一個世界，雖然感覺像坐在某人的客廳裡。那時的你看起來就像是過來逛逛的人，也就是說，你很明顯。這感覺今天已不存在。

今天有秋意；也許還會下毛毛雨。我喝了一杯啤酒，在荷蘭喝不到的那種，裝在上寬下窄的高玻璃杯，花一個多小時慢慢喝也沒關係：這是冥想的啤酒。也許這就是為什麼當我喝完啤酒，我已想不起來那天我還預期什麼。我已經讀完報上所有的危機；我看了安格拉．梅克爾（Angela Merkel）像母雞守護德國，不讓戈登．布朗（Gordon Brown）[3]誘她把整籃的錢丟進風中。雖然幾個月之後，我們已無法想像他不在那個位置的樣子，歐巴馬還沒當選但我們沒有投票權，阿富汗自殺攻擊和汽車炸彈佔據報紙頭版，世界是一個充滿駭人暴行的圓形監獄——也許這就是為何當我看到四十八號公車開過來，指標寫著「植物園」，我毫不猶豫跳上去，坐在包廂座，看著柏林往我的身後滑過，我不認識的各個區域，賣異國食物的商店，灰色大樓房之間的第三世界片段。我想保存那天，於是在筆記本裡記了一些無用的註記：「Hauptstraße、Dominicusstraße、Günlük Taze Ve Halâl Et、Rathaus Friedenau、Kaisereiche、U-Bahn Schreiberplatz、Losgehen um anzukommen、Halte Kielerstraße、Malik」。我現在讀，半數看不懂——看起來好像間諜的暗號。但沒有人想翻我的證件，沒有人逮捕我。我聽著公車上小聲的對話，聽著坐我後面的女人用哀怨的聲音對手機透露她的感情生活，是小說片段，但寫作手法不帶藝術性。我是沉迷於文字的男人。一個人的自由是另一個人的束縛，我在植物園下車的時候，她失敗的婚姻如蜘蛛網掛在我身上，我在這樣的狀態下，步入多彩的無聲王國，沿著黃花曼陀羅和高大的粉紅色甘巴草前進。黃銅色的陽光，雨蠢蠢欲動。我拾起一片鞣質的大葉子，它想告訴我秋天的事；它像主教一樣紫，上面排列了金色葉脈系統。為什麼植物的腐朽很美，但人類的腐朽通常則否？四處的綠色開始塗上死亡的顏色。孤獨的葉子慢慢迴旋降落，如自殺傘兵，彷彿落下時還有最後一項秘密任務要完成。一棵筆筒樹讓我感到驚奇，它還沒決定自己要成為什麼：像蕨類的樹，或是像樹的蕨類，詩人或小說家。不久，我站在虎耳草（Peltiphyllum peltatum）強壯的葉子前面，它們若有所思地垂在發光的黑色水面。它們的沉默十分驚人，但我如果停頓夠久，可以聽到它們要說什麼：簡而言之，就是它們知道自己在那裡；當下與此刻的概念。步道、小徑，偶爾給人野外的錯覺，然後下起幾滴雨，逼我走進流亡熱帶植物定居的大型玻璃溫室。如果它們思念大草原或雨林的家鄉，也沒有表現出來。我抄下它們珍貴的名字，我很快就會忘記，我想著它們不曉得自己的名字多麼奇怪，雖然有些天馬行空的名字真的很適合一些植物：毛茸茸的花綵、必須為其發明一種新的綠色的捲起的皮紙、十二把捲曲的匕首圍繞一顆鮮紅的心、歐幾里德目錄裡各種形式的仙人掌。當仙人掌一定是神奇的事，就算只有一天一夜也好，沉默冥想的生物，全身佈滿刺，給外界的訊息只有一個：**我在思考。不要打攪。不要煩我。**

我在報上讀到滕珀爾霍夫機場（Tempelhof）要關閉。空運補給（Airlift）[4]的畫面及相關故事出現在我腦海裡。我曾經寫過一個故事，[5]其中有一個短暫的場景就發生在那個機場，我還能想像那個長廊，挑高天花板邊緣的霓虹線條，掛在天花板下的滑翔機。今天是最後的班次，拆除就要開始。一個男人拿著一個示威標語：「Wir dürfen uns das nicht gefallen lassen, es gibt hier nichts zu feiern」：我們不會容忍——沒有什麼好慶祝的。他的表情說明他知道自己已經輸了。我從滕珀爾霍夫起飛或是抵達的班機都是小飛機，再加上這裡有我在別的機場沒看過的特殊長廊設計，使得坐飛機感覺起來特別老派，彷彿演出一部一九五〇年代的間諜片。但關於機場還有一件事，跟我個人深層的過去有關。每次我在電視上看見及聽見飛機起飛，那聲音就帶我回到戰爭的第一天。一九四〇年五月十日，我被炸彈和高射砲的聲音、飛機俯衝又加速飛離的聲音吵醒。天剛破曉，那些飛機正在轟炸伊彭堡（Ypenburg）軍事航空站，距離我們在海牙的家不遠。我不記得那些是亨克爾轟炸機，或是容克斯俯衝轟炸機（Junkers），但我現在聽到的聲響毫無疑問就跟當年一樣，噴射機之前的年代。對我而言，它和遠方鹿特丹的紅色天空，有傘兵慢慢飄到下方草坪，是連在一起的。我現在想再親耳聽一次那個聲音。我在報上讀到 Rosinenbomber（葡萄乾轟炸機）[6]和一段 Zeitreise，時光旅行——顯然，空運補給時期使用的舊飛機要再做最後一次飛行——但這對我來說還不夠。我在尋找的過去還要更古老。滕珀爾霍夫機場入口的廣場上有一個巨大的老鷹頭，黑得發亮，鳥喙朝下，像削尖的匕首，但當我走進機場，仍然是表面上一切正常的錯覺。辦登機手續的櫃檯還是有人；地板磨得發亮；一具飛機引擎被當成紀念碑或波伊斯的作品放在現場展示，火星塞和電線向四面八方延伸，像蛇髮女妖的頭髮；空服員穿著卡布其諾色的制服，站在柏林航空服務（Air Service Berlin）的櫃檯；深色大片牆壁上，時鐘的淡藍色指針指出時間，這是與抵達和道別的場景有關的時間，因此機場時鐘總是比教堂時鐘多了不同的重要性。

上圖：滕珀爾霍夫機場，二〇〇八年十月。
下圖：海報：與葡萄乾轟炸機的時光旅行，二〇〇八年十月。

我繞著建築物走，沿著一個極為空曠而簡單長廊，它曾經看起來非常現代，其樸素、對稱的形式輕易為極權主義思想挪用，我感覺這個風格的靈感不只來自阿爾道夫．路斯（Adolf Loos）[7]，還有熙篤會（Cistercian）[8]的建築。走出去之後，我往滕珀爾霍夫公路的方向，希望能站在柵欄後面看到我童年的飛機起飛。我一邊走，發覺滕珀爾霍夫其實很大，在首府中心開闢出來的一大塊空間。我找到一些樓梯，可以站得離鐵柵欄近一點。我不是一個人；一群飛機迷站在我背後，貼著鐵網。我們一起看著史前機器加速超過我們，升到空中，那個小小的跳躍總是讓人吃驚，彷彿它在嘲笑重力。將近七十年後再次聽到它，我回過頭，發現我沒辦法跟在場任何人分享我對那個聲音的回憶，因為我身邊的人都太年輕了。當你用回憶的耳朵傾聽，你聽到的雖然一樣，但又不同；簡單來說就是這樣。歷史事件只要發生的時間夠久，就會變形。然後它就會帶有神話、傳奇或童話故事的特質。未來某一天，這個世界或另一個世界的某人，會讀到在很久很久、模糊的史前時代、久到無法想像的時間以前，鳥兒曾經拯救了一座城市。

二〇〇八年十月

註釋

1 位於波羅的海沿岸的沙洲，英文為 Cronian Spit。

2 Olivier Messiaen（1908-1992），法國作曲家、風琴家，二十世紀重要作曲家之一，他的音樂多融入異國元素，鳥鳴也是他的重要靈感來源。

3 Gordon Brown（1951-），英國工黨政治家，二〇〇七年至二〇一〇年出任英國首相。

4 原註：柏林封鎖（Berlin Blockade，一九四八年六月二十四日至一九四九年五月十二日）期間，蘇聯封鎖了通往盟國控制區域的鐵路、公路、運河，西方盟國遂組織了柏林空運補給，在十一個月期間，共進行超過二十萬次飛行，向柏林空投食物及燃料等補給品。

5 原註：《失樂園》（*Lost Paradise*），蘇珊．瑪索提（Susan Massotty）譯（London: Harvill Secker; New York: Grove Press, 2007）。

6 柏林封鎖期間，柏林人對西方盟國空投物資的轟炸機暱稱，也叫「糖果轟炸機」。

7 Adolf Franz Karl Viktor Maria Loos（1870-1933），奧地利建築師，在歐洲現代主義建築的發展有很大影響力。

8 熙篤會是一個天主教隱修會。

「Ein Punkt ist, was keine Teile hat. Een punt is wat geen deel heeft」，為什麼我覺得這句話用英文比較容易理解？「一個點不含任何部分。」也許是因為荷語的干擾：deel hebben aan。但說「一個點只包含自身」不是更好嗎？我正在危險的處境，我冒險去看一個關於數學的展覽，一個被當的學生，決意被引誘進入之前讓他挫敗的陷阱。如果我有什麼懊悔，就是沒能享受數學的神秘。按照數學術語，我是一個零，為了躲避無法逃避的事實，我尋求想像力的庇護。在沒有真的那麼困難的測驗上，我發明我自認合理的定理，但其實完全不合理。我求得合理結果，但其實只有對我一個人站得住腳，在這個捏造出來的數學系統裡，所有人不是醉了就是瘋了。我的老師放棄我。那時候我不怎麼在意，但現在我在意了。介於我的混亂和數學規律之間，有一道不情願的屏障，讓老師無法突破。我不想指責別人，但有時我會覺得，當初如果有人耐著性子在我愚蠢的青春期迷宮裡找到我，帶我走入那個又大又明亮的數字、公式與邏輯的花園，我就不會到今天還一讀某些書就陷入極度恐懼，這些書我本來還讀得懂，直到作者忽然大談任何人都理解的神奇公式，除了我之外。這是我之所以從沒參加期末考的原因之一。當時還不算長的我的過去，由混亂所構成，而我是個逃亡的人。

多年來，我最大的惡夢是參加數學考試，然後考得一塌糊塗。一九九八年，當我接受布魯塞爾天主教大學頒發的榮譽博士學位，我說我把那一天視為我在校的最後一天，希望我的惡夢再也不要回來。結果就是如此；幻象消失了。這事本身是自我暗示的奇蹟，但我的懊悔還在。因此，我是帶著幾分猶豫走進德國科技博物館（Deutsches Technikmuseum），館內正推出一個叫「Mathema」[1]的展覽。顯然，很久以前我把自己隔絕在外的那個透明秘密的世界，仍然讓我想參與。建築物前面掛了一架再也不會飛去任何地方的飛機，當我走進博物館，立刻陷入愛因斯坦一句引言的懷裡：「Das, wobei unsere Berechnungen versagen, nennen wir Zufall」（我們用計算無法解決的，就被我們稱為偶然）。不久，愛因斯坦又要求我們的注意：某人，鑑於他的相對論，在牆上寫著我們應把世界想像成四維，三維空間加上一維時間，形成不可分割的整體。潛在原則就是，沒有絕對時間，這是個令人愉快的想法。當達利把他的錶融化，一定也想著類似的觀念，任何一個花很多時間在世界各地旅遊的人，會經常看到時間被壓縮、後退，表現得彷彿它不存在似的，這或是是真的。這個觀念給我一種奇怪的自由感：時間是流體，你可以在裡頭游泳，必要時還可以逆流而游。我曾經寫過時間是一種系統，確保所有的事不會同時發生，雖然這個想法有個奇怪的套套邏輯錯誤，但讓我覺得安心。

展間很安靜，我繞著奇妙的雙曲幾何的世界，不受打擾地走動。我感覺自己隨著這個空間而彎曲；我像一只錶，在世界某處發出聽不見的滴答聲，沒人在看的時候，我讓自己接受誘惑，用肩上的翅膀飛過一個虛擬的城市。簡言之，我參與了展覽為我設計的遊戲；我向它投降。我學到阿罕布拉宮（Alhambra）交織的裝飾跟古馳（Gucci）包的圖案一樣，都叫做「平移對稱的圖案」，然後格哈・里希特（Gerhard Richter）[2]使用隨機產生器，來決定他製作的科隆大教堂彩色玻璃窗的顏色。

我現在在柏林的日子，和當年混亂的時刻多麼不同，那時我看著莫德羅快步走過貝爾維尤宮的走廊，克倫茨在柏林大教堂，孤注一擲且違背自己判斷，試圖逆轉 Weltgeist（世界精神）的潮流。這裡現在盛行的是秩序和平靜。不再是日常歷史的混亂和動盪，這是畢達哥拉斯（Pythagoras）的和諧理論，中庸之道（golden mean），關於一隻蝴蝶振翅而造成暴風雨的故事。那當然也是一種騷動，但是可用邏輯解釋，所以比較好一點。康德說數學是所有精確知識的基礎，但我也在別的地方讀到，碰到無法用其他方法解決的科學問題時，有時候接受偶然的引導會更好。我的生命不是一個科學問題，因此不需要解決，但當我回頭看，我看到它是取決於一連串多變的偶發事件，每件事或許有其無可避免的邏輯——畢竟你的母親恰巧也出現在你出生的時刻和地點——但也還是取決於某天我父親剛好看見我母親走過，而且被她吸引。我因此成為一個二十世紀的荷蘭人，但我沒能成為一個數學家，大概跟以上無關。

註釋

1 英文的數學（mathematics）這個字來自古希臘文 *μάθημα*（mathema）。

2 Gerhard Richter（1932-），當今重量級德國視覺藝術家，早年曾為東德官派畫家，後逃亡西德，於杜塞道夫習畫，接觸新達達主義，作品《抽象的形象》（*Abstraktes Bild*）是目前仍在世的畫家拍賣金額最高的畫作（二〇一五年，在蘇富比倫敦拍賣會以 $46,352,959.12 成交）。

法蘭克福。安森．基佛要接受頒獎，德國書商和平獎（Friedenspreis des Deutschen Buchhandels）[1]。聖保羅教堂（Paulskirche）裡都是熟悉的面孔。大家互相認識；德國公眾人物都坐在這裡。這是一個沒有教會的教堂，一位傳教士站在原本是祭壇的地方。我知道那個位置；我也曾經站在那裡。你得爬幾層階梯才能站上去，然後覺得很奇怪，彷彿站在那裡不太對勁。如果聽起來太戲劇化，不是我刻意的，但就是會有那種短暫而奇怪的孤獨感；你身邊沒有別人。無論再怎麼常做這件事，那個感覺總是在。人們低聲說話，然後是尋常的致詞，表揚，最後是得獎者本人。當他開口說話，室內安靜下來。他一身黑，一位苦行者，也許是因為教堂的氣氛，他看起來很像一個聖本篤修會修士。

這座獎並非頒得毫無爭議；基佛以日耳曼觀點對德國過去的關注，並沒有得到普遍理解，特別是一開始。韋納．史畢斯（Werner Spies）在他的頌文提及這點，說他自己當年也存疑過，在一個無人想聽到過去的年代，藝術家做的其實是探索，卻被視為認同。他探索過去後所帶回來的，在他的作品裡被強調與著重的，被視為同理心的懷舊，緬懷一個錯誤的年代。站在祭壇的男人也論及這個爭議。他開始說起他自己的過去，他的年少時期，一個單字跳出來。後來我閱讀他的演說，那個單字被單獨印成一行：

Langeweile。

無聊。許多事物的源頭。沒有電視、沒有網路、沒有電影也沒有劇場的童年。空虛，乏味。然後有了詩。詩像一片空虛海洋上的浮筒：「我用影像思考。詩幫助我這麼做。它就像海上的浮筒。我向它游過去，從一個游到另一個；介於它們之間，沒有它們的時候，我是迷失的。」他一邊說，我一邊細想這個情況的特別之處。我想像聽過去的偉大畫家致詞不知是什麼感覺：祖巴蘭（Zurbarán）[2]、德拉克洛瓦（Delacroix）[3]、基里科。

畫家總是比作家更容易消失在影像背後，忽然間，這成了一個令人迷惑的想法。我能想像站在那裡的基佛背後就有一幅他的巨作，他擺出講者的姿勢，就像類似情況的其他講者，但那些人背後不會有鉛與麥稈的影像，不會有沙、粘土、乾掉的顏料構成的鐵鏽色風景，鉛藍、淺灰、煤黑，伴隨提及歷史的文字，我不知道為何就是那副畫，但我看到是一副海景圖。祭壇上那個削瘦人影，在我用想像力投射到他背後的寬闊畫作前非常矮小，龜裂顏料的白色浪花，大浪之中，厄運當頭的橘色潛水艇，以及上方不祥的天空中，地平線上飄著字，有如自然現象，彷彿天空中總是飄著字，只有藝術家看得到：「Seeschlachten alle 317 Jahren oder deren Vielfachen」，海戰每三百一十七年或其倍數發生。

令人迷惑：那個單字不是巧合。站在上面穿黑色的男人，順應他現在所處的環境，但他的作品則否。那件作品衍生於一個理解，即貌似秩序的文明底下，永遠存在一股不屈不饒的混亂。尤其在這裡，文明順應的編輯、官員、外交使節齊聚一堂，在一個像教堂的空間，我覺得格外諷刺。我曾經這麼寫過：「畫作何時會擺脫畫家？同樣的素材何時會變成不同的想法？」《格爾尼卡》（*Guernica*）[4]仍然屬於畢卡索嗎？是的話，還有多久？當我在普拉多美術館（Prado）看耶羅尼米斯．波許的《乾草馬車三聯畫》（*Haywain*），它與作畫的畫家是否仍有關聯，或是那個由木頭與顏料構成的物件，在這麼多個世紀的凝視下已經轉變成完全不一樣的東西，本質上就如同波赫士在著名小說《皮耶．梅納德，吉訶德的作者》（*Pierre Menard, Author of the Quijote*）主張過的？小說描述一個男人在幾個世紀後，重寫塞萬提斯的著作，一字一句照寫，但還是完全不同的一本書。未來的眼睛是否會把基佛的畫作從創作者手上拿走，讓它自給自足，以至於畫家本人再也認不出來？只有偉大的藝術，才能激發我們思考這些問題。畫家本人的壽命有限，他滿腔的關切、他對自己國家歷史的迷戀、歷史之中的陷阱和險境，以及他正視這段歷史的方法，人們沒有因此感謝他，因為「Unfähigkeit zum Trauern」，無力哀悼，從而想去掩蓋、隱藏、否定那段恥辱的過去。留下的是他圖書館裡的呢喃，巴赫曼（Bachmann）[5]和策蘭（Celan）[6]的詩，比不斷改變的科學更有力的神話學圖像，而一件藝術作品不足的部分，要從歷史和大自然不足的部分找到同盟，歷史和大自然一樣是不完整的。以上，全都無可避免地滲入基佛的畫作、他的鉛製巨書和沒有文字的圖書館，用來書寫的文字就是他從一個浮筒游到另一個浮筒時讀過、記錄過的每一個字：詩人的文字，質點（Sephiroth）的文字，哈西迪傳說的迴響，不准消失的傳說，無論看得見或看不見，畫家作為抄經者，他成為他讀過的東西，也成就了自己。

事件結束後我離開大廳，一個友善的人給我一張傳單，抗議這次頒獎典禮。我收下並謝過他。有時候，民主讓我們看清楚有些東西人們就是看不見，即便是那些出於善意的人。

二〇〇八年十月

註釋

1 法蘭克福書展每年於法蘭克福聖保羅教堂頒發的國際性獎項，受獎者為對和平有重要貢獻的人士。

2 Francisco de Zurbarán（受洗於一五九八，卒於一六六四），西班牙畫家，以描繪僧侶、修女、殉道者及靜物出名。

3 Ferdinand Victor Eugène Delacroix（1798-1863），法國浪漫派畫家。

4 一九三七年四月二十六日，德國軍機應西班牙國民軍政府的要求，向巴斯克城市格爾尼卡猛烈轟炸，此為這幅畫的創作背景。

5 Ingeborg Bachmann（1926-1973），奧地利詩人、作家。

6 Paul Celan（1920-1970），本名保羅・安切爾（Paul Antschel），法籍猶太詩人，二次大戰後最重要的德語詩人。

柏林，某個秋日下午，突然間的衝動。我想回法爾克廣場，看看我二十年前和其他人一起種的樹變成什麼樣子。我還記得大樓外面剝落的油漆，陽台上人們的表情；他們大概覺得我們瘋了。我試著回憶當天的氣氛，但沒什麼結果。那天人民警察在場，造成一種各方忽然變得友善的奇異氣氛。那時候我們是夢想家，這沒什麼好可恥的。所以現在是什麼樣子？有植物，有樹叢。我們種的樹呢？有些樹看起來太高；應該是本來就在的。背景的運動中心我還認得。那時候我也有個願景，「五十年或一百年後，我多麼想在等待著的森林大樹底下歇息」，也希望種樹的人不會失望。他們失望了嗎？我不曉得。這裡沒有變成一片森林，而且我也許是唯一還記得那一天的人。但是有幾顆小樹。也許是同一批樹，也許不是。它們在風中輕輕搖擺，就像樹在秋天會做的事，而且它們不透露自己在想什麼。

二〇〇八年十一月。柏林自由大學（Freie Universität Berlin）要頒哲學及藝術榮譽博士學位給我，當年的戰爭之子無法忽視自己的回憶，因為那些回憶和之後他在這裡遇見的一切，定義了他與這個國家的關係。我很榮幸，但我對於當天要說什麼遲疑了很久，再提過去不知好不好，如我最近寫的滕珀爾霍夫機場那篇。但我也知道，終究，那段過去就是我，所以它可以是我的故事的起頭，這起頭就跟事件本身一樣突然，讓我永生難忘。只有在最後一個經歷過戰爭的人已經不在了，戰爭才會結束。以下就是我說的故事：

我這輩子第一次看到的德國人來自天上。接下來的來自水裡，衣冠不整，典型的死者模樣。之後才是從陸上來，長長的灰色隊伍。我六歲，站在父親旁邊握著他的手，一如一九四〇年五月初某個清晨，傘兵從天空降落，我在家裡陽台，也是坐在他旁邊。我的父親（在一次英軍空襲死於這場戰爭），原本就在陽台放了一張扶手椅，好遠眺家後面的草坪。我說這些是為了再提到戰爭嗎？套句英文俗話，再去「踩痛腳」（rub it in）？不是的。我告訴各位這些，是因為我的故事無法避開這一段，因為故事必須有開頭，因為我的年紀不允許我忘記開頭。我沒有受苦，我不會宣稱我受苦，我甚至不知道「我的寫作生涯可能從那天開始」

這個說法對不對，因為如果是這樣的話，那天所有人都會變成作家。我把這故事再講一次的唯一藉口，是因為我認為我的作家生涯被記憶的概念主導，而且是我們稱之為過去——或更準確而言，歷史——的一種特別形式的記憶。對我而言歷史不是抽象，而是一種存在的形式，由世界以及我們每個人同時書寫的故事，這往往意味著，我們總是在世界丟來的無可避免的事件之中，發明自己的歷史。戰爭不是我捏造出來的；我對戰爭的回憶，以及我訴說、重述、闡述、發明或甚至捏造回憶的方式，只屬於我，當你從一個歲數長到另一個歲數，這個故事總是需要新的字彙。

輪迴不會發生在下輩子，而是這輩子，我在《他人的自畫像》（*Zelfportret van een ander*）[1]這麼寫過。未卜先知的時刻，你還不曉得是什麼事，但就知道你已經明白了，這是詩不可剝奪的特權。

如果我沒有記住那個第一天，我會變成什麼樣的人？斯圖卡及亨克爾轟炸機，我相信是它們驚人的聲響抹去了我在那一天之前的所有回憶，從我身上奪走了其他作家如普魯斯特和納博科夫都得以應用到極致的基本素材，導致我對生命最初幾年毫無印象——彷彿我到那一天才出生，一蹦出來就是發育完全的六歲小孩，因為沒有這種可能性，所以是奇蹟，但我無法甩掉那種奇蹟的感覺。我詫異看著證明我曾經是三歲小孩的照片，我的確領過第一次聖餐，但我內心的檔案庫拒絕驗證，一定是這樣的。就是這個感覺讓我不禁覺得，或許我其實發明了自己的人生，再加上人生的另一部分、也就是我們稱之為小說和故事的實際上的虛構，這樣雙層的虛構，與現在站在各位面前的荷蘭公民交纏在一起。這個公民對那場戰爭有所求嗎？沒有。那時的我不是受害者，也不是加害者，我是個孩子。但那場戰爭的史實對我有所求。

從空中降落的士兵是傘兵。來自水裡的先駕車開進水裡，事後再被打撈起來——是我第一次見識死亡。水滴從灰色皮革軍大衣滴下來，讓那個六歲小孩永生難忘，也忘不了V2火箭從家附近基地發射到英國的末世般的噪音，那是太空旅行的早期先驅。

押韻是詩的概念，但作為一種比喻，押韻對我可能還有另一層意義：事件反映其他事件，有時也反映各種形式的歷史正義，證實了預言有跡可循，幾乎是種形而上的寬心，讓我們知道歷史不只會改變航道，還會徹底轉變到相反的方向，同時又保存一切（因為抹滅歷史是不可能的，歷史由時間與人構成），但又帶著杜撰的性質。一九五六年，我站在悶燒的布達佩斯看著俄羅斯坦克，一九八九年，我站在柏林看著柏林圍牆倒塌。這就是我所謂的押韻：歷史找到與自己的連結點，少了同時間的罪行與破壞，這些也是歷史，被摧毀的歷史。三個老人在雅爾達，用他們的邪惡咒語把歐洲一分為二，然後時機來臨，另一個咒語破除了前一個咒語，兩個咒語對德國以及對歐洲造成影響。這也是押韻。就此英文有一個說法：兜一圈回到原點。如果你活得夠久，看到事情的演變，你會滿足地知道邪惡雖然經常得勝，但不是永遠。一九五七年，我在從邁阿密到紐約的巴士上。車子經過南方各州，白人坐前面，黑人坐後面，沿路的洗手間和餐廳都是隔離的。我記得一股深深的恥辱。就在我寫下這些字句的同時，某位在當年得坐在巴士後面的人，可能會成為美國下一屆總統，這也是押韻。歷史，命運與偶然的混合物，就是這樣的故事。

戰爭的混亂日後看起來有秩序的錯覺。我的年少時期是在混亂中尋找清晰，對我而言，只能從寫作找到。我花了很長時間才發現這點。混亂製造外來者。外來者必須發明自己的世界才能生存，混亂的自我在他人條理的世界裡。這裡我的目的不是要描繪心理肖像；我是想向各位說明，各位今日要表揚的作品是怎麼來的。我在第一本小說和第一首詩，發明了一個不存在的浪漫憧憬的世界，一種逃脫。再沒有人比魯迪格．薩弗朗斯基（Rüdiger Safranski）[2]把這點看得更清楚了。能遇到人在自己的作品中看出自己在書寫時沒看到的東西，是一種幸福。你已經寫出來了，只是自己還不曉得。對我而言，這是我書寫的矛盾。它發生在我身上兩次，兩次都是在德國。這讓我引出下一個韻腳。打從有人自天上降落的那一刻一直到今天，有一條線一直在前進。或許這也是矛盾點。這條線由朋友組成；首先是我祖國的朋友，他們曾經因為這個國家受苦，但為了與我分享他們與那段過去的關係，而把我帶到這裡，開啟了我的迷戀。之後有其他朋友加入這條線，是我在這裡認識、到今天都還是朋友的人。

戰後，德國不是我的國家。它被摧毀，晦暗，就像我自己的國家。想知道荷蘭戰後是什麼模樣的人，應該讀我的荷蘭同胞威廉・弗瑞德列克・赫曼斯所寫的兩部精彩小說：《金合歡樹的眼淚》（*De tranen der acacia's*）及《達摩克利斯之暗室》（*De donkere kamer van Damokles*），黑暗的傑作，精彩的文學作品，與我自己的詩意處女作截然不同，我的書沒有描述真實而痛苦的戰後社會，反而是一個夢想家逃到幻想中的天堂，那兒有南方陽光照耀，是一個無以為繼的幻想世界，這點我絕對不會否認。從那之後，我就一直住在兩個世界，北方的世界與南方的世界，我旅途中所見的真實世界，以及交織其中、另一個幻想世界。你不希望你的夢消逝，但幻想與身邊世界的落差太大，你又抗拒犬儒主義、諷刺或其他形式的自斯路線。唯一的解決方式，是轉身面對混亂的世界，想像力是你唯一的武器。於是你跑船去了熱帶地區，另一種形式的光，每天天黑的時間都一樣，在那個黑暗中，殘酷的混亂可能襲擊你。你試著逃離寫或不寫的兩難，方法是寫一本書，描寫一個作家面對這種兩難的痛苦。彷彿在《武士已死》（*De Ridder is gestorven*）[3]裡頭自殺的是你本人，你讓虛構的維持虛構，然後帶著對世界的頓悟，不斷前進。發生在你生命隱藏層面的東西，現在只能在詩裡頭說，而詩，如同本週安森．基佛拿到德國書商和平獎的感言裡說的，詩就是浮筒，他從一個浮筒游到另一個，因為不如此的話他就迷失了，我認得這個感覺。所以，詩。但你知道你對世界的認識仍然不足以寫小說，因為就連想像力也需要基礎，而且想像力痛恨病懨懨的空虛。你必須等待，而你不知道等待是懶惰謊言，或是承認目標。這個不確定感佔據你生命很長一段時間。你帶著它去了美國和澳洲，帶著它處在穆斯林以及佛教徒之間，當你試著去描述感受到的事物，這個不確定感還是在，一直到某一刻，你終能放下表面的世界，去描寫它在你心中留下的，於是你依照自己的法則創造的故事，只有在你的想像中才看得見的敘事。之後，人們說這個世界是「光」，把它當作指控或是讚美，只有你才知道，那光，是從當初圍繞著你的混亂黑暗的引力裡辛苦取得，酒神的混亂就在文明的薄皮下，以堅持不懈的慾望等待我們。

然後，又出現一個押韻的時刻。你等待已久的書被翻譯成德文，由人民與世界出版社在柏林出版。你跟兩個各待過納茲維勒集中營及達豪集中營的友人一起來到這座城市，它比任何一個城市還了解二十世紀史，而且就落在劃分兩個互相敵視的制度的分隔線上。你的另外一個非小說分身，要去報導赫魯雪夫將發表演說的德國統一社會黨會議。帶你來到他們從前命運之地的兩位友人，也帶你去最德國的餐廳，縱情的淨化式懷舊。然後他們說話。你寫下最初的柏林筆記，日後你將獻給兩位友人之一，當時的你還沒意會，但這些筆記就是你在內心深處醞釀的小說的草稿，兩位友人將在小說裡扮演某個角色。一年後，你住在柏林。那時正是一九八九年前夕。你是受德國學術交流資訊中心之邀，這件事改變了你的生命。你遇到後來成為朋友的人：一位畫家，一位哲學家，一位詩人，所有人都被織入你的表面與現實的網中，無論你或他們都沒有察覺到。你在他們的國家旅行，閱讀他們的歷史，當青銅做的書頁翻過去，一道圍牆倒塌，撞擊聲響徹全世界的時候，你在場。那是昨天。兜一圈回到原點了，或說看來如此。你在圖賓根（Tübingen）認識一位白髮老者，當年他不得不從攻讀哲學及Germanistik（德國研究）的奧地利逃出，在紐西蘭開拖拉機時熟記德國詩。他在赫德林塔[4]把年輕人聚集起來，一起讀詩。

他邀我參加過一次這個傳奇聚會。幾年後他辭世時，我寫了一首詩，我想在這裡朗誦，作為結尾。詩名是「De dichter van het lezen」，閱讀的詩人，他的遺孀用他心愛的拉丁文，把詩名刻在他的墓碑上：Poeta Legendi。他的名字是保羅・霍夫曼（Paul Hoffmann）。

〈閱讀的詩人〉

——紀念保羅・霍夫曼

在我破碎的純真裡
一絲光線
朝著我而來，
在一座
至聖瘋狂的塔裡

De dichter van het lezen

In memoriam Paul Hoffmann

Kwam mij tegemoet
in mijn verduisterde onschuld
een lichtspoor,
in een toren
van heilige waanzin,

這麼一個男人，

在我沒聽見時
聽見了我的話，
他聽見另一個我，

找到我的和弦
用最敏銳的耳朵尋找隱藏的歌
給我他的允准，

流放在外
在他者的空無土地上
他重複字句，拋光

deze ene,

hoorde wat ik zei
toen ik het niet hoorde,
hoorde mijn ander,

stemde mij,
met het fijnste oor voor verhulde gezangen,
stemde mij toe,

in verbanning had hij,
in een leeg land van anderen,
woorden herhaald en geslepen

直到字句為字句。
武裝之後，他返來
到它們從前的恥辱，

到它們被謊言噤聲
的語言，
走樣的母語

由他擁抱，呵護
以詩癒療
復原

光從他的靈魂生長
雪的桂冠在他的頭上。

tot ze zich werden.
Gewapend kwam hij terug
naar hun eerdere schande,

hun van leugens
geluidloos geworden,
hun bedorven taal

die hij opneemt en koestert,
geneest met gedichten,
teruggeeft aan zichzelf.

Licht groeit uit zijn ziel
sneeuwlaurier om zijn hoofd.

你的耀眼，老師

你是閱讀的詩人。

Schitterend ben jij het, de leraar,

de dichter van het lezen.

二〇〇八年十月

註釋

1 原註：*Self-portrait of an Other*，David Colmer 英譯，Max Neumann 插畫（Chicago/London/Calcutta: Seagull Books, 2012）。

2 Rüdiger Safranski（1945-），德國哲學家、作家。

3 原註：*The Knight Has Died*，Adrienne Dixon 英譯（Louisiana State University Press, 1990）。

4 赫德林塔（Hölderlinturm）位於圖賓根，是詩人赫德林生前的最後住所，從一八〇七年住到一八四三年過世。

幾乎是我道別的時候了。再一次，我要離開柏林，一如每一次，不會是容易的事。我把堆積如山的剪報又整理過一次，把我還沒寫的東西全部讀過，看著一張要蓋在人民宮殿（Volkpalast）[1] 舊址的城堡設計圖。在現實生活中，我也在某個寒冷的冬日去了太子宮（Kronprinzenpalais），看看那些設計圖的建築模型。在這種日子裡，北極寒風吹過開闊空間，柏林提醒你它毗鄰俄羅斯。設計都掛在牆上，許多落選的設計跟一個優勝的設計擺在一起。落選的很多。我試著想像優勝的設計落成時，菩提樹下大街會是什麼樣子，但我想像不出來，也許是因為我對它沒什麼信心。石化的懷舊，過時的建築文法，半心半意地試著把已經永遠消失的東西再復甦：這是逆向的考古學。

當一個城市不想跨入現代，而重提一段消失的過去，但又罩著一點偽現代性，這代表什麼意思？朋友說，無論如何，再五十年或一百年柏林會變得「美麗」，但我已學到不相信這種預言，況且我也沒辦法等那麼久。我看著設計模型裡的小人立在城堡的大庭院裡，想像自己是其中一個人。時為二〇八九年，那個小人的我正拿出筆記本，記下身邊正在慶祝的美好的一天。但，我不會在那裡；到時候是其他人抱著歡慶的心情漫步，慶祝一百年過去，雖然他們沒能看到百年最初的幾年，改變了一切的那一年，當城市和國家正開始治癒當初把它們撕裂成兩半的傷口。

二〇〇八年十二月。《法蘭克福評論報》（*Frankfurter Rundschau*）邀我寫一篇聖誕專文，要放在通常放社論的版面，由於我正在不同的德國城市做巡迴簽書會，我決定把漫長旅途中碰到的事物蒐集起來，掛在我的聖誕樹上。完成的文章在聖誕夜刊出，標題是「黑暗日子」（Dunkle Tage）：

於是就有了這樣的日子，一個荷蘭作家在德國做巡迴簽書會。他從東移動到南，再從西移動到北，每天拜訪不同城市，從他的書《紅雨》（*Roter Regen*）朗誦一段，他再次意識到德國有多麼大，各地風景差異之大，住在其上的人們多麼不同，外國人稱他們德國人，但他們通常自認為是巴伐利亞、黑森（Hessen）或布蘭登堡的居民，吃的食物通常也產於自己那部分的世界。下午四點半就天黑，幸好他在去的每一個城鎮和鄉村總是能在小旅館訂到房間。

我就是那個荷蘭作家，我的旅程發生在聖誕節前，我們在荷蘭稱之為「黑暗日子」的期間。我在旅途中讀到的每一份報紙，都在講一九四五年以來的最大危機，彷彿從來沒有發生過更糟糕的事。天氣預報令人沮喪，火車窗外的天氣試著迎合股市金融的憂鬱氣氛。然而，在我買菜的柏林市場，所有人都祝我基督降臨期第一天快樂，在荷蘭不常聽到這種祝福，但這讓我處在一種溫和的亢奮心情。

柏林，中央車站，細節。

我去的每個地方都有聖誕市集，有Glühwein（香料酒）和許多燈，彷彿所有人都想盡可能蒐集最多燈，為即將來臨的黑暗時期做準備，世界末日的最後幾天，最後的大災難，一場風暴洪水將橫掃五大洲，沒有救生艇可用。

或許是因為巡迴簽書途中每個人都對你太好，我再怎麼努力也無法讓自己處於鬱悶的心情。我曾經看過一段英國畫家法蘭西斯．培根的訪問錄像。他有一點微醺，訪問在倫敦一間同志酒吧進行，採訪者費盡心思要挖出這位畫家的人生觀，他以黑暗、有時近乎同類相食的主題而聞名。作為他作品的仰慕者，我也屏氣凝神等待那個能帶來解脫的字眼——你真的很想知道是什麼樣的心理狀態，才讓人創作出這麼極端、殘忍、同時又畫得如此巧妙的作品。經過再三要求，培根終於回答那位迫不及待的採訪者，那一刻實在是令人難忘，或至少對我而言。他把頭戲劇性地往後仰，讓光剛好打在他臉上——畫家最懂這種事——然後對著鏡頭咯咯笑（這是唯一的形容法）：「我什麼都不信！我是個樂觀主義者。」

從此之後，這個矛盾就成為我的座右銘，在這個黑暗季節給我幫助。漢堡寒冷的霧，柏林的第一場雪，法蘭克福周圍的憂鬱森林，伊達爾—奧伯施泰因（Idar-Oberstein）田野間的霜，易北河邊麥稈色風景的細雨——我把這些影像都存在我內心的檔案庫，但我似乎決心認為一切都是美景。德國鐵路悄悄開過森林和山間；我朗讀我的著作，簽書，坐在寂寞的旅館房間看施泰因布呂克（Steinbrück）[2]、梅克爾等人織起巨大的安全網，要接住整個德國。大力阻礙他們的人，一個是魯莽的法國雜耍演員，一個是英國雜貨商，後者管理他的島嶼王國的金融多年，卻沒預料危機的來臨，他本人的政策是促成危機的原因，同時，一個出身巴伐利亞、才剛逃避破產命運的銀行家，認為只有他能提出更好的方案，來避免整個國家走上必然的毀滅。

如果你經常在行進，是無法帶著一棵聖誕樹的。因此我決定用我的冬之旅沿途蒐集到的影像，來裝飾我的虛擬聖誕樹，這些影像在黑暗日子裡給我鼓舞。第一個是在伊達爾—奧伯施泰因的一個大塊頭黑人，出自童話故事的人物。那天，伊達爾—奧伯施泰因正在下雨。巡迴簽書會的作家可比作煉獄裡的靈魂。他們等待永恆的來臨，在快樂的那一刻降臨前，不太知道該如何打發時間。當然，該做的就是苦修，但偏鄉旅館沒有該有的設備。比肯費爾德（Birkenfeld）的朗誦會昨天結束，觀眾安靜又專注，我沒用麥克風，沒有人咳嗽，現在我可以自由在這個寶石小鎮的大街上溜達，瀏覽櫥窗裡的蛋白石和藍寶石，彷彿這些珍寶都是我的。忽然間，我聽見很大的音量在說我不認得的語言；聽起來像唱歌。我走過去，發現聲音來自三位太早來開會的黑人國王，其中一位穿的長袍是基督降臨節禮拜儀式的顏色，非常誇張的紫色。讓陰雨的街道一整個亮到讓人睜不開眼睛。

也許他們剛賣出一包產自血淋淋祖國的寶石，他們如此興高采烈，聲音迴盪在寒冬的空氣中，我決定把他們掛在我的聖誕樹上作為亮點。

隔天早上，仍然在煉獄裡，我走在法蘭克福主街，要去施泰德美術館（Städel）看一個展覽，「弗萊馬勒的大師及羅希爾．范德魏登」（Der Meister von Flémalle und Rogier van der Weyden）。這些畫有特別感人之處。你回顧五個世紀多以前的人，穿著跟伊達爾－奧伯施泰因那個男人一樣顏色鮮豔的衣服，訴說一個讓這個世界著迷了兩千年的故事。一個有翅膀、生著法蘭德斯五官的男人，可能跟所有法蘭德斯人一樣，跟我說同樣的語言，忽然出現在一個小房間，給一個女人傳訊息，她因為震驚或喜悅而坐在地上。女人一樣有一張法蘭德斯人的臉孔，散發燦爛的美。他恭敬屈膝傳達一個神秘訊息：她即將成為天主之母。

無論是否有宗教信仰，我們因為太常聽到這個故事，以至於對他所說的話無感。那對翅膀的聲音，法蘭德斯式狹小室內突然有個鳥人現身。面對如此天堂的景象，也難怪這名穿著豔麗洋裝、衣服皺褶都畫得栩栩如生的女子，需要扶持地板而跌坐在地上。我把那個天使和其他色彩鮮豔的魔法生物都掛在我的聖誕樹上。

當天晚上在法蘭克福文學館，有很多吵鬧的咳嗽聲——比肯費爾德或許是比較健康的居住環境——但接著我去哥廷根（Göttingen）朗讀，大閣樓裡擠滿了認真的面孔，我講到我的第一次旅程，我在夏天時居住的西班牙小島，以及我鄰居的驢子。隔天早上，我去看一個關於優秀學者艾伯希特・馮・哈勒（Albrecht von Haller）的展覽，他曾經在荷蘭的萊頓（Leiden）求學，在他之前，沒有人比他更透徹觀察人體。我盯著他的標本集裡將近三百年前的花，那些花曾經在沒有汽車的年代綻放，當時還是一個寧靜的世界。我感謝老植物學家，把他的花加到我的樹上。

到了那週的週末，我的德國旅程結束。我在呂內堡（Lüneburg）朗讀，夜裡在碼頭邊散步，沿著平靜而神秘的河水走。隔天早上有人來接我。在距離戈爾萊本（Gorleben）不遠的地方，我在田裡和路邊看見一動也不動的人影。看起來非常逼真，彷彿某人在他們下田工作時按下影片暫停鍵。這些是當地人設立的，以表達他們對該地即將成為核廢料地下貯藏區的恐懼，對他們正構成日常威脅。

同一天晚上，我回到中世紀。我有一些朋友住在馮．伯恩斯托夫（von Bernstorff）家族城堡的附近，伯爵要打扮成聖誕老公公，對當地的兒童說話。一切看起來就像布魯赫爾的畫。爐火劈啪響，張燈結彩讓黑夜充滿光輝。簡單的粉紅色城堡窗戶裡有燭光。兒童推擠著向前，伯爵首先從露台上跟他們說話，天使在他的兩側，天使是來自另一個世界的光明人物；就算他們忽然飛到市場攤位的上方，滿懷期待的人們退開，一台拖拉機拉著滿滿一拖車有翅膀的生物出來，我也不會驚訝。就在這時，音樂開始：帶著伸縮喇叭和小喇叭的老人與少年構成的隊伍。火光下，我看見他們的臉，因天冷而紅通通的，鼓著臉頰吹奏，換氣時有小口白色霧氣介於發亮的銅管之間，我把那個影像也掛在我想像的聖誕樹上，現在我把我的樹甩到肩上，穿越其他聖誕樹，來到兩個長得像羅希爾・范德魏登畫出來的男人的攤位，他們賣蜂蜜甜酒做的熱檸檬調酒。我的巡迴簽書會到了尾聲，我和我看不見的樹可以一起消失在歡樂的人群裡，他們跟我一樣在這片黑暗中尋找光明，而且找到了。

二〇〇八年十二月十九日

註釋

1 二〇〇三年德國國會決定拆除共和國宮，致力於保存原建物的人士，集結成人民宮殿（Volkspalast）的團體，介於二〇〇二至二〇〇五年間，三十萬人次在人民宮殿／共和國宮享受各式各樣的文化活動，包括世界霹靂舞冠軍賽、傳奇柏林樂團新建築倒塌（Einstuerzende Neubauten）也曾在此演出。共和國宮於二〇〇八年拆除完畢。

2 Peer Steinbrück（1947-），德國社會民主黨政治人物，二〇〇五年至二〇〇九年間任德國財政部長。見詞彙表。

第四部

出版註記

前三部文章首次在這個版本以中文面世。第四部分則專為這個版本而寫。

後記的寓言首次刊在《NRC商報》（*N.R.C. Handeosboad*）（阿姆斯特丹，一九九三），由作者於一九九三年九月十六日在慕尼黑愛樂廳朗讀，當日為皇家大會堂管弦樂團演出理查·史特勞斯的《查拉圖斯特拉如是說》。

拜會總理

改變的速度是不可想像的。Il tempo invecchia in fretta（時間快速衰老），安東尼奧．塔布其（Antonio Tabucchi）[1]新書的書名最能形容我們身邊發生的事，或許改變的速度也能用Bundes-kanzler（德國總理）在一次次高峰會，在她的男同事們穿的樸素西裝之間，變換西裝外套顏色的速度來測量。精心偽裝的動亂是一種政治格言，為了減輕市場、民心及政黨的動盪。如果你跟我一樣，也存了過去幾年歐洲報紙的剪報，你可以試著回頭追上那個速度和動亂，但一定會覺得頭暈眼花。「從難以想像的局面來思考」，具洞察力的馬丁．沃夫（Martin Wolf）在《金融時報》（Financial Times）這麼寫過，幾年前他就預料到當今危機的規模。《人民報》（*De Volkskrant*）[2]在二〇一一年十一月十七號刊出：「巴羅佐（Barroso）[3]公開表示對歐元末日的擔憂」；「馬里歐．蒙蒂（Mario Monti）推出學者內閣」；「梅克爾與薩科齊就協約修訂發生爭論」。然後又是《金融日報》：「鋼鐵女校長支配歐洲（in her thrall）」。根據我的字典，「thrall」的意思是「束縛、奴隸、囚禁」，這樣子評估梅克爾的權力，相較於有時候在希臘、西班牙或義大利聽到的，已算是客氣了。這類評價倒也不乏一種惡意又戲劇化的魅力。

《國家報》（*El País*）[4]二〇一一年十一月十二日的頭版（「義大利以歐盟主導之改革結束貝盧斯柯尼時代」）刊出一張奇特的照片：三個穿黑衣的男人，包括身材魁梧的希臘財政部長范尼塞洛斯（Venizelos），伸出右手手指放在桌上的兩根蠟燭之間，顯然正在宣誓。另外三個男人站在他們對面，都留鬍子，穿金色服裝，戴奇怪的頭飾。同一張頭版還有另一則看似無關的報導，但這樣想就錯了。它說到西班牙自治區拉里奧哈（La Rioja）拒絕再收任何巴斯克的病人，這些西班牙自治「國」實際上已破產，無法要求西班牙政府援助，每個區域必須先顧自己，縱然巴斯克人及拉里奧哈居民都是西班牙人——而且兩者還是鄰居。氣氛越來越充滿火藥味，因為危機是真實的，而且從各方面都感覺得到，危機不只存在悲觀的預測裡，而是在日常生活的每一塊，有的比其他的更明顯。處在社會底層的部分家庭面對的困境，會比萊頓大學取消法文課和德文課、一間圖書館或一個室內合唱團被撤除還來得不明顯。

有一點可以確定：這場危機有自己的圖像，包括照片和諷刺漫畫。戴著普魯士鋼盔和鐵十字勳章的梅克爾，配上希特勒的鬍鬚，以及德國寧可遺忘的其他可恥象徵；梅克爾肩上背著一隻歐洲大公牛；梅克爾身邊站著她難搞的聯盟的狡猾成員，顯示她的戰鬥不只對外，還要對內；梅克爾與他黨政治人物站在高克（Gauck）[5]身邊，這時的高克還不是總統，看起來像倫達城的囚犯（Zenda）[6]，就是一個外來者，在這群人裡顯得格格不入；梅克爾與薩科齊一起從空中飛過；然後又是梅克爾自己，身穿黑衣，向家中有親人被新納粹份子殺害的土耳其裔德國公民家庭致歉。

肖像廢棄的速度快到令人吃驚：已經沒有任何用途的郵票；被擦掉的貝魯斯柯尼（Berlusconi）[7]，被刪除的薩帕特羅（Zapatero）[8]，消失的帕潘德里歐（Papandreou）[9]——三個國王找不到回馬廄的路，成為沒有下一場戲可演的小配角。梅克爾再次出現，她的手指頭幾乎戳著卡麥隆（Cameron）[10]的肚子，而薩科齊為擊敗歐蘭德（Hollande）而借用憤怒右派的字彙，在諷刺漫畫裡越來越像高盧人和公雞，**大國**（La Grande Nation）[11]的假聲男高音，在一個無人大舞台上啼叫，一股冷風吹過。

二十多年前，歐元還在產前黑暗期，我們也不知道會發生這一切的時候，我曾經向柏林及德國短暫道別。蓋蒂人文研究中心（Getty Institute for the Humanities）邀請我去洛杉磯，我有一年時間來寫我的小說《萬靈節》（*All Souls' Day*）[12]，小說是關於柏林人，跟我一樣歷經Wende（東德轉型），這個巨大轉變後來戲劇性扭轉了雅爾達會議強加於歐洲的平衡。我遠離情勢的發展，在明亮而遙遠的加州寫了一本書，講到冰雪中的某個柏林寒冬，這本書在德國還找得到，但在英國有如石沉大海。我留戀萬分地道別，這是修飾說法。我已愛上那個國家，結交了那裡的朋友，我密切追踪動蕩的事件，自己製作日誌。

快離開前的某一天，我去了波茨坦的無憂宮，在暗淡的花園裡散步了很久，我走在腓特烈大帝褪色的輝煌之間，現在也是東德褪色的輝煌，我要想的事情很多。俄國就要把軍隊遣送回國，歐洲面對新的現實，而不同首都裡的人們，跟我一樣，大概都在猜測德國統一之後會做什麼。經過三場戰爭及百萬名犧牲者，這是個合理的問題。在同一個重要世紀裡，歐洲人又被迫思考歷史，思考一個大型德國在其中扮演過的角色，和即將能夠再扮演的角色。那時，我把我的想法整理如下：「但我們認識德國嗎？德國認識自己嗎？這個國家知道自己長大要做什麼嗎？」

現在，二十二年後呢？那個問題有令人滿意的答案嗎？有的，某些希臘人、義大利人、葡萄牙人會這麼說。但芬蘭人、波蘭人、捷克人又是怎麼想？

芬蘭與荷蘭的右翼民粹派領袖，確定知道這個新德國對他們的意義嗎？它會幫助或是妨礙他們的目標？更重要的是，德國人自己知道嗎？最近經常被提及的一個單字就是Steuerzahler，納稅人，這個原本就神秘的人物，的確應該以第一個字母大寫來示意，因為政治人物到目前為止端出來、以及未來的任何構想，都得由備受壓迫的納稅人負擔。這個詞彙在媒體之間迴響；沒有人認識這個納稅人，但大家都怕他。他真的明白歐洲一體化對德國而言意味著什麼嗎？他是否知道這代表了在可能範圍內，邪惡的過去可以因為健忘而被埋葬？也暗示了和平？那個納稅人是否知道，如果他不能完全領會那些崇高歐洲理想的價值，他可能是在損害自己的利益？到處充斥世界末日的場景，好讓人充分明白這些訊息。一次又一次的高峰會，關鍵時刻一再被延宕。金融防火牆何時才夠高？仍擔憂凡爾賽合約、也從沒忘記貨幣貶值的羞辱的納稅人，到哪一刻才會拒絕繼續建設那道牆？到時會發生什麼事？這是否只是一種高層次的撲克牌局，就算歐巴馬和拉加德（Lagarde）[13]有自己的盤算，蕭伯樂（Schäuble）[14]和梅克爾也清楚自己在做什麼嗎？德國的大師們對混亂無紀律的南方下嚴格的經濟勒令時，是否也該回頭看自己的軍團還有沒有跟在後面？《法蘭克福匯報》（二〇一二年三月二十八日）把南方稱為「歐元區非核心國」（die Europeriferie）；不是語言學家也感覺得到其中的蔑視。

過去三個月，我待在法國人用迷人口吻稱之為l'Allemagne profonde（德國深處）的地方，巴登—符騰堡（Baden-Württemberg）南邊森林裡一個與世隔絕的鄉村別墅。在德期間，我在慕尼黑及柏林各住了一個禮拜，每次一回到這片寧靜之中，就又讓我想到德國是由如此不同的國家所構成。不同的口音、節奏、個性。在寧靜中的住處，我比較能感受遙遠的騷動。有一度，歐洲風暴彷彿散去了，金錢在沉睡，春天降臨股市，那個掠食者看似收起了爪子，至少是暫時的，也許，之後可能會、也一定會找到一個解決方式，但沒有人敢確定。在國內，國界之內，大戲正在上演，讓納稅人暫時分心。有一度，德國以外那個變幻莫測、債台高築、且等著納稅人結清債務的世界，似乎不存在。過去十年間機會不均的情況越來越嚴重的大國，現在把焦點對內，目標是演出一場贖罪的盛大儀式，好向國界外的腐敗國家展示何謂操守。一位上任五百天，曾說出讓人意外但可喜的話（「伊斯蘭教是德國一部分」）的總統，因為某些理由而被迫消失，在別的國家，那些理由至多只會損害總統信譽，但媒體的獵巫針對這個男人，營造出舉國上下爆發一股道德憤慨的印象。顯然大家期待類似無玷始胎（immaculate conception）的神蹟，這位總統和他的年輕妻子無法提供。從談話性節目、專欄到社論，精心策劃的聖潔是武器，「集體對上單一」的偽善氣氛不斷重播，最終男人和妻子被逐出王宮。幾天前，他與前共產主義者的義大利總統，才一同在羅馬檢閱儀隊。貝盧斯柯尼剛剛從羅馬被逐出，被逐的理由比起來充分得多。

所以他是無辜的嗎？只有天才曉得，但也許他的行為不是百分之百正大光明。司法調查還沒有結論，但光是懷疑，就足以讓這個擔任無實權職位的男人失去權力。至少有一點讓我們看清楚：關於德國總統，重點不在於權力，而是別的，新任總統一定要做到。就是傳福音。就一位曾在前東德獨裁政權下堅守路德教派牧師身份的人，這應該是可以勝任的任務。然而，還是要看同一群政客在一年後是否對情況滿意。

這個即將決定歐洲命運，也會幫忙回答我在一九九一年提出的問題的納稅人，他是什麼模樣？這是一個謎；他是看不見的。現在，他正在罷工。工會要求百分之六點五，雇主提出百分之三點三。這不是什麼新聞。如果他得到的更多，就會貢獻更多稅收，但這也是正常狀態的一部分；和平時期的最大秘訣就是正常狀態，也就是和平不在場時，我們渴望的狀態。

當柏林圍牆倒塌，幾年後俄國從東德撤軍，看起來是歷史（History）。名詞在德文總是以大寫字母開頭，但我覺得這個歷史在其他語言也應該用大寫開頭，才能更強調我接下來的問題：為什麼現在的薪資談判感覺起來不像歷史？意思是它不是歷史嗎？難道它跟「真正的」歷史事件沒有同等重要性？

它對即將來臨的選舉不會有影響嗎？選舉結果可能產生新的聯盟，將如同現在的梅克爾一樣，決定歐洲的命運。又或者，正在與克莉絲蒂娜．拉加德跳複雜雙人舞的她，並沒有決定歐洲的命運，因為凡事無論做了或沒做，都具有無常的特徵。希臘的經濟崩盤，和已經造成影響的隨後混亂，這一切都是撲克牌局的一部分嗎？還是這只是一場等待的遊戲，在「迅速老化」的時間（之後將被稱為歷史）的水流上一種漂浮形式？過去，我們有馬克思主義或埃德蒙．伯克（Edmund Burke）保守主義的哲學思想可提供答案，但現在我們有的只是政治。

「歐洲不情願的歌利亞（Goliath）在隱藏其真正的力量」，《衛報》在三月十八日星期六這麼寫，同一個週六，《新蘇黎士報》（*Neue Zürcher Zeitung*）登出以下頭條：「Zahlmeister in Zugzwang」，出資人處於zugzwang（困境）。「Zahlmeister」這個字，暗藏了讓Steuerzahler（納稅人）很激動的同一個動詞：zahlen，付款，因為他或她就是得做這件事的人。如果你是生活在貧窮線以下、等於或僅僅高於貧窮線的絕大部分人口，要如何付款？而當窮困地方政府的收支無法平衡，也不能向國家求援，因為國家要把錢留在防火牆，地方政府該如何應對？

但根據二〇一二年三月二十一日的《法蘭克福匯報》，德國公民仍奉獻於歐洲的構想：百分之六十一的德國人相信，歐洲人儘管有各種問題，還是屬於一個整體，百分之五十七的人認為歐洲是「我們的未來」。

這種數字，不太可能出現在荷蘭的基爾特．威爾德斯（Geert Wilders）自由黨（P.V.V.）[15]的選民身上，在英國更不可能看到，也許正是如此，很多歐洲人覺得英國不屬於歐洲，因為英國在某方面而言，把生產東西這件事丟給德國人，自己則用煉金術把市場的泡沫變成黃金來過活。在最新一期的《文學》（*Lettre*）期刊，馬歇．恩納夫（Marcel Hénaff）把這些奉獻生命來煉金的術士稱為「世界末日的紈褲子弟」（dandies of the apocalypse）。

任何一個在過去五十年裡行遍歐洲三「大」國的人，不禁會發現，它們其實並不了解彼此。這當然不包括真正在旅行、閱讀外國報紙、會說不同語言的少數人，但在我目前居住的這部分的德國，當地人所作所為的「動力」，對大部分英國人來說一定很難懂，反之亦然。想要體會這點，只要去閱讀英國大眾媒體怎麼說法國人和德國人就知道了：古老的偏見，一再重複的傳統羞辱，刻意或佯裝的無知，打從根本對歐洲的高度厭惡，這個厭惡有部分出於英美間透明而想像出來的特殊關係，這個美國從大西洋探頭的頻率正越來越高。

法國呢？當**大國**的號角聲在競選演說時響起，那不只是一種煽動花招；號角聲之下是相同的恐懼，而且恐懼不只影響著法國。對於喪失主權的恐懼，其實也就是引發這次蔓延全歐之危機的原因。在關鍵時刻，沒有人願意屈服於一個打算把歐洲財政與金融統整起來的外來勢力之下。如果他們交出去給布魯塞爾[16]的不只表面上的權力，還包括國家財庫的實際控制權，那這些國家政治人物還算什麼？這類反應連在荷蘭這等小國也看得到；人們樂於討論這個議題，但不願意去想它會發生。假如我是那個耐心十足、統治十五億以上人口的中國領導人，正在打造一個稱霸的政策，我對於擁有大量老化人口、在可預見未來將無法自給自足的歐洲內部分裂，會有什麼感覺？當歐洲專注於歐洲，各國向內部看，而美國被遙遠失控的戰事拖垮，中國正在搜索土壤裡的原物料。

十八個月前，梅克爾總理去中國參訪，接著去了俄羅斯和哈薩克。我在電視上看到她與胡錦濤，然後看到她與梅德韋傑夫（Medvedev），以及她與石油大國哈薩克領導人。她結束這趟累人旅程的隔天，我便和多位德國作家及文學經紀人一同受邀至聯邦總理府，那棟大樓我像看海市蜃樓一樣遠遠看過，只進去過一次，那次是施洛德總理（Schröder）邀請一些東歐作者和評論家，想問我們不同國家對德國統一的態度如何。他知道我每年有部分時間住在西班牙，要我告訴他西班牙對歐洲中心忽然往東移有什麼反應。這一次是梅克爾，我發現她在累人的旅途之後看起來如此精神，還發現通常只在電視上看過的人，忽然站在咫尺內的感覺是多麼不同。天氣很好，我們先在露台閒聊，才入內用餐。從一開始就很清楚，今天的談話與政治無關。她想談經紀，談圖書統一定價，談增值稅、電子書、外國版權；簡言之，就是作家應該感興趣的事——除非他們感興趣的是自認為有機會從近處一窺權力中心。她做足功課，極度博識，像個學者也幾乎像文學工會成員，而且她不斷問問題。我坐在她的右邊，試著詢問她在中國過得如何，意思是我開始問她口譯的事，先天上不相容的語言因無法直接對話，而總是得透過不只一位口譯來回傳達，是什麼感覺。我記得她給的答案，當然，完全沒有透露對話內容；她說先有「喃喃」的中文，然後從背後通常看不見的地方傳來德文；一個聽不懂的嗡嗡聲忽然變成你自己的語言，而且傳達了政治事實，至少是政治訊息。梅克爾讓我印象深刻的是她的沉著，她堅持把話題留在文學主題，以學者角度專注在其他人的問題；簡言之，真正的專業。但問題還在：變換的政策是否伴隨深思熟慮的措施，抑或只是隨政治的天氣系統在漂移？

現在呢？再一次，我要離開德國。從我第一次離開到現在的二十年間，很多事情都變了。這個相對密度非常依賴遠近鄰國的國家，與另外九個國家為鄰。它既富有又強盛，而且因為有段紛擾、並且離現在越來越遙遠的過去，即使到現在也非常小心在執行政策，然而當所有人都在預測你的下一步，你在運用手上的權力時能有多小心呢？

在我目前身處的這部分德國，人們冷靜而謹慎。巴伐利亞、奧地利、瑞士都距離不遠。地方政府是綠黨執政，寧靜的風景和起伏的山丘也是綠色，有許多大農場。路邊有獻給聖母瑪利亞的十字架和小教堂，鄉下小酒館裡沉著鎮靜的男人，緩慢喝光大玻璃杯裝的啤酒。我偷聽他們用施瓦本方言講的對話；話題裡很少出現經濟危機。英國對這個地方了解多少？法國、西班牙等其他歐洲國家，對於這個即將扮演重要角色、決定他們命運的土地，又了解多少？歐洲問題是各國對彼此無知而造成的，欠缺語言能力讓情況更糟。

這篇是我四月十六日所寫。從那時之後，又重新洗牌：薩科齊將前往被遺忘的政治人物的煉獄，希臘政府已消散，荷蘭政府半死不活，法國有一位新的玩家加入牌局，每個人都在計算賠率。當歐洲等著看希臘能否把精靈放回瓶中，或是會在廣場上自殺，反歐洲人士正在磨刀。

很久以前，當我第一次說再會，我並不知道會發生什麼事，現在也還是不知道。偉大的撲克牌局在防火牆的兩邊繼續玩，有時在眾目睽睽下，有時秘密進行，歷史，隨著時間一起，快速又緩慢地老去。

二〇一二年四月十六日

註釋

1 Antonio Tabucchi（1943-2012），義大利作家及葡萄牙文學者。

2 荷蘭的日報。

3 José Manuel Durão Barroso（1956-），歐洲政治家，先後擔任過葡萄牙總理及歐盟委員會主席。

4 西班牙發行量最大的日紙。

5 Joachim Gauck（1940-），德國政治家，二〇一二年起擔任德國聯邦總統。

6 《倫達城的囚犯》（*Prizoner of Zenda*）為英國小說家安東尼・霍普（Anthony Hope）的探險小說，描述主角魯道夫到歐陸國家羅瑞塔尼亞（Ruruitania）參加新王加冕大典，卻因長相神似國王而捲入王位爭奪戰。

7 Silvio Berlusconi（1936-），義大利媒體大亨、前總理。

8 José Luis Rodríguez Zapatero（1960-），西班牙工人社會黨政治家，二〇〇四年及二〇〇八年兩度當選首相，二〇一一年去職。

9 George Papandreou（1952-），希臘政治家，二〇〇九至二〇一一年擔任希臘總理。

10 David Cameron（1966-），英國保守黨政治家，二〇一〇至二〇一六年擔任英國首相。

11 德國對法國的諷刺稱呼。

12 原註：Susan Massotty 譯（London: Picador, 2002）。

13 Christine Lagarde（1956-），法國律師及政治家，現任國際貨幣基金組織（International Monetary Fund，ＩＭＦ）總裁。

14 Wolfgang Schäuble（1942-），德國基督教民主聯盟黨政治家，二〇〇五年起擔任德國聯邦財政部長。

15 自由黨（Party for Freedom，荷語 Partij voor Vrijheid，簡稱ＰＶＶ）是成立於二〇〇六年的荷蘭右派民粹主義政黨。

16 布魯塞爾是歐盟主要行政機構所在地。

後記

在變動的政治情勢下寫書的人，就像在浮冰上寫作。書出版時，作者正慢慢漂離，他知道在別處的政治人物、評分機構、抗議活動、民粹派、撙節計劃和權謀政治操作正瘋狂地全速進行。他在他那塊浮冰上沉思，回憶的慢流讓他脫離了現實，他想起一九九三年的某一刻。當時，他受邀在慕尼黑愛樂廳朗讀一段關於歐洲的文字，在他背後的是里卡多・夏伊（Ricardo Chailly）[1]擔任指揮的皇家大會堂管弦樂團（Royal Concertgebouw Orchestra）[2]，朗讀之後，他們將演出《查拉圖斯特拉》[3]。他選擇了三則簡短的寓言形式。那是歐元出現前的時期，雛形已經有了，叫做埃居（Ecu）。二十年後來看，這些寓言似乎帶著一點憂傷以及（誰知道呢）預言的色彩。

在我居住的西班牙小島，每個村莊在夏天都有各自的守護聖人的節慶。年輕男女、村裡神父和侯爵騎著黑馬穿越村裡的街道。他們戴雙角帽、穿白褲，看起來像不同年代的人。這種節慶一定是源自古老的異教儀式，象徵與夏日告別，宣布冬天來臨，在這些島上，通常是漫長難捱的冬天。從前，到西班牙本土的船一個禮拜才開一次，一趟至少要四個小時。大多數居民一生沒有離開過島上；那種隔離的感覺還存在人們的性格，以及節慶的狂放不羈裡。馬跟隨激動人心的曲子行進，永遠是同一首曲子。村裡的年輕人和馬共同演出大膽的舞蹈，馬立起來用後腳走路，騎士得在馬落下時避開人類舞者。這樣的混亂持續三天，節慶最後以盛大煙火秀作結。人們從別的村莊過來，一場光彩與噪音的狂歡在天空中爆炸，足以把邪靈再趕走一年。

所有人都同意今年煙火秀沒有去年好看，他們認為是經濟危機和天氣的雙重因素，把危機看成一種自然現象。天氣仍然乾燥，但有一股強風，因此當煙火在夜空中寫下歐洲的星圈，十二顆星被強風吹散到空中各處，一如煙火的本性，它們短暫發光後就與夜的黑暗融合，氣候巧合成為一種修辭動作。

「歐洲完了。」我聽見後面的人說，簡短的一句話，感覺起來就是那幾顆正如灰燼落下的星星要說的，為了表達失望、恐懼、憤恨、無力、漠然、厭惡等伴隨神聖字眼「歐洲」的各種情緒，無論我們喜歡或不喜歡。

歐洲去哪裡了？它消失到哪裡去？是誰把它偷走了？

我來說說三則小寓言。它們不一定完全站得住腳——寓言都這樣——但簡明的寓言比權威性（ex cathedra）政治講座更適合傳達我想說的事，後者非我的風格，也不是我的領域。

在一間雅緻但有點破舊的大俱樂部，就像倫敦常見的那種，全歐洲的貨幣在這裡聚會。他們每天在俱樂部的一個小房間量體溫，量出來的結果貼在外面，讓股市、銀行、投機客看。不意外，雖然名字各異，他們全都是男性。我不知道你在心裡是否想像過馬克或荷蘭盾可能的模樣，但比起德拉克馬（Drachma）[4]、埃斯庫多（Escudo）[5]或第納爾（Dinar）[6]，更別說列伊（Leu）[7]或茲拉第（Zloty）[8]了，這兩個看起來富裕、健康到讓人受不了。

「那兩個傢伙只是愛炫耀。」英鎊對法郎說，法郎其實一直想吸引馬克的注意。法郎沒回答但站了起來，因為他看見盧布朝他走過來。

「我總是說不會有結果。」英鎊碎碎念，但聽到這句話的荷蘭盾回答：「你可是盡你所能在確保沒結果啊！」

比塞塔（Peseta）[9]也不怎麼開心。「一開始他們說我們可以加入，」他對里拉（Lira）[10]

說：「現在忽然間我們又不夠好了。努力了這麼多年，他們說的每個字你都相信，結果忽然又跟你說你的存款不夠，好好表現的話，過幾年後可以再來。」

「還不都是優先權。」里拉低聲嘀咕，他一邊迴避阿爾巴尼亞列克（Albanian Lek）[11]，一邊在想一些聰明的話要跟馬克說。

就在這時，門打開來，一個穿運動服的年輕人跑進來。

「哦，天啊，不會吧，」英鎊對瑞士法郎嘆氣：「現在得跟那個新來的、那個暴發戶擠在這裡？」

埃居——就是他——看起來好像沒聽到這句評論，因為他在英鎊肩膀上重重拍了響亮的一記，大聲說：「怎麼樣，老小子，最近好嗎？好一點了？柴契爾夫人她好嗎？」然後直接走到馬克和荷蘭盾面前，兩人似乎在等他。

「我跟你們兩個說句話好嗎？」埃居說：「我剛跟美元和日元在麥當勞碰面，他們說……」

其他人沒聽到接下來的，因為這時福林（Forint）[12]忽然鼓起勇氣走過去拍拍埃居的肩膀。「你有空嗎？」他問。埃居看看馬克，再看看他的錶，說：「抱歉老兄，現在沒空。你留話給我的秘書吧。」

大約同時，在維也納軍械庫，軍事歷史博物館所在地，上了年紀的歐洲戰役正在舉辦年度聚會。大家都在場，從溫泉關戰役（Battle of Thermopylae）[13]到勒班陀戰役（Lepanto）[14]、萊登解放（Relief of Leiden）[15]到索姆河戰役（Battle of the Somme）[16]、史達林格勒戰役到突出部之役都在場。氣氛愉快。男士們——戰役也是男性——正在鑽研前南斯拉夫的地圖，忙著把不同顏色的旗子移過來移過去。

「我就跟你說過，」卡西諾戰役（Monte Cassino）[17]跟奧斯特里茨戰役（Austerlitz）[18]說：「歐洲還是歐洲，要是放手讓那群人自己做主，歐洲會維持原樣很長一段時間。」

「但瘋狂的是，」滑鐵盧對阿納姆戰役（Arnhem）[19]說：「怎麼又是塞拉耶佛。你也沒預料到吧？你看看他們在策劃的地圖。貝爾福（Balfour）和巴勒斯坦[20]還差得遠呢！」

「這種事的確需要英國人。」特拉法加海戰（Trafalgar）[21]驕傲地說。

「可別忘了德國人，」凡爾登戰役（Verdun）[22]說：「要不是他們那麼快承認克羅埃西亞，它也不會成為一片廢墟！」

「他們以為自己準備好了，」特洛伊戰爭（Troy）對黑斯廷斯戰役說（Hastings）[23]：「每次都是同樣的錯誤：沒有把人為因素考慮進去。」

「完全沒錯。」普瓦捷戰役（Poitiers）[24]和薩貢托戰役（Saguntum）[25]都同意。「少的就是歷史覺醒。如果人們妄想不靠記憶而活，最終一定會落到跟我們一起。好了，誰要再來杯波特酒[26]？」

大約五十年前，有一位住在法國的年輕作曲家，某天晚上夢見有人要他為新歐洲譜寫一首頌歌。他感受到的快樂只有夢裡才得見，就像我們只有在夢裡才會飛。於是他飛了起來，翱翔在芬蘭的白雪平原，塔特拉山脈（Tatra Mountains）的高聳山峰，沿著挪威的峽灣，再飛過荷蘭的平坦鄉間。他凝視迷人的翁布里亞（Umbria）和威尼斯的潟湖，俯衝到古羅馬廣場和雅典衛城，沿著克里姆林宮的紅色圍牆飛行，再順著塔古斯河飛過西班牙和葡萄牙。他飛的時候聽見了他的歌曲，他不用歌詞唱著，在夢的清晰度裡，他知道他的作品會消除一切差異，他的旋律不會失掉偉大的過去，也不會失掉悲痛，而是包含了創造與戰役、包含蘇格拉底的字句及奧維德（Ovid）的詩、盧梭的著作和馬勒的歌曲、包含了《夜巡者》的畫家及萊比錫的風琴手、伊拉斯謨斯的圖書室及歌德的回憶。修道院和大教堂會出現在他的頌歌裡，還有維滕貝格（Wittenberg）的鍾擊聲[27]、阿姆斯特丹的猶太教堂和通往聖地亞哥的朝聖之路、異教徒的焚燒和獨裁者刺耳的笑聲、羅密歐的呢喃和桑丘．潘薩（Sancho Panza）[28]的智慧、克呂尼（Cluny）的聖歌和塞維亞（Seville）的吉他，看似無盡過去的天堂與地獄，其潛在的主題，就由曾經發生在這塊大陸的百萬個對話、來自天涯海角的語言起伏所構成，永遠被遺忘也永遠被記住的散落字句、兵營裡的悲歌、解放的狂喜、審判的鞭子，還有鄉間小路上寂寞的流浪漢之歌。他聽著各別的聲音，在夢裡唱出所有聲音的組合，他寫下要讓樂器演奏的音符；到時會有三十一件樂器，歐陸上的每個國家一件，因為他沒時間寫政治的十二音律。

頌歌首演的那天到了。他緩慢而無聲地走到譜架前，看著管弦樂隊成員，舉起指揮棒。他下了第一個音符的指示。接下來發生的事肯定讓他在夢裡尖聲驚叫。淒慘而不和諧的雜音，只演奏了幾小節便嘎然而止……在夢無法動搖的邏輯下，他明白了發生什麼事。樂手們沒有演奏新的曲子，而是全體奏起自己的國歌：《德意志之歌》（*Deutschland über Alles*）混合《馬賽曲》（*La Marseillaise*），《天佑女王》（*God Save the Queen*）和《布拉班人之歌》

（*La Brabançonne*）混在一起——以上再乘以三十一。

我說過，寓言很單純；它們不表達事實，而是一種感覺。我們夢想已久的歐洲在哪裡？它去哪裡了？誰把它偷走了？是塞爾維亞人？是投機客？是投「不」的丹麥人？是法國農夫？波蘭煉鋼工人？西班牙漁民？只會說空話的無能政客？是塞拉耶佛之死？是少數族群？新法西斯主義者？東德失業人口？德國央行（Bundesbank）？英國的歐洲懷疑主義人士？歐洲現在在哪裡？在布魯塞爾還是倫敦？在雅典還是科索沃？如果它還存在某個地方，我們希望能拿回來，不是市場和圍牆的歐洲，而是屬於歐洲國家——所有歐洲國家——的歐洲。

德國哲學家赫爾穆特．普萊斯納（Helmuth Plessner）曾寫過一本書叫《遲來的國家》（*Die verspätete Nation*）。那是一九三〇年代，當時沒有人聽信他的話。在「遲來」變成「永遠不來」之前，一定要把歐洲還給我們。

註釋

1 義大利指揮家。

2 世界知名的荷蘭交響樂團，原名阿姆斯特丹音樂廳管弦樂團，一九八八年樂團成立，一百週年時，獲荷蘭女王御准改用現名。

3 《查拉圖斯特拉如是說》（*Also Sprach Zarathustra*）原為尼采所著的哲學小說，理查·史特勞斯於一八九六年改編為同名交響詩。

4 舊時希臘貨幣，曾用在不同時期。

5 舊時在葡萄牙、西班牙及其殖民地使用過的貨幣。

6 在波士尼亞與赫塞哥維納、克羅埃西亞使用過的舊貨幣。

7 羅馬尼亞現行貨幣。

8 波蘭現行貨幣。

9 舊西班牙貨幣。

10 舊義大利貨幣。

11 阿爾巴尼亞現行貨幣。

12 匈牙利現行貨幣。

13 第二次波希戰爭的一場重要戰役，時間為西元前四八〇年，結果波斯勝利。

14 歐洲基督教國家聯合海軍與鄂圖曼帝國海軍在希臘勒班陀近海之戰役，時間為一五七一年，鄂圖曼帝國戰敗，從此失去在地中海的海上霸權。

15 八十年戰爭（又稱荷蘭獨立戰爭）時期，西班牙軍隊圍攻荷蘭城市萊登未果，萊登在一五七四年十月解放。

16 索姆河戰役是一次世界大戰最慘烈一次會戰，傷亡人數超過百萬人，時間為一九一六年七月一日到十一月十八日，人類歷史上第一次運用坦克在實戰中。

17 二次大戰期間，盟軍為突破冬季防線及攻佔羅馬而發動一系列共四場戰役。

18 拿破崙戰爭中的著名戰役，在拿破崙指揮下，法軍擊敗俄奧聯軍，第三次反法同盟隨之瓦解，並導致奧地利皇帝於次年被迫取消神聖羅馬帝國皇帝的封號。

19 二次大戰期間盟軍與納粹德軍在荷蘭阿納姆市及周圍的一場戰役。

20 這裡指的可能是英國外務大臣亞瑟·貝爾福（Arthur Balfour）在一九一七年致英國猶太人領袖羅斯柴爾德的一封信，史稱《貝爾福宣言》，其中正式宣布英國內閣在同年十月通過的決議，支持錫安主義者在巴勒斯坦建立猶太人「民族之家」，條件是不傷害已住在當地民族之權益。但急劇增加的猶太移民開始排擠當地阿拉伯人，以巴衝突至今仍持續中。

21 拿破崙統治的法國與英軍為首的反法聯盟在西班牙特拉法海角發生的海戰，法國海軍在此役戰敗，拿破崙被迫放棄進攻英國本土的計畫，時間為一八〇五年。

22 凡爾登戰役發生於一七九二年，為法國革命軍與普魯士軍隊之間的衝突，普魯士獲勝。

23 發生於一〇六六年，諾曼第公國與威塞克斯王國之間的戰役，是歷史上最後一次對英國成功的軍事入侵。

24 也稱圖爾戰役（Battle of Tours），發生於七三二年，二十世紀前的歷史學家把這場戰役視為基督教與伊斯蘭教鬥爭的關鍵，基督教往後在歐洲保存了領導地位。

25 發生於一八一一年，為半島戰爭的一場戰役，拿破崙法軍擊敗西班牙軍隊。

26 英文單字 Port 有「波特酒」或是「港口」的意思，因此這句話的雙關語就是：「誰要再來一個港口？」

27 一五一七年十月三十一日，馬丁·路德在維滕貝格把他的「九十五條論綱」釘在教堂大門上，後引發宗教改革運動。

28 虛構人物，《唐吉訶德》小說中主角的侍者。

第一部之後記

一九八九年初到一九九〇年六月，除了夏天幾個月我照舊在西班牙度過，其餘時間我都住在柏林，邀請我的是德國學術交流資訊中心。那段期間的文章，從開始的平靜到後期充滿重大事件，分別刊在*Elsevier*[1]（第一到第九章）、《人民報》（第十到第十五章）。

一九九〇年五月底我離開柏林，因此書就頗為武斷地中止了。之後，我持續觀察德國和柏林發生的事，然而是從遠處。執筆的此刻，是一九九〇年八月底。回顧過去，有些事或許可以有不同說法，但我不覺得我應該介入當時的描述。而且，我多半還是同意自己的看法，任何不正確的地方都是書的一部分。每篇文章之前的日期為刊出的日期。

首先，我要感謝芭芭拉．里克特（Barbara Richter）及德國學術交流資訊中心的約阿希姆．薩托魯斯博士（Dr. Joachim Sartorius），還有我住在柏林時該機構裡幫助過我的員工。我還要感謝W．L．布格斯瑪，謝謝當年的第一次；感謝阿曼多（Armando）和湯尼（Tony）的友誼，讓我看到柏林各個時地的秘密；謝謝呂迪格爾．薩弗蘭斯基（Rüdiger

Safranski）、羅蘭・威根斯坦（Roland Wiegenstein）、阿諾・威德曼（Arno Widmann）為我回答不可能的問題；感謝艾伯格・亞可布斯（Egbert Jacobs），我國在東德最後一任大使；感謝蘿絲瑪莉・史提爾（Rosemarie Still），她常面對巨大壓力，把文章從荷文翻到德文的速度，比我寫作的速度還快；最後感謝與我分享這段冒險的西蒙娜・薩森（Simone Sassen）。少了她的照片，這本書會不同；少了她的陪伴，這一年也會不同。

C・N

孔塞利，聖路易斯（Es Consell, Sant Lluís）

一九九九年九月二十八日

註釋

1 荷蘭的新聞週刊。

詞彙表（含傳記及註解）

康拉德·阿登納（Adenauer, Konrad, 1876-1967）

德意志聯邦共和國（西德）第一任總理。阿登納的民主資歷十分優秀，一九一七年至一九三三年擔任科隆市長，直到被納粹拉下台。身為中間偏右的德國基督教民主聯盟（Christian Democratic Union party, C.D.U.）主席，阿登納連任總理十四年，直到八十七歲。

狄奧多·阿多諾（Adorno, Theodor, 1903-69）

法蘭克福學派之主要人物，另一位是華特·班雅明（Walter Benjamin）。

安德列亞斯·巴德（Baader, Andreas, 1943-77）

紅軍派（Rote Armee Fraktion，英文 Red Army Faction，R.A.F.）主要成員。紅軍派（通稱為巴德—梅茵霍夫幫）是好戰左翼組織，一九七〇年代活躍於西德，犯下數起重大爆炸案和暗殺。巴德在一九七二年被捕，五年後死在牢裡，官方結論是舉槍自殺。

埃貢・巴爾（Bahr, Egon, 1922-）

西德德國社會民主黨（S.P.D.）政治人物，在維利・勃蘭特（Willy Brandt）任總理期間，與其他人共同創立了東進政策（Ostpolitik），目標是讓聯邦共國與東方集團國家之間關係正常化，特別是與蘇聯和東德。

烏維・巴舍爾（Barschel, Uwe, 1944-87）

西德基督教民主聯盟（C.D.U.）政治人物，石勒蘇益格—荷爾斯泰因（Schleswig-Holstein）州長（譯按：德國十六個州最北的一個，北鄰丹麥，南接德國漢堡市），發生內務政治醜聞辭職下台，幾個禮拜後陳屍在日內瓦的浴缸裡。後續調查無法證明為自殺或他殺。

戈特弗里德・貝恩（Benn, Gottfried, 1886-1956）

德國作家，剛開始曾支持國家社會主義（譯按：即納粹主義），但很快便不再認同。

奧托・馮・俾斯麥（Bismarck, Otto von, 1815-98）

十九世紀普魯士政治家，德意志帝國第一任總理，最為人所知的貢獻是在普法戰爭勝利之後促成德國統一（一八七〇至七一年間）。

伊普拉罕・波姆（Böhme, Ibrahim, 1944-99）

一九八九年共同建立東德社會民主黨（Social Democratic Party），成為第一任主席，但幾個月後被指控曾為國家安全部（Stasi）之線人而辭職下台。

彼得・科內里斯・布登斯（Boutens, Pieter Cornelis, 1870-1943）

荷蘭詩人及西洋古典學家。

維利・勃蘭特（Brandt, Willy, 1913-92）

西德社會民主黨政治人物，柏林市長，一九六九年到一九七四年擔任總理，勃蘭特致力於改善與東德及其他東方集團國家的關係（即東進政策）。一九七二年，他的努力帶來兩德基礎條約（Basic Treaty），兩邊第一次承認對方主權。

沃克・柏朗（Braun, Volker, 1939-）

東德作家，在柏林圍牆倒塌後鼓吹獨立的「第三路線」。

布魯格斯瑪・W・L・（W. L. Brugsma, 1922-1997）

荷蘭記者，《歐羅巴，歐羅巴》（*Europa, Europa*）作者；二次大戰抵抗軍成員，集中營倖存者。之後在剛果及阿爾及利亞擔任戰地記者。

君特・德布蘭（de Bruyn, Günter, 1926-）

在一九八九年拒絕接受東德文學獎的作家，批評東德政府「死板、不容許並拒絕政治辯論」。

雨果．克勞斯（Claus, Hugo, 1929-2008）

法蘭德斯重要的詩人、小說家、劇作家（超過四十齣作品）、電影導演、藝術家、莎士比亞作品荷文翻譯家。小說代表作包括《驚愕》（*De verwondering*）、《比利時的哀愁》（*Het verdriet van België*）。

卡爾．馮．克勞塞維茨（Clausewitz, Carl von, 1780-1831）

普魯士軍人，重要的軍事理論家。

弗里德里希．艾伯特（Ebert, Friedrich, 1871-1925）

社會民主黨政治家，威瑪共和國國父之一，德國第一任總統。

路德維希．艾哈德（Erhard, Ludwig, 1897-1977）

西德基督教民主聯盟政治家，阿登納總理期間任經濟部長（一九四九至六三年），一九六三至一九六六年擔任西德總理。艾哈德對於戰後西德的經濟復甦（通稱「經濟奇蹟」）扮演重要角色。

約翰・戈特利布・費希特（Fichte, Johann Gottlieb, 1762-1814）
哲學家，和黑格爾（Hegel，見下）同為德國理想主義重要人物。

夏爾・戴高樂（de Gaulle, Charles, 1890-1970）
戴高樂與阿登納的良好關係促成法國與（西）德恢復友好，兩國最終在一九六三年簽訂愛麗舍條約（或稱德法友好條約，Élysée Treaty）。

漢斯・迪特里希・根舍（Genscher, Hans-Dietrich, 1927-）
西德自由民主黨（F.D.P.）政治家、外交部長，一九七四至一九九二年擔任副總理，以致力於終結冷戰及促進兩德統一最為人所知。

漢斯・格羅布克（Globke, Hans, 1898-1973）
阿登納總理之國安顧問，二次大戰前從事納粹活動，使他終身為爭議性人物。

維爾托德・貢布羅維奇（Gombrowicz, Witold, 1904-69）
二十世紀最重要的波蘭作家之一。

戈巴契夫（Gorbachev, Mikhail, 1931-）
蘇聯政治家，他的改革政策對於中歐及東歐地區共產主義德垮台起了重大作用。一九八九年十月及十一月，東德政權無力阻擋人民革命的氣勢，他拒絕任何的蘇聯介入，並堅持統一是兩德之間的事。他與東德領袖昂納克（Eric Honecker）關係緊張，認為後者過於執拗。

奧托．格羅提渥（Grotewohl, Otto, 1894-64）

東德首相，任期從一九四九年一直到他過世，活躍於兩次世界大戰之間的政治舞台，隸屬德國社會民主黨（S.P.D.）。

葛雷格．吉西（Gysi, Gregor, 1948-）

德國律師、政治家，在共產東德晚期扮演顯著角色，監督德國統一社會黨（S.E.D.）轉型為民主社會主義黨（P.D.S.）。

尤爾根．哈伯瑪斯（Habermas, Jürgen, 1929-）

世界知名哲學家、批判理論家，德國最主要的左翼思想代言人。

約翰．格奧爾格．哈曼（Hamann, Johann Georg, 1730-88）

德國作家、哲學家，狂飆突進運動（Sturm und Drang）代表。

黑格爾（Hegel, Georg Wilhelm Friedrich, 1770-1831）

重要哲學家，德國理想主義主要代表。

馬丁・海德格（Heidegger, Martin, 1889-1976）

德國哲學家，重點關注為本體論（Ontology），或存在論，但對哲學的不同領域也有重要貢獻。海德格早期對納粹主義同情導致他為爭議性的角色。

克里斯多夫・海恩（Hein, Christoph, 1944-）

德國作家、翻譯家，也是一九八九年事件及後續統一過程的重要評論家。

赫爾德（Herder, Johann Gottfried, 1744-1803）

德國作家、哲學家，啟蒙運動關鍵思想家之一。

威廉・弗瑞德列克・赫曼斯（Hermans, Willem Frederik, 1921-95）

荷蘭作家，著有《達摩克利斯之暗室》（*De donkere kamer van Damokles*）、《睡眠之外》（*Nooit meer slapen*）。

史蒂芬・海穆（Heym, Stefan, 1913-2001）

猶太裔德國作家，一九三三年離開納粹政權德國，一九五三年回到東德，多次與當局發生衝突。

沃夫岡・希爾特斯海姆（Hildesheimer, Wolfgang, 1916-91）

德國作家，主要以劇作聞名。

拉夫．賀許（Hirsch, Ralf, 1960-）

東德民權社運人士，一九八八年被捕並逐出東德。

埃里希．昂納克（Honecker, Erich, 1912-94）

一九七一至一九八九年擔任東德首相，直到被所屬的社會統一黨（S.E.D.）罷職。在他的統治下，東德人民物質生活改善，但是政治上不容許任何異議份子；期間大約有一百二十五人因企圖逃至西德而被殺。昂內科抗拒戈巴契夫的改革主義，頑固的政治觀點，最終讓他在國內興起的抗議運動下失勢。他因病重逃過濫權起訴，獲准移民智利，在當地逝世。

艾迪．胡尼克（Eddy Hoornik, 1910-1970）

荷蘭詩人、記者；集中營倖存者。

華特．楊卡（Janka, Walter, 1919-94）

東德出版商，被控參與反革命陰謀而被判刑五年。三年半之後在國際抗議下獲釋，恢復正常生活。

沃依切赫・雅魯澤爾斯基（Jaruzelski, Wojciech, 1923-）

波蘭將領，波蘭最後的共產主義領導人（一九八一至八九年）。

恩斯特・榮格（Jünger, Ernst, 1895-1998）

德國作家，名作《鋼鐵風暴》（*Storm of Steel*）記錄他在一次世界大戰的經驗。

安森・基佛（Kiefer, Anselm, 1945-）

畫家、雕刻家，二次世界大戰後最成功也最出名的德國藝術家。

莎拉・基爾施（Kirsch, Sarah, 1935-）

德國作家，一九七七年時她抗議另一位作家遭到流放而被社會統一黨（S.E.D.）開除黨籍，最後從東德搬到西德。

赫爾穆特・科爾（Kohl, Helmut, 1930-）

出身萊茵地區（Rhineland）基督教民主聯盟政治家，曾任西德總理，一九八二至一九九八年間為統一後的德國總理。一九八九年十一月為德國統一提出「十點計畫」，設想兩國政治的漸進融合，結果統一的過程比預期的還快。科爾也是催生歐盟的關鍵角色。

海加・克尼格斯多夫（Königsdorf, Helga, 1938-2014）

作家、數學家，職業生涯從東德時期便開始，著作《再見東德》（*Adieu D.D.R.*）記錄東德尾聲。

赫魯雪夫（Khrushchev, Nikita, 1894-1971）

一九五三年史達林過世之後，赫魯雪夫在蘇聯權力鬥爭下勝出，成為黨領導人。他花了幾年時間鞏固自己的職位，掌權到一九六四年。赫魯雪夫雖參與史達林在一九三〇年代的清算，但他譴責前任領導人，並引進「去史達林化」的改革政策。他試著就柏林的狀況與西方盟國達成協議，但未能如願。

埃貢．克倫茨（Krenz, Egon, 1937-）

克倫茨從一九八四年起擔任昂納克的副手，之後取代昂納克成為東德最後一位共產黨領導人，在任不到三個月，之後被控殺害四名試圖翻過柏林圍牆的東德人，入獄將近四年。

君特．庫納特（Kunert, Günter, 1929-）

作家，跟莎拉．基爾特一樣，他也因抗議作家沃夫．畢爾曼（Wolf Bierman）被放逐而在一九七九年離開東德，後被社會統一黨（S.E.D.）開除黨籍。

奧斯卡．拉方丹（Lafontaine, Oskar, 1943-）

社會民主黨政治家，經濟部長（一九九〇至九九年）。

楊・漢垂克・李奧波德（Leopold, Jan Hendrik, 1865-1925）

荷蘭詩人及西洋古典學家。

卡爾・李卜克內西（Liebknecht, Karl, 1871-1925）

革命人士，德國共產黨（K.P.D.）共同創辦人。一九一一年斯巴達克斯起義（Spartacist Uprising）之後，被右翼自由軍團（Freikorps）殺害。

羅莎・盧森堡（Luxemburg, Rosa, 1871-1919）

與卡爾・李卜克內西共同創立德國共產黨，也在斯巴達克斯起義之後遇害。

戈洛・曼（Mann, Golo, 1909-94）

德國作家、歷史學家，小說家托瑪斯・曼之子。他支持維利・勃蘭特與東德恢復友好，但對兩德統一持模糊態度。

克勞斯・曼（Mann, Klaus, 1906-49）

德國作家，托瑪斯・曼之子。希特勒掌權之後，他離開德國，大力批判納粹政權。

莫妮卡・瑪儂（Maron, Monika, 1941-）

作家，與身為政治人物的繼父於一九五一年一起搬到東德。

烏爾麗克·梅茵霍夫（Meinhof, Ulrike, 1934-76）

與安德列亞斯·巴德（見上）同為紅軍派主要成員，一九七二年以包括謀殺在內多條罪名被捕，一九七六年在獄中上吊自殺。

埃里希·梅爾克（Mielke, Erich, 1907-2000）

東德政治家，一九五七至一九八九年擔任國家安全部部長。兩德統一後，他以一九三一年在柏林謀殺兩名警察被起訴，服刑不到兩年。

君特·米塔格（Mittag, Günter, 1926-94）

東德政治家，政治局成員，是主管東德計劃經濟的關鍵人物。

漢斯·莫德羅（Modrow, Hans, 1928-）

克倫茨在一九八九年的短暫任期之後，莫德羅是東德的實際領導人，掌權到一九九〇年三月大選後為止。

赫爾穆特·卡爾·毛奇（Moltke, Helmuth von, 1800-91）

擔任普魯斯軍隊參謀長三十多年，策劃並帶領軍隊打敗奧地利（一八六六）及法國

（一八七〇），為德國統一鋪路。

維亞切斯拉夫·莫洛托夫（Molotov, Vyacheslav, 1890-1986）

蘇聯政治家、外交家，他與納粹德國在一九三九年簽訂蘇德互不侵犯條約，也稱莫洛托夫—里賓特洛普條約（Molotov–Ribbentrob）。

哈里·穆里施（Mulisch, Harry, 1927-2010）

荷蘭重要作家，著名小說為《發現天堂》（*De ontdekking van de helmel*）及《攻擊》（*De Aanslag*）。

格哈德·穆勒（Müller, Gerhard, 1928-）

東德政治家，德國統一社會黨中央委員會成員。

海納·穆勒（Müller, Heiner, 1929-1995）

東德作家、劇作家。

古斯塔夫·諾斯克（Noske, Gustav, 1868-1946）

社會民主黨政治家、外交部長（一九一九至一九二〇年），最出名事蹟是鎮壓了大戰後緊接發生的德國革命起義。

本諾·歐內索格（Ohnesorg, Benno, 1940-67）

學生，在西柏林抗議伊朗沙王訪問時被警察射殺。他的死是激化西德左翼的事件之一。

威廉·皮克（Pieck, Wilhelm, 1876-1960）

德意志民主共和國（東德）第一任總統，該職位在他死後廢止。

約阿希姆·馮·里賓特洛普（von Ribbentrop, Joachim, 1893-1946）

原為香檳業務員，後成為納粹政治家，一九三八年任外交部長，一年後共同簽署蘇德互不侵犯條約（Nazi–Soviet non-aggression pact）。戰後在紐倫堡國際軍事法庭被判絞刑。

安東尼奧·德奧利維拉·薩拉查（Salazar, António de Oliveira, 1889-1970）

一九三二至一九六八年任葡萄牙總理，領導一個採干涉主義經濟政策的右翼極權政體。

夏克·哥羅德考斯基（Schalk-Golodkowski, 1932-）

東德政治家，他成立的外貿部主要負責獲得外幣現金。

菲利浦·謝德曼（Scheidemann, Philipp, 1865-1939）

社會民主黨政治家，威瑪共和國第二任總理。

卡爾·弗里德里希·申克爾（Schinkel, Karl Friedrich, 1781-1841）

普魯士建築師，主要風格為新古典主義，柏林市內及周圍皆有他的名作。

赫爾穆特・施密特（Schmidt, Helmut, 1918-）

西德總理（一九七四至八二年），國際上深受尊重的政治家。

沃夫岡・史努爾（Schnur, Wolfgang, 1944-）

德國律師，為多名東德異議份子辯護，他在一九八九至九〇年革命時期成為政治家。

漢斯・朔爾（Scholl, Hans, 1918-43）

與兄弟姊妹共同成立非暴力的反納粹白玫瑰組織（die Weisse Rose），散發傳單時被捕，一九四三年二月被送上斷頭台。

佩爾・施泰因布呂克（Steinbrück, Peer, 1947-）

德國社會民主黨政治家，總理梅克爾任內的財政部長（二〇〇五至〇九年）。

維利・斯多夫（Stoph, Willi, 1914-99）

東德政治領導人物，同時擔任國家元首及首相。一九八九年十二月以貪腐罪被捕，因疾病免於坐牢。

恩斯特・托勒爾（Toller, Ernst, 1893-1939）

左翼劇作家，是短命不到一個月的巴伐利亞蘇維埃共和國重要人物。一九三九年因憂鬱症自殺身亡。

瓦特·烏布里希特（Ulbricht, Walter, 1893-1973）

兩次大戰期間德國共產黨（K.P.D.）重要角色，信奉史達林主義，戰後在東德竄升為黨領導人，在位一直到一九七一年。

賽門·維斯戴克（Vestdijk, Simon, 1898-1971）

荷蘭小說家、散文家，著有《星星下的阿克泰翁》（*Aktaion onder de Sterren*）、《傷殘阿波羅》（*De verminkte Apollo*）。

里夏德·馮·魏茨澤克（Weizsäcker, Richard von, 1920-2015）

西德基督教民主聯盟黨（C.D.U.）主席（一九八四至九〇年），德國統一後繼任到一九九四年。

威廉一世（Wilhelm I, 1797-1888）

普魯士國王，與總理俾斯麥協力促成德國統一。一八七一至一八八八年為德意志帝國皇帝。

威廉二世（Wilhelm II, 1859-1941）

維多利亞皇后之孫，德意志帝國皇帝（一八八八至一九一八年），第一次世界大戰後被迫退位。

克莉絲塔·沃爾夫（Wolf, Christa, 1929-2011）

德國作家，居住在東德，在國內的名聲是「忠實的異議份子」。柏林圍牆倒塌後，她反對往統一發展，招致許多批評。

馬庫斯·沃爾夫（Wolf, Markus, 1923-2006）

東德外國情報局的共同創辦人及局長。

基督教民主黨聯盟（C.D.U. / CHRISTLICH DEMOKRATISCHE UNION–CHRISTIAN DEMOCRATS / DEMOCRATIC UNION）

一九四五年成立的保守政黨，以基督教民主為原則，是主要的政治合作夥伴，西德成立前二十年的總理皆屬基督教民主聯盟，一九八二年在赫爾穆特·科爾領導下再次掌權，目前與自由民主黨共同執政。

自由德國青年團（F.D.J. / FREIE DEUTSCHE JUGEND–FREE GERMAN YOUTH）

東德正式的青年運動，鼓吹共產主義思想，為年輕人安排休閒活動及假期。

民主社會主義黨（P.D.S. / PARTEI DES DEMOKRATISCHEN SOZIALISMUS–PARTY OF DEMOCRATIC SOCIALISM）

前身為統一社會黨（S.E.D.），二〇〇七年與西德政黨合併組成左翼黨（Die Linke / The Left）。

共和黨（REPUBLIKANER）

一九八三年成立於慕尼黑的右翼政黨，黨綱為反歐盟及反移民。在德國國會不曾取得席次，但一九八九年於歐洲議會奪得七席。從那一次的選舉高點後支持度一路下滑。

德國統一社會黨（S.E.D. / SOZIALISTISCHE EINHEITSPARTEI DEUTSCHLANDS–SOCIALIST UNITY PARTY OF GERMANY）

東德執政黨。德國統一社會黨是一九四六年共產黨與蘇聯佔領區的社會民主黨強迫合併的產物，一九八九年革命後失去領導地位，改頭換面為民主社會主義黨（P.D.S./Party of Democratic Socialists）。

德國社會民主黨（S.P.D. / SOZIALDEMOKRATISCHE PARTEI DEUTSCHLANDS – SOCIAL

DEMOCRATIC PARTY）

十九世紀末葉即開始活躍，威瑪時期曾短暫參政，一九三三年被希特勒禁止後走入地下，二次世界大戰後再浮出。一九六六年到一九八二年在西德為聯盟夥伴的角色，一九九八年至二〇〇五年在格哈特·施羅德領導下與綠黨共同執政。

西德（B.R.D. / BUNDESREPUBLIK DEUTSCHLAND）

德意志聯邦共和國，通稱西德。一九四九年五月在英、美、法佔領區成立。行政首府為波恩（Bonn）。理論上而言聯邦共和國還在，因為兩德重新統一後東德解體，其組成（Länder，國土）於一九九〇年十月由西德接收。

東德（D.D.R. / DEUTSCHE DEMOKRATISCHE REPUBLIK）

德意志民主共和國，通稱東德。一九四九年十月在蘇聯佔領區成立，在之前，英、美、法佔領區已於一九四九年五月合併為西德。東德的行政首府為東柏林。一九九〇年十月兩德統一後，東德解體。

國家圖書館出版品預行編目（CIP）資料

邁向柏林之路：德國土地與歷史的迂迴與謎團 / 賽斯．諾特博姆（Cees Nooteboom）著；李佳純譯 . -- 初版 . -- 臺北市：蔚藍文化，2016.11

面；　公分

譯自：Roads to Berlin: Detours & Riddles in the Lands & History of Germany

ISBN 978-986-92050-9-2（平裝）

1. 旅遊 2. 報導文學 3. 德國柏林

743.719　　105020209

邁向柏林之路：
德國土地與歷史的迂迴與謎團
Roads to Berlin: Detours & Riddles in the Lands & History of Germany

作　　者／賽斯．諾特博姆（Cees Nooteboom）
攝　　影／西蒙娜．薩森（Simone Sassen）
譯　　者／李佳純
社　　長／林宜澐
總 編 輯／廖志墭
編　　輯／林月先
封面設計／三人制創
內文排版／藍天圖物宣字社
出　　版／蔚藍文化出版股份有限公司
地址：10667臺北市大安區復興南路二段237號13樓
電話：02-7710-7864　傳真：02-7710-7868
信箱：azurebooks237@gmail.com
總 經 銷／大和書報圖書股份有限公司
地址：24890新北市新莊市五工五路2號
電話：02-8990-2588
法律顧問／眾律國際法律事務所　著作權律師／范國華律師
電話：02-2759-5585　網站：www.zoomlaw.net

印　　刷／世和印製企業有限公司
定　　價／新台幣420元
I S B N／978-986-92050-9-2

初版一刷／2016年11月